中国特色职业教育理论研究丛书
庄西真 主编

江苏高校"青蓝工程"科技创新团队成果

治理视域下职业教育校企合作模式研究

ZHILI SHIYUXIA ZHIYE JIAOYU XIAOQI HEZUO MOSHI YANJIU

孙健 俞洋 著

苏州大学出版社
Soochow University Press

图书在版编目(CIP)数据

治理视域下职业教育校企合作模式研究/孙健,俞洋著. —苏州:苏州大学出版社,2019.12
(中国特色职业教育理论研究丛书/庄西真主编)
ISBN 978-7-5672-3087-3

Ⅰ.①治… Ⅱ.①孙… ②俞… Ⅲ.①职业教育-产学合作-研究-中国 Ⅳ.①G719.2

中国版本图书馆 CIP 数据核字(2019)第 294342 号

书　　名:	治理视域下职业教育校企合作模式研究
著　　者:	孙　健　俞　洋
责任编辑:	刘诗能
装帧设计:	吴　钰
出版发行:	苏州大学出版社(Soochow University Press)
社　　址:	苏州市十梓街 1 号　邮编:215006
印　　装:	苏州工业园区美柯乐制版印务有限责任公司
网　　址:	http://www.sudapress.com
邮　　箱:	sdcbs@suda.edu.cn
邮购热线:	0512-67480030
销售热线:	0512-65225020
开　　本:	710 mm×1 000 mm　1/16　印张:19.25　字数:280 千
版　　次:	2019 年 12 月第 1 版
印　　次:	2019 年 12 月第 1 次印刷
书　　号:	ISBN 978-7-5672-3087-3
定　　价:	62.00 元

凡购本社图书发现印装错误,请与本社联系调换。服务热线:0512-67481020

总　序

众所周知，日本和德国都是第二次世界大战的战败国，大家也都知道日本和德国"二战"后从战争的废墟上迅速崛起，成为经济发达国家，其经济总量在世界上分别排名第三和第四。虽然也有这样或那样的关于产品的负面报道，但从总体上看，德国货和日本货的质量是有保证的。许多人想知道德国和日本经济又好又快发展的奥秘，仔细分析，促进德国和日本制造业发展的影响因素绝对不止一个，但是高素质的技术工人队伍肯定是重要的因素之一，换言之，数量充足的具有工匠精神的技术工人队伍成就了德国和日本产品的高品质。因职业之故，我更感兴趣的是，高素质的技术工人队伍是如何培养出来的。研究可知，在长期的经济社会发展过程中，德国和日本结合自己的国情探索形成了具有各自国家特色的技术工人培养模式。不同的培养路径，相同的结果——高素质的技术工人队伍，可谓殊途同归。

早在1969年，德国便用《职业教育法》确定了"双元制"的法律地位，"双元制"的资格证书在行业内的认同度非常高，几乎一半的德国青少年在完成义务教育后会进入职业学校学习。该体系要求学生每周一到两天在职业学校进行专业理论学习，三到四天在企业中接受实践教育，如此安排，让学生能有效地将理论与实践相结合，较好地学以致用。培训时间一般为两年到三年半。"双元制"职业教育与培训体系需要企业的大力配合，在德国的职业教育与培训中，企业的参与程度很深，且具有较强的培养学徒的意愿。他们认为，学徒在企业实习三年的劳动贡献完全可以抵销培训所付出的费用，并且也有利于企业自身选拔人才和输入新鲜血液。在欧洲，德国青年失业率比其他国家低便得益于此；德国经济能够抵御金融风险，保持高质量发展也得益于此。

伴随经济的高速增长，日本也探索形成了适合本国国情的、日趋完整的企业职业技能培训体系。日本企业普遍认为，企业内培训是提高企业核心竞争力的关键要素，企业需要不断地对员工进行培训和教育。"二战"后初期，日本企业一方面通过技能培训提高普通工人的生产能力，另一方面通过吸收先进的经营管理经验来提升中高层职员的管理能力。20世纪80年代，日本大企业实现了员工全员再教育，近八成的中小企业实现了员工全员培训。虽然与德国"双元制"不同，但是日本也通过这样的企业职业教育和培训方式源源不断地提供了企业发展需要的技术工人。

德国和日本不同的技术工人培养模式给我们的启示就是，每个国家要根据自己的国情、所处经济发展阶段、已有的条件和基础探索适合自己的职业教育模式，依此培养经济发展需要的高素质的劳动者和技术工人。没有一个国家是照搬别国的教育模式而达到预期效果的，尤其是大国。中国有自己的国情，这突出表现在中国是一个大国，这个"大"最起码表现在三个方面:一是幅员辽阔,陆地有960万平方千米的国土(日本是37.8万平方千米,德国是35.7万平方千米),各地区之间经济发展水平、自然地理条件、文化风俗传统差别比较大;二是人口众多,光大陆就有13.8亿人口(德国是8 218万,日本是1.27亿),仅16~60岁的劳动年龄人口就相当于美国全部人口加上欧洲全部人口、俄罗斯全部人口、日本全部人口之和,且全部人口平均受教育程度较低、技能水平较低;三是经济总量排名世界第二,仅次于美国。与数量上排名第二对应的是,我国在经济发展的质量方面与排名第一的美国还有较大差距,也就是我们常说的"大而不强"。特殊的"大国"国情加上处于转型阶段(转变发展方式、优化经济结构、转换增长动力),决定我们不可能照搬德国、日本或者其他国家的职业教育和培训模式,而要走自己的技术工人培养之路。

依靠先进的、科学的理论,能够合理地引领和提升实践,这是几乎所有人类活动领域长久以来奉为圭臬的命题,为中国经济的转型发展培养高素质的技术工人的实践活动也不例外。中国特色的技术工人培养实践,呼唤中国特色的职业教育理论。这就是我主编"中国特色职业教育理论研究丛书"的理由。本丛书的作者全部是江苏理工学院职业教育研究院的研究人员,也是江苏高校"青蓝工程"科技创新团队成员,他们在职业教育政策分析、职业教育治理、职业教育课程与教学、职业教育教师专业发展等领域做了深入的研究。

目 录

摘 要 / 001

1 绪论 / 004

    1.1 问题的提出 / 004

        1.1.1 研究背景 / 004

        1.1.2 研究缘起 / 005

    1.2 研究目的和意义 / 012

        1.2.1 研究目的 / 012

        1.2.2 研究意义 / 013

    1.3 研究思路和方法 / 015

        1.3.1 研究思路 / 015

        1.3.2 研究方法 / 017

2 相关理论研究综述 / 019

    2.1 治理的研究 / 019

        2.1.1 治理理论 / 019

        2.1.2 公共治理 / 027

        2.1.3 教育治理 / 030

    2.2 职业教育校企合作的研究 / 035

        2.2.1 校企合作 / 035

2.2.2 职业教育校企合作　/ 036

　　2.2.3 职业教育利益相关者　/ 042

2.3 职业教育校企合作治理的研究　/ 048

　　2.3.1 职业教育校企合作治理内涵　/ 049

　　2.3.2 职业教育校企合作治理问题　/ 049

　　2.3.3 职业教育校企合作治理主体　/ 051

　　2.3.4 职业教育校企合作治理结构　/ 054

　　2.3.5 职业教育校企合作治理机制　/ 059

　　2.3.6 职业教育校企合作治理对策　/ 068

2.4 研究现状简评　/ 071

3 我国职业教育校企合作治理现状　/ 073

3.1 职业教育校企合作治理的背景　/ 073

　　3.1.1 取得的成绩　/ 074

　　3.1.2 存在的问题及关键原因　/ 075

3.2 职业教育校企合作治理的主体　/ 077

　　3.2.1 校企合作治理主体的分类　/ 077

　　3.2.2 校企合作治理主体的利益诉求　/ 081

　　3.2.3 不同主体对校企合作治理的影响　/ 083

　　3.2.4 治理主体间的关系　/ 087

3.3 职业教育校企合作治理的问题　/ 090

　　3.3.1 主体的错位　/ 091

　　3.3.2 权责利的失衡　/ 096

　　3.3.3 协调互动的僵化　/ 099

3.4 职业教育校企合作治理问题的根源　/ 101

　　3.4.1 组织架构松散　/ 102

　　3.4.2 行业参与弱化　/ 104

　　3.4.3 利益驱动不足　/ 107

    3.4.4　评估监控缺位　／109

    3.4.5　政策法规滞后　／110

4　国外职业教育校企合作治理模式的经验与启示　／114

  4.1　德国职业教育校企合作治理模式　／114

    4.1.1　组织架构　／114

    4.1.2　行业参与　／119

    4.1.3　利益驱动　／121

    4.1.4　评估监控　／124

    4.1.5　政策法规　／129

  4.2　美国职业教育校企合作治理模式　／132

    4.2.1　组织架构　／133

    4.2.2　行业参与　／136

    4.2.3　利益驱动　／139

    4.2.4　评估监控　／140

    4.2.5　政策法规　／142

  4.3　澳大利亚职业教育校企合作治理模式　／145

    4.3.1　组织架构　／146

    4.3.2　行业参与　／151

    4.3.3　利益驱动　／154

    4.3.4　评估监控　／156

    4.3.5　政策法规　／160

  4.4　国外经验的启示与借鉴　／163

    4.4.1　组织架构完善　／163

    4.4.2　行业参与充分　／165

    4.4.3　利益驱动强劲　／166

    4.4.4　评估监控规范　／166

    4.4.5　政策法规明确　／168

5 国内职业教育校企合作治理模式案例——以江苏为例 / 170

5.1 江苏职业教育校企合作概况 / 170

5.2 江苏职业教育校企合作治理模式分析 / 172

  5.2.1 组织架构 / 172

  5.2.2 行业参与 / 179

  5.2.3 利益驱动 / 180

  5.2.4 评估监控 / 183

  5.2.5 政策法规 / 204

6 治理视域下我国职业教育校企合作模式构建 / 211

6.1 模式构建目标和原则 / 211

  6.1.1 治理模式构建目标 / 212

  6.1.2 治理模式构建原则 / 218

6.2 模式构建路径 / 233

  6.2.1 理顺组织架构 / 233

  6.2.2 推动行业参与 / 238

  6.2.3 强化利益驱动 / 250

  6.2.4 完善评估监控 / 260

  6.2.5 更新政策法规 / 268

7 结论与展望 / 276

7.1 结论 / 276

7.2 展望 / 280

附录 企业参与职业教育校企合作经济利益问卷 / 282

参考文献 / 286

摘 要

校企合作是当前我国职业教育办学改革与发展的大趋势，但校企合作作为一种办学模式还处在发展初期，合作机制还不够成熟，存在诸多困难和难题没有攻克和解决。究其原因是多方面的，但最主要原因之一是由于职业教育校企合作治理模式不完善。作为一种兼具"教育属性"和"职业属性"的教育类型，在产业转型升级加速的背景下，职业教育校企合作必然涉及越来越多的参与主体，而要协调它们之间的利益诉求，就不能采取传统的管理模式，必须采取多元、协商、互动的治理手段。职业教育校企合作治理实质上是通过多重权力合理配置来平衡各利益相关者的责任分担和价值共享，将各类参与主体纳入校企合作过程中，实现多元主体之间复杂博弈过程的相对平衡，从而达成校企合作利益最大化。

本书在对国内外相关研究进行分析、归纳和总结的基础上，尝试在国家治理体系现代化与现代职业教育体系构建的背景下，采用教育学、经济学、公共管理学和社会学等多学科理论和方法，理论研究与实践探索相结合，定性研究与定量研究相结合，归纳比较与演绎分析相结合，围绕"谁来治理（治理主体）、如何治理（治理方式）"等基本问题进行回答。对职业教育校企合作治理给予界定，并以此为框架，对当前我国职业教育校企合作运行机制的现状进行分析。也就是基于治理视域，通过对我国职业教育校企合作的运行机制进行梳理和归纳，依据"理论归纳—问题探究—案例分析—对策设计"的思路，以治理为主线，分析职业教育校企合作治理的现状，梳理并借鉴美国、德国和澳大利亚等发达国家以及江苏省在职业教育校企合作治理方面的有益做法，对职业教育校企合作治理模式进行全面研究。基于治理理论厘清指导校企合作实践的新思路，为推进校企合作的深入开展提供依据和方法，以期推动我国职业教育校企合作高效长远发展。

通过分析，本书得出以下结论。职业教育校企合作治理关键主体包括政府、职业院校、企业与行业组织等。按照主体多元性、责权利均衡性和协调互动性的治理标准，当前我国职业教育校企合作过程存在主体错位、权责利失衡、协调互动僵化等治理问题，这些问题的根源包括组织架构松散、行业参与弱化、利益驱动不足、评估监控缺位和政策法规滞后等几个方面。

德国、美国和澳大利亚在实施校企合作治理的过程中，都根据本国的特点与优势，推进具有本国特色的职业教育校企合作。同时，将治理理念贯穿于整个校企合作活动，加强职业教育校企合作的组织架构、行业参与、利益驱动、评估监控和政策法规等五个环节，构建了完善的职业教育校企合作治理模式，从而提升了职业教育校企合作水平和效率。江苏省通过深入优化校企合作组织架构，政府牵头推动行业组织和企业参与职业教育校企合作，多渠道开展校企合作评估监控以及不断完善校企合作政策法规，初步构建了职业教育校企合作治理模式，推动职业教育校企合作不断前进。

推进我国职业教育校企合作治理成为"善治"，是我国职业教育校企合作治理的最终目标。依据互动性原则、明晰性原则、多元性原则、开放性原则和主动性原则构建我国职业教育校企合作治理模式。同时，优化职业教育校企合作治理模式的构建路径，健全与完善校企合作的组织架构；强化行业组织参与校企合作的信息功能和协调功能，增强行业组织参与职业教育校企合作的主体责任意识，政府着力培育和支持有条件的行业组织并购买其公共服务；建立政府主导的成本利益补偿机制，设立职业教育校企合作发展基金，实行职业教育校企合作税收优惠政策，建立成本效益核算机制与奖惩机制；完善职业教育校企合作评估机制，建立校企合作评估反馈机制，从国家和地方两个层面建立职业教育校企合作监控机制；结合不同治理主体自身的责任、权利、义务要求，制定相应的法律法规，对现有的法律法规进行补充完善，形成由基本法、单行法、行政法共同组成的内容具体、层级清晰的法律体系。不断完善校企合作的相关政策，制定出可供校企合作执行的政策细则，将校企合作工作落到实处。

1　绪　论

1.1　问题的提出

1.1.1　研究背景

职业教育从其诞生之日起就与产业部门有着天然密切的联系。"职业教育作为一种开放的教育类型,跨越了职业与教育、企业与学校、工作与学习的界域。"① 校企合作作为职业教育改革创新发展的关键举措之一,是推动职业教育融入经济社会发展布局和产业发展规划,促进职业教育数量规模、专业设置和社会需求相适应的重要途径。职业教育之所以必须开展校企合作是由其本质属性决定的,职业教育的职业性决定了仅依靠职业院校自身力量是不可能高质量完成技术技能型人才培养任务的,有必要吸引行业企业的力量广泛参与,推动职业院校与企业合作办学。就像《国家中长期教育改革与发展规划纲要（2010—2020 年）》指出的那样:"职业教育要充分调动行业企业积极性,建立健全政府主导、行业指导、企业参与的办学机制,制定促进校企合作办学法规,促进校企合作制度化。"校企合作是职业教育的基本特征,也是当今发达国家职业教育的主要办学模式。2010 年 3 月,时任教育部部长袁贵仁在"2010 年度全国职业教育与成人教育工作会议"上指出:"职业教育整合教育资源包括多种形式,最主要的是要整合学校和企业的资源,核心就是推动学校与企业联合办学,实行校企合作。这个结论不是理论上的,是实际上的。这是德国等国家职

---

① 姜大源. 职业教育立法的跨界思考——基于德国经验的反思［J］. 教育发展研究,2009(19).

业教育发展的成功经验,是德国等国家经济发展的秘密武器。反过来看我们国家,我认为这是我们国家当前职业教育发展的一个致命的弱点。和别国相比,我们国家的各个省、区、市职业教育发展相比,我们弱点在哪儿?弱在校企合作,这也是今后一个时期职业教育改革发展的重点,是我们应当下大功夫,也必须下大功夫去探索和解决的难点。职业教育要解决的问题很多,但是我认为这是一个根本点。"因此,如何继续深化职业教育改革,推动校企合作成为我国职业教育未来发展面临的重大课题。

尽管校企合作是我国职业教育办学改革与发展的大趋势,但校企合作作为一种新的办学模式还处在发展初期,还存在诸多困难和难题没有攻克,合作机制还不够成熟,实践中也出现许多问题。究其原因是多方面的,但主要原因之一是由于职业教育校企合作治理模式不完善。作为一种兼具"教育属性"和"职业属性"的教育类型,在产业转型升级加速的背景下,职业教育校企合作必然涉及越来越多的参与主体,而要协调它们之间的利益诉求,就不能采取传统的管理模式,必须采取多元、协商、互动的治理手段。治理作为一种理念,作为一种典型的网络化行为,将其引入职业教育校企合作过程,有助于提升校企合作水平,优化校企合作绩效。职业教育校企合作治理实质上是通过多重权力合理配置来平衡各利益相关者的责任分担和价值共享,将各类参与对象纳入治理过程中,实现多元治理主体之间复杂博弈过程的相对平衡,从而达成校企合作利益最大化。提升职业教育校企合作治理水平,关键在于加快完善治理制度,形成体系化的治理模式,对职业教育校企合作的治理主体、治理领域、治理方式以及治理过程进行全面规范。推进我国职业教育校企合作治理成为"善治",是我国职业教育校企合作治理的最终目标。

1.1.2　研究缘起

1.1.2.1　宏观层面——新公共管理运动的客观要求

新公共管理运动是当今世界发展难以抵挡的潮流和趋势,在国际公共管理领域,随着新公共管理运动的推进,后工业社会民主化进程加快,公共权力不断社会化和多元化，政府与市场的关系日益走向平等。这就要求政府逐渐从过去的管理型政府向服务型政府转变。从"无限政府"走向"有限政府"，进一步转变政府职能、下放政府权力，为其他社会主体参与公共治理提供"权力空间"。社会治理结构开始实现多中心的转变，强调公共事务治理主体的多元化、治理方式的多样化、治理结构的多中心化和治理过程的民主化。

随着新公共管理运动的推进，职业教育所面临的经济环境和政治环境也发生了改变，公共领域治理逐渐落脚到教育治理上面来。从职业教育发展所处的外部环境来看，传统的管理理念已经不适应职业教育校企合作发展的需要，因此，要从管理走向治理，由直接管理向间接管理转变，由微观行政干预向宏观政策指导转变。随着全球化和公民社会的兴起，现代职业教育的治理不再局限于政府单方负责，而是向着利益共同体合作治理的方向发展。职业教育校企合作治理不仅是职业教育自身发展问题，而且是关乎国家在全球化进程中竞争力的问题，这要求政府根据经济社会发展状况，明确职业教育校企合作治理目标，改变传统的政府包办的管理体制，转变传统的以政府为单核的行政化管理体制，更加偏向于市场机制在管理进程中灵活地发挥功能和作用。政府定位应从台前转到幕后，发挥引导作用，促进校企合作参与各方建立共同的愿景，引导、协调和规范各类社会资源，以最大限度地增加公共利益，促进职业教育更健康可持续地发展。职业教育校企合作治理将重新界定政府机构、职业院校、社会组织之间的关系，建立起公民社会治理结构，进一步创新社会治理模式，在多元化的治理主体之间建立一种真正的多中心制度安排，有效实现职业教育的社会公共价值。

从国际上看，利益相关者参与职业教育校企合作治理已经成为西方发达国家的共同做法，但长期以来，我国职业教育校企合作体系中缺乏多元治理主体参与。随着我国政治、经济、文化等各方面的迅速发展，新公共管理运动的日趋成熟促进了新公共管理意识的觉醒。新公共管理运动提倡在政府与市场之间架起桥梁，发挥公民社会对职业教育校企合作治理的重要作用。随着全球化的发展，第三部门逐渐兴起，其在参加社会事务的管理方面，发挥着越来越重要的作用。治理理论强调处于市场与政府之间的第三部门力量进入，第三部门与企业等逐利性的主体不同，其参与职业教育校企合作的动力更主要的是出于责任意识，即为满足行业发展需求而参与职业教育校企合作治理的使命感和责任感。行业组织是第三部门的重要代表之一，作为行业成员的代言人和维护者，对行业内成员企业的共同利益负有责任。对于校企合作治理，代表全行业共同利益的行业组织必须有话语权。让行业组织参与职业教育校企合作治理和资源配置，能够使政府解脱出来，把属于非公共品的职业教育资源配置责任交由社会承担，充分发挥其在职业教育校企合作治理中的重要作用，承担一些政府与市场不能做、不愿做或不该做的事。新公共管理运动要求根据治理主体各自的优势，合理厘清治理主体的职责范围，相互制衡、合理配置校企合作治理的决策权、管理权、评价权、问责权等权力，使主体间形成良性互动的关系。要求政府运用立法、拨款、调控等手段对校企合作治理进行整体规制，减少对校企合作治理的控制和干预，保证多元主体各司其职、各尽其能，从而有效解决职业教育校企合作中的一些难题。可以说，新公共管理运动极大地推动了我国职业教育校企合作治理的发展。

1.1.2.2 中观层面——贯彻践行国家政策的需要

经过 40 年的改革开放建设，我国经济发展和社会建设都取得了巨大成就，职业教育作为发展经济、促进就业和改善民生的重要途径，是落实深化改革总目标的关键环节。"经济方式、产业结构、人力资源上的转换光靠科研人员远远不够，还需要更多的一线工作人员实地操作，这些都离不开职业教育。"[①] 我国经济社会转型、经济结构调整与产业升级对职业教育人才提出了更高的要求，职业教育对优化当前我国劳动力资源，提高

---

① 张家祥，钱景舫主编. 职业技术教育学 [M]. 上海：华东师范大学出版社，2001：17.

劳动力资源质量，具有重要作用。我国要想成为世界人力资源强国，必须高质量发展职业教育，转"数量优势"为"质量优势"。当前随着"中国制造2025""大众创业、万众创新""一带一路"建设等国家重大战略实施，要求职业教育树立治理理念，在校企合作的过程中，联合政府、职业院校、行业协会、企业等相对独立机构，形成多方利益主体共同参与的多元化治理结构。围绕校企合作构建起与行业互动合作、与企业互动合作、校企深度融合的新型治理体系，由各种紧密相连、相互协调的规章制度和体制机制共同构成职业教育校企合作治理框架。

  党的十八大提出"推进国家治理体系和治理能力现代化"，这既是国家改革的总目标，也是各领域改革的总要求，职业教育治理体系和治理能力现代化是国家治理体系和治理能力现代化的重要组成部分。党的十九大提出"完善职业教育和培训体系，深化产教融合、校企合作"。由此可以看出国家推进职业教育校企合作发展和改革的决心与努力。这两届大会在职业教育校企合作治理方面形成共同聚焦点，职业教育校企合作治理是我国现代职业教育治理体系在实践层面上的具体表现。从治理的视角出发，将职业教育校企合作与职业教育治理有机结合起来，不断补充外界优质职业教育资源，有效激发办学活力并提升办学水平，实现政府宏观管理、职业院校自主合作、市场自主调节以及社会各方力量支持的有机统一，最终提升职业教育校企合作质量，推进职业教育校企合作走出一条科学发展之路，为全面建设小康社会服务，为新型工业化建设服务。

  职业教育校企合作治理是国家治理体系现代化中不可或缺的一环，职业教育校企合作治理就是根据职业教育自身的发展规律，形成各方主体广泛参与的治理格局，这对于国家治理体系的实现具有重要的意义。需要以国家治理体系的规范化、科学化、制度化、程序化为准则，构建完备的职业教育校企合作治理体系。因此，提升职业教育校企合作治理能力，加强职业教育校企合作治理的制度体系建设，实现职业教育校企合作治理现代化，不仅是完善职业教育治理体系的现实要求，更是实现国家治理现代化的必然要求。职业教育校企合作完全可以借助于治理理念形成体系化的行为，构建具有中国特色的现代职业教育校企合作治理体系，这是国家治理体系和治理能力现代化赋予职业教育校企合作领域的新任务。职业教育校企合作的治理主体、治理方式、治理功能都要符合国家治理现代化的要求，职业教育校企合作治理要符合国家治理过程中对职业教育与企业关系的规定，进一步提升职业教育校企合作的治理效率。2017年12月，国务院办公厅发布《关于深化产教融合的若干意见》，对于职业教育校企合作治理提出具体的要求和建议，指出"形成政府企业学校行业社会协同推进的工作格局，加快学校治理结构改革，建立健全职业学校和高等学校理事会制度，鼓励引入行业企业、科研院所、社会组织等多方参与"。从国家不断推出的政策来看，政府是高度重视职业教育校企合作治理的，将其看成整个国家教育治理体系未来规划发展的重要组成部分，因此，从管理走向治理，不仅是实现职业教育校企合作治理的现实要求，也是构建国家治理体系的核心要义。

今后一段时间，我国教育领域改革和发展的中心目标就是深化教育领域综合改革，加快推进教育治理体系和治理能力现代化。治理能力转型升级必将成为教育领域新的关注点。完善职业教育校企合作治理体系、推进职业教育校企合作治理能力的策略研究对推进教育改革具有重要的价值。职业教育校企合作治理的核心就是要建构一个"政府宏观调控、学校自主办学、社会积极参与"的校企合作治理体系，瞄准经济社会发展的人才需求，解决经济社会发展需要的技术技能型人才的供给问题。职业教育校企合作的治理是多元主体之间沟通合作的过程，职业院校、政府、企业和行业协会等构成了职业教育校企合作治理主体，各方主体都代表着不同的价值诉求，承担着不同的职责权限，贯彻践行国家的发展政策，从而推动职业教育校企合作的科学发展。

1.1.2.3 微观层面——职业教育自身发展的必由之路

职业教育作为整个国民教育体系中的重要一环，承担着技术技能型人才的培养工作。为了适应教育现代化的发展需要，职业院校必须根据国家治理能力现代化的要求，以职业教育校企合作治理现代化为基础，深化职业教育的管理体制和管理结构的改革，加快推进职业教育校企合作治理体系构建，提升职业教育的办学质量和人才培养水平。然而，长期以来，我国实行集权式的职业教育管理模式，职业教育校企合作实行的是政府主导管理模式，职业院校在人才培养目标的制定、教学模式的选择等方面均受到政府的严格控制。传统职业教育校企合作主体间权责不明，造成主体在治理中越位、错位和缺位。与此同时，我国职业院校普遍缺少整体思维和全局意识，仅从自身的局部利益出发，其对校企合作的需求是单向度和实利主义的。现行职业教育校企合作治理模式大部分采用的是管委会制与理事会制，这种治理模式多出现"貌合神离"的现象，容易产生"搭便车"等问题，难以灵活应对职业教育校企合作中的新情况、新形势、新变化。因此，校企合作过程中的形式主义和急功近利弊病，是我国职业教育校企合作发展亟待解决的。同时，职业院校规模的不断扩大使得其自身体系表现出复杂化发展趋势，其与外部环境的联系不断加强，相关利益者的诉求也在不断增加。在校企合作过程中，职业院校要化解与利益主体间的矛盾，这就决定了它不仅是政府的学校，还是社会和全体公民的学校，所以，必须处理好与社会、市场之间的关系。

  在所有教育类型中，职业教育是与经济社会发展联系最为密切的一种教育类型。职业教育校企合作治理是现代经济社会发展的客观要求，是历史发展的必然产物，是职业教育长足发展的不二选择，也是职业教育校企合作持续健康发展、办出特色、实现人才培养目标的客观需要与必然要求。因此，大力推进职业教育校企合作治理已成为各国教育改革的必然选择。改革开放40年以来，我国在经济、社会和人民生活水平等方面取得了辉煌成就，全面建设小康社会对职业教育提出了更高的要求。职业教育必须体现自身的特征和人才培养的适用性，在培养模式、课程设计、教学方法等方面不断进行改革。校企合作是职业教育改革至关重要的一个方向，也是职业院校寻求发展空间的必然要求。职业教育人才培养方式、培养内容适应经济社会发展需求，实现校企双方互相支持、优势互补、资源互用、利益共享，适应经济发展"新常态"，通过更新合作理念、完善合作机制，实现职业教育的可持续发展。

职业教育校企合作牵涉到政府、企业、职业院校等多个利益相关方，因此，向行业、企业、社会组织等多元主体的协同治理迈进，建立治理框架，成为建立职业教育校企合作模式必须解决的关键问题。而从管理走向治理，是推进职业教育校企合作治理现代化的必由之路，是新时代提出的新命题。这就要求职业教育校企合作必须重新明确治理目标，改变传统的管理体制，构建相对完善的职业教育治理体系，明确治理主体的权责和范围，强调多元相关利益主体的参与，实现政府、职业院校、行业协会、企业主体之间的有效协作，不断改进和提升职业教育校企合作效率与质量，推动职业教育校企合作治理体系现代化。

另外，校企合作治理是构建现代职业教育体系的应有之义。现代职业教育体系的基本战略定位就是牢固确立职业教育在国家教育体系中的重要位置，产教深度融合，适应现代社会发展需求。校企合作治理就是遵循职业教育规律，深化职业教育服务国家战略的实施。职业教育要适应产业环境以及技术环境的快速变化，就要深度调整办学定位和办学思路，突破办学壁垒和环境约束，形成全方位、立体化的职业教育办学平台，为企业和社会培养高素质的技术技能型人才，真正满足行业企业的需求。校企合作治理从深化改革入手，以职业教育发展的内在逻辑为基础，从职业教育校企合作的整体功能发挥出发，推进社会力量广泛参与职业教育校企合作，形成多元主体协同育人的体制，最大限度地平衡各方利益，实现多元主体共同治理，共同承担治理责任，共同分享治理成果。通过治理，职业院校的办学过程更加符合职业岗位的要求，更加贴近社会实践的变动。职业院校与行业发展、企业需求融为一体，获得更多的合作机会，形成特色、创出品牌，实现更高水平的职业教育发展。

1.2 研究目的和意义

1.2.1 研究目的

职业教育是服务于经济社会发展的教育类型，这就要求其按照产教融合、校企合作、工学结合的思路，为经济社会发展培养不同层次的技术技能型人才。这同时也表明，职业教育跨越教育和产业界别，"校企合作问题的复杂性在于其横跨教育系统与经济系统，涉及的因素超出相关教育问题和经济问题的总和"①。要想协调好这两界关系，必须引入治理理念，整合多个领域，形成治理主体间多元参与、协同合作、平等沟通的新型关系。"治理源于多元主体利益诉求的冲突，并旨在调和相应冲突，不同利益主体间持续性的协商合作是治理行为的重要表征，相应的政策制度是治理行为的基本载体。"② 校企合作治理关注多元主体参与，构建形式多样的制度与规则，重视并平衡多元主体的利益需求。它既要解决职业教育内部制度保障的问题，也要解决外部的协调有序运行问题，因此，职业教育校企合作治理是一个系统工程。职业教育校企合作治理模式是由一整套关于职业教育校企合作治理的法律政策、规章制度、治理主体、治理方式、治理结构、治理体制机制等组成的治理框架，不同部分之间相互协调，构成一个关于职业教育校企合作治理的系统。要强调职业教育校企合作从管理到治理的全方位转变，鼓励多元治理主体在善治理念指导下主动参与到职业教育校企合作过程中来，从而解决职业教育校企合作过程中的问题，提高职业教育校企合作效率。

校企合作治理是当前职业教育改革和发展的重点，更是职业院校提升质量、办出特色的难点和关键点。本书在对相关文献进行分析、归纳、总

---

① 崔发周. 高职教育校企合作机制的分类与构建［J］. 职教论坛，2016（7）.
② 肖凤翔，于晨，肖艳婷. 欧盟教育治理向度及启示——基于职业教育政策分析［J］. 教育科学，2015（6）.

结的基础上，对职业教育校企合作治理给予界定，并以此为框架，对当前我国职业教育校企合作治理的现状进行分析。也就是基于治理的视角，通过对我国职业教育校企合作的运行机制进行梳理和归纳，分析校企合作治理的现状，依据"理论归纳—案例分析—对策设计"的思路，以"善治"为目标，构建职业教育校企合作治理模式，设计指导校企合作治理实践的新思路，为推进校企合作治理的深入开展提供依据和方法。同时，解决当前职业教育校企合作工作中存在的方式单一、组织机构不规范、监督检查缺乏以及企业积极性不高等问题，并在提出解决问题的对策中探求职业教育校企合作发展规律，进一步完善校企合作体系，弥补"政府失灵"产生的不足，抑制职业教育校企合作治理中的过度"行政化"趋势，引导职业教育校企合作治理从过度"行政化"的漩涡中走出来。以谋取多元利益最大化为基本原则，形成价值认同，依据相关制度和规范，形成不同主体的合作治理，达成多元利益的契合。发挥政府、行业组织、企业和职业院校各自的优势，通过遵循民主协商、互利共赢原则，确定权责对等的利益关系，找到利益的契合点，形成政府主导、市场调节、行业组织广泛参与的新型校企合作治理关系，向着现代职业教育校企合作治理体系迈进。

1.2.2 研究意义

1.2.2.1 理论意义

根据对已有文献资料和研究成果的整理和分析，可以发现，尽管众多学者对国内外校企合作模式、合作机制、合作制度等进行了研究，但对一些问题尚缺乏比较全面、系统的思考；大多数研究成果都是从学校层面、企业层面或者学校与企业双方来探讨校企合作的有关问题，而从治理视角将职业教育校企合作作为专门研究对象来进行研究的甚少，特别是从理论上对其进行系统性研究的更少。本书从教育学、经济学、社会学、公共管理学等多学科理论出发，进行较为深入的、系统的理论分析，将治理理论的最新成果运用到职业教育校企合作中，为校企合作的研究提供新思路和新视角。运用治理理论核心思想构建校企合作治理模式，赋予校企合作治理理论在教育学和经济学上的双重内涵，从政府—企业—院校多层面、多主体系统研究，构建政府主导、行业指导、企业参与的校企合作治理模式，丰富校企合作研究的理论宝库，为推动校企合作的深入开展发挥基础性作用。同时，此研究有利于进一步完善、深化当前的校企合作理论研究，拓展职业教育校企合作的理论依据，完善对校企合作运行机制的新认识，探索规律和经验，形成专业的理论体系，使校企合作治理的理论更加充实，使理论更好地为实践服务。另外，有利于拓展治理理论的运用范围，进一步检验治理理论在教育领域的指导价值和意义。

1.2.2.2 现实意义

（1）有利于提高职业教育校企合作的质量。当前我国职业教育校企合作遇到了不少难题。例如，由于观念和自身能力的限制，目前还存在企业的合作积极性不高、行业协会缺位、合作机制不健全的缺陷，这都制约着校企合作向更深层次发展。治理是职业教育校企合作发展的必由之路，是实现职业教育校企合作目标的根本途径，它对于改善当前校企合作的现状，开展高效的校企合作有着重大作用。研究我国职业教育校企合作治理模式，有利于促进职业教育校企合作实践的发展，有利于提高职业教育校企合作的质量，有利于推进校企双方深入开展合作，为职业教育校企合作绩效的取得提供操作指南。因此，我国职业教育校企合作治理模式的形成，是关系到职业教育改革和发展的方向性问题、关键性问题，对我国职业教育校企合作的发展将产生深远影响。

（2）有利于促进职业院校长足发展。职业教育的人才培养目标决定了其培养过程应更加贴近社会需要和企业生产的实际，使教学与生产紧密结合、理论知识学习与实践能力培养紧密结合、学校师生与一线技术人员紧密结合。通过治理，推动职业教育校企合作发展，将企业资源和学校资源有机地结合在一起，进一步加快职业院校的教学改革，帮助职业院校形成办学特色。从学校的角度看，校企合作治理模式的研究有利于职业院校与企业合作的进一步深化，实现真正意义上的资源整合、优势互补。通过校企合作，院校在人才培养理念、培养方式、教学设计和课程设置等方面进行改革，培养学生对未来社会工作的适应能力和工作技能，使得职业院校培养出的人才既有丰富的理论知识，又有实践经验，学生毕业后可以直接胜任岗位工作，成为社会需要的复合型人才，真正实现职业院校"特色立校、质量强校"的长足发展。

（3）有利于提升企业的核心竞争力。在校企合作中，学校和企业双方应该是互利共赢的。校企合作的目标之一是为企业更多更好地培养其发展所需要的技术技能型人才。人才是企业可持续发展的基础和条件，谁拥有高质量人才，谁就能在未来竞争中处于优势地位。当前校企合作问题制约了企业从职业院校获取技术技能型人才，限制了企业高质量人力资源的补充和完善。因此，对职业教育校企合作展开治理，能够在提升校企合作质量、促进职业教育长远发展的基础上，为企业发展提供一个良好的人力资源支撑平台，确保企业能够在校企合作中持续获得高质量的人力资源支撑，为其未来更大的发展打好人力资源基础，提升企业的核心竞争力，使其在市场浪潮中站稳脚跟。

1.3　研究思路和方法

1.3.1　研究思路

职业教育校企合作治理是现代职业教育治理的重要内容，也是职业教育校企合作取得突破的关键环节。由于职业教育校企合作是公共资源配置与非公共资源配置相结合的过程，仅靠政府，不可能实现职业教育资源配置效益最大化。职业教育利益相关者性质迥异、社会使命不同、诉求相异，调节这些复杂的利益关系仅依靠政府或市场，都会出现相关利益主体的冲突或对立，导致对其管理的失灵。因此，需要改变传统的职业教育管理方式，运用治理思路化解各方利益冲突，找到各方的合作基础并实现公共利益的最大化。改革开放40年来，我国职业教育坚持以服务为宗旨，以就业为导向，逐步建立了多种多样的校企合作办学形式，取得了一些成绩，得到了社会的认可。然而，在职业教育校企合作过程中，校企双方逐渐显露出的深层次问题，已成为合作中诸多困难和问题的核心和焦点。因此，从治理视角探索职业教育校企合作模式，正是目前我国职业教育校企合作迫切需要研究的问题，也是校企合作能否持续的关键。

本书基于目前已有的国内外大量文献资料，尝试在国家治理体系现代化与现代职业教育体系构建的背景下，采用教育学、经济学、公共管理学和社会学等多学科理论和方法，理论研究与实践探索相结合，定性研究与定量研究相结合，归纳比较与演绎分析相结合，围绕"谁来治理（治理主体）、如何治理（治理方式）"等职业教育校企合作治理的基本问题进行探析。以治理视角为主线，从我国职业教育校企合作的实际出发，梳理借鉴德国、美国和澳大利亚等发达国家以及我国江苏省在职业教育校企合作治理方面的有益做法，对职业教育校企合作治理模式进行全面研究，并对新形势下如何更好地进行校企合作治理政策设计，提高校企合作治理对策实效性进行深入探讨，以期推动我国职业教育校企合作高效长远发展。具体来讲，分为七大部分：

第一部分为绪论，共有3小节，分别为问题的提出，包括研究背景和缘起；研究目的和意义；研究思路和方法。

第二部分为相关理论研究综述，共有4小节，分别为治理的研究，包括治理理论、公共治理与教育治理；职业教育校企合作的研究，包括校企合作、职业教育校企合作、职业教育利益相关者；职业教育校企合作治理的研究；研究现状简评。

第三部分为我国职业教育校企合作治理现状，共有4小节，分别为职业教育校企合作治理的背景；职业教育校企合作治理的主体；职业教育校企合作治理的问题；职业教育校企合作治理问题的根源，包括组织架构松散、行会参与弱化、利益驱动不足、评估监控缺位和政策法规滞后几个方面。

第四部分为国外职业教育校企合作治理模式的经验与启示,共有4小节,分别为德国职业教育校企合作治理模式,美国职业教育校企合作治理模式,澳大利亚职业教育校企合作治理模式,国外经验的启示与借鉴。

第五部分为国内职业教育校企合作治理模式案例——以江苏为例,共有2小节,分别为江苏职业教育校企合作概况;江苏职业教育校企合作治理模式分析,包括组织架构、行业参与、利益驱动、评估监控和政策法规。

第六部分为治理视域下我国职业教育校企合作模式构建,共有2小节,分别为模式构建目标和原则;模式构建路径,包括理顺组织架构、推动行业参与、强化利益驱动、完善评估监控和更新政策法规。

第七部分为结论与展望,共有2小节,分别为结论、展望。

本书具体框架结构如图 1.1 所示:

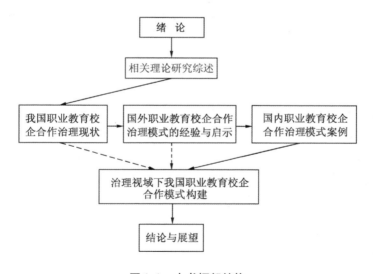

图 1.1 本书框架结构

1.3.2 研究方法

1.3.2.1 文献研究法

文献研究法是本研究最为基础的研究方法,主要通过 CNKI 等中外文数据库，对关于职业教育校企合作治理的国内外文献资料进行搜集、整理和加工，力求从中获得具有较高价值的理论资料。文献涉及教育学、经济学、公共管理学、社会学等学科领域，包括著作、学术论文、报纸、期刊、政府文件和其他信息等。通过文献研究为本研究方向的确定、研究框架的设计、研究内容的展开奠定基础。

1.3.2.2 比较研究法

主要是通过深入了解和认识国外在职业教育校企合作治理中的具体做法，在比较差异的过程中寻找总结值得我国借鉴的地方，以治理为视角，对德国、美国和澳大利亚等发达国家职业教育校企合作治理中组织架构、行会参与、利益驱动、评估监控和政策法规有关情况进行系统分析，归纳国外职业教育校企合作治理模式的框架和特点，借鉴并吸收其先进经验。

1.3.2.3 个案研究法

个案研究法也被称为案例研究法。江苏是我国职业教育大省，也是职业教育强省，在职业教育校企合作中做了很多有益的尝试。本书对江苏职业教育校企合作治理的具体案例进行研究，以治理为视角，通过对江苏职业教育校企合作治理中组织架构、行会参与、利益驱动、评估监控和政策法规的成功实践剖析，总结推广其经验和做法。

1.3.2.4 调查研究法

采用焦点访谈的方式，与国内职业教育校企合作治理中利益相关者进行深入交流，访谈对象涉及职业院校领导、学生，企业人力资源负责人，行业组织负责人，等等，充分听取一线人员对于职业教育校企合作治理模式的建议和看法。

2 相关理论研究综述

2.1 治理的研究

2.1.1 治理理论

治理（governance）一词源于拉丁文和古希腊语，原意是控制、引导和操纵。《现代汉语词典》（第7版）中的"治理"一词有两种含义：一是统治、管理，二是处理、整修。《辞海》中的"治理"一词有三种含义：一是统治、管理，二是理政的成绩，三是理政的道理。1989年，世界银行在《撒哈拉以南非洲：从危机到可持续增长》的报告中首次提出了"治理危机"，尔后，治理理论逐渐兴起，不同的学者对治理的内涵和特征给予不同的解释。治理理论的主要创建人之一詹姆斯·罗西瑙在《没有政府的治理》中对治理进行了界定，他认为治理是一种管理机制，是当多个规定发生冲突需要调解时而发挥作用的规则和决策程序。治理理论强调主体的多样性，政府不再是唯一的权威主体，公司、社会团体以及个人开始拥有更多的话语权，从注重纵向控制向横向协调的社会网络转变，从自上而下的命令体系向合作式的协商转变，各主体通过持续沟通与协商，形成共同承担的合作关系。

1995年，联合国全球治理委员会在《我们的全球伙伴》研究报告中对治理做出界定：治理是公私的个人和机构管理其共同事务的诸多方式的总和，它是使冲突的利益得以调和并且采取联合行动的持续过程，它既包括迫使人们服从的正式制度和规则，也包括各种人们同意或符合其利益的非正式制度安排。它有四个特征："治理不是一整套规则，也不是一种活动,而是一个过程;治理过程的基础不是控制,而是协调;治理既涉及公共部门,也涉及私人部门;治理不是一种正式的制度,而是持续的互动。"① 詹姆斯·罗西瑙在《没有政府的治理》中把治理定义为:"一系列活动领域的管理机制,它们虽未得到正式授权,却能有效地发挥作用。它是一种由共同的目标支持的活动,这些管理活动的主体未必是政府,也无须依靠国家的强制力量来实现。'……它既包括政府机制,同时也包括非正式、非政府的机制。随着治理范围的扩大,各色人等和各类组织得以借助这些机制满足各自的需要,并实现各自的愿望。'"②

格里·斯托克对各种治理概念做了归纳梳理,提出了五种主要的观点:① 治理意味着一系列来自政府但又不局限于政府的社会公共机构和行为者,认为政府并不是国家唯一的权力中心。② 治理意味着在为经济社会发展问题寻求解决方案的过程中存在着界限和责任方面的模糊性。国家正在把原先由它独自承担的责任转移给公民社会,即各种私人部门和公民自愿性团体,而且后者正在承担越来越多的原先由国家承担的责任。③ 治理明确肯定了在涉及集体行为的各个社会公共机构之间存在着权力依赖。④ 治理意味着参与者最终将形成一个自主的网络,在某个特定的领域中拥有发号施令的权威,它与政府进行合作,分担政府的行政管理责任。⑤ 治理意味着办好事情的能力并不仅限于政府的权力,在公共事务的管理中,还存在着其他的管理方法和技术,政府有责任进行控制和引导。③

罗茨认为,治理是一种新的管理过程,或者一种改变了的有序统治状态,或者一种新的管理社会的方式。他列举了关于治理的六种不同的定义:① 作为最小国家的治理,意指国家消减公共开支,以最小的成本取得最大的利益;② 作为公司治理的治理,意指指导、控制和监督企业运

---

① 俞可平主编. 全球化:全球治理[M]. 北京:社会科学文献出版社,2003:6.
② 吴志成,潘超. 全球化视阈中的治理理论分析[J]. 理论探讨,2006(1).
③ 俞可平主编. 治理与善治[M]. 北京:社会科学文献出版社,2000:3-4.

行的组织体制；③ 作为新公共管理的治理，意指将市场的激励机制和私人部门的管理手段引入政府的公共服务；④ 作为善治的治理，意指强调效率、法治、责任的公共服务体系；⑤ 作为社会一般控制系统的治理，意指政府与民间、公共部门与私人部门之间的合作与互动；⑥ 作为自组织网络的治理，意指建立在信任与互利基础上的社会防调网络。[1] 除了各国学者的定义之外，不同的国际组织也对治理进行定义，具体如表2.1所示。

表2.1 国际组织对于治理的定义

国际组织	治理定义
世界银行（World Bank）	治理被界定为一国在各个层次上执行其经济、社会资源之权力的行为
联合国开发署（UDNP）	治理被视为执行经济、政治与行政权威以处理国家在各个层次之事务
经济合作与发展组织（OECD）	治理的概念是指使用政治权威和行使其在社会中对与其经济、社会发展有关之资源处理的控制
渥太华治理研究中心（Institute of Governance, Ottawa）	治理包含社会中的制度、过程和全体公民，它们决定权力如何被行使、影响社会的重要决策是如何形成的，以及在此种决策中各种不同利益如何受到调和
国际行政科学研究中心（International Institute of Administrative）	治理意指一种过程，即社会运用其权力和权威以及影响，制定有关大众生活、经济与社会发展的政策与决策
东京科学研究中心（Tokyo Institute of Technology）	治理概念意指一组复杂的价值、规划、过程与制度的组合，而此一组合是社会为了处理其发展和解决正式与非正式的冲突
联合国全球治理委员会（Commission on Global Governance）	治理是指个人或各种公私机构管理其共同事务的诸多方式的总称

资料来源：江明修主编. 志工管理[M]. 台北：智胜文化事业有限公司，2003：350.

---

[1] R. A. W. 罗茨. 新治理：没有政府的管理[J]. 杨雪冬，译. 经济管理文摘，2005（14）.

综上所述，治理定义繁杂众多，其政策主张也不尽一致。弗里德里克森指出："治理的内涵并非前后矛盾、自相冲突和相互排斥，如果将这些内涵进行有效的整合，就会形成一个或一套相对严密的概念。"① 治理所涉及的核心思想可以概括为主体多元、权力共享、结构网络、过程互动等。戴大双等根据1993—2010年间学者们赋予"治理"的各种定义，采用文本分析法，分别对治理的主体、途径、目标和视角进行聚类分析，进而揭示治理概念的内涵。研究结果表明：治理主体至少包括治理者和被治理者两类主体，治理途径主要有规则、正式和非正式制度、指导和控制、合作和协调。而治理目标可被聚类为协调行动，实现良好秩序；增进社会福利，实现公共利益；规制权力执行，维护法律制度；产生明晰结构，实现可问责性等四个方面。②

对"治理"与"管理"进行语义解析，发现"管理"走向"治理"是对"管理"理论的发展与诠释。本质上讲，治理也是一种管理，是一种广泛应用于公共与私人领域的新型管理理念与管理方式，管理和治理核心要素都是权力与权威。治理权力来源具有社会性，来自公众认可，在多元主体间的网络互动与交流中发生，而管理通过内部管理层级关系来实施；管理与治理均指以某事物为对象，实行一系列相关活动的行为与过程，只是具体实施方式有所不同，管理侧重于控制，而治理侧重于引导，治理是多元制衡，管理是上令下行。治理保障各主体的利益诉求，使系统中的任何一方在制约另一方的同时也受到约束；管理是单向度的，其授权是自上而下的，强调下级对上级的负责和服从。管理的基本方式是控制，权力向度是自上而下垂直的；治理的基本方式是协调，权力向度是水平的。肖凤翔、黄晓玲认为："治理的实质主要是调和矛盾或利益，在公共利益的实

---

① H.乔治·弗雷德里克森.公共行政的精神[M].张成福，刘霞，张璋，等译.北京：中国人民大学出版社，2003：78.
② 戴大双，顾强，杨卫华，等.基于文本分析的治理内涵研究[J].技术经济，2012(5).

现方式上，强调由一元、强制、垄断向多元、民主、合作方向发展。"①治理不是自上而下的强制控制，不是权力的单向度作用，而是过程中的相互协调和沟通；不是短暂的行动，是一种持续的互动过程。治理是一个开放系统，管理是一个封闭系统。治理利益相关方并不局限于组织内部，管理行为只在组织系统内部展开，忽视外部利益相关者的利益诉求。管理的主体是组织中的上层管理机构，权力集中在少数人手中，治理的主体不再局限于公共机构，它也可以是私人机构，甚至个人。也就是说，治理的主体不仅包括政府，也包括政府以外的各种社会公共机构和行为者；权力是分享的，不存在控制与被控制。治理是权威并不为政府所垄断，治理的过程是政府与公民、非政府组织、私人机构的合作。治理具有以下几个特点：其一，治理主体的多元化。治理的主体包括政府，但又不限于政府。只要各种公共部门和私营部门行使的权力得到公众的认可，这些部门就可能成为不同层面上的权力中心，即可成为社会治理的主体。其二，主体间责任界限的模糊性。治理主体间的责任界限存在一定的模糊性，问题的关键在于国家把原先由它独立承担的责任转移给私营部门和第三部门的同时，没有将相应的权力等量移交。其三，主体间权力的互相依赖性和互动性。所谓权力依赖，是指参与公共活动的各个组织，无论其为公营还是私营，都不拥有充足的能力和资源来独自解决一切问题。由于存在权力依赖关系，治理过程便成为一个互动的过程，于是政府与其他社会组织在这种过程中便建立了各种各样的合作伙伴关系。其四，自主自治的网络体系的建立。多元化的治理主体之间的权力依赖与合作伙伴关系，表现在运行机制上，最终必然形成一种自主自治的网络。这一网络要求，各种治理主体都要放弃自己的部分权利，依靠各自的优势和资源，通过对话来增进理

---

① 肖凤翔，黄晓玲. 职业教育治理：主要特点、实践经验及研究重点 [J]. 河北师范大学学报（教育科学版），2015（3）.

解，最终建立一种公共事务的管理联合体。①

我国著名的治理理论专家俞可平教授认为，治理的出现在很大程度上是对现代社会日益复杂化的趋势所做出的一种响应。浙江大学公共管理学院院长郁建兴教授认为，治理的兴起，既是对政府权威和国家统治的话语性、制度性的反对，也是对市场失灵和国家失败的反思和替代。虽然治理理论还不成熟，但无疑有其合理之处。它打破了社会科学中长期存在的两分法思维方式，即公共部门与私人部门、国家与社会的关系，它力图发展起一套管理公共事务的全新模式，认为政府不是权力的唯一源泉，公民社会也同样是权力的来源。从操作的层次上看，治理理论也提出了公共行政改革的系列举措，如在政府中引入市场机制、建立公私合作伙伴关系、实行"公私共治"等。这些措施在许多国家都有一定的应用，且在客观上取得了成效。

在政治学领域，治理通常指国家治理，即政府运用专有权力来管理国家。在商业领域，主要指公司治理。当前治理理论的研究主要分为网络化治理、多中心公共治理、整体性治理等几大流派。现将比较具有代表性的文献综述如下。

2.1.1.1 网络化治理

网络化治理是指两个或两个以上的组织或公民个人通过互动与协作，共享权力和共担责任的形式和过程，治理主体之间的相互依赖关系构成了复杂的治理网络。网络化治理强调在社会治理中构建涵盖政府部门和非政府部门等共同参与、彼此合作的社会网络，"治理网络把相关的网络主体集合起来，随着时间的推进，通过制度化的过程，为治理网络中多元主体的协商与共同的政策制定，建构一个规范的和具有想象力的框架"②。在

---

① 张成福. 论政府治理工具及其选择 [J]. 中国人民大学书报资料中心复印报刊资料·公共行政，2003（4）.

② Eva Sorensen & J. Torfing. *Theories of Democratic Network Governance* [M]. London: *Palgrave Macmillan*, 2008: 26.

此社会网络中，政府与企业、社会组织等利益团体开展多种形式的协调合作。网络化治理通过政府与社会合成一个具有管理功能的网络关系结构，在这个网络结构中，"参与治理网络的主体之间的关系并非等级关系，而是自主的关系"[①]。通过多元主体之间的分工合作，由行动者构成的具有复杂性互动特征的网络得以形成和运行。"网络化治理在保证各参与网络成员运作自主性的前提下，建立横向的稳定关系；多元主体通过协商实现相互之间的互动；多元主体之间互动发生在规范的框架范围内；参与网络的成员是以自我管制为要求来约束彼此的行为，而非僵硬地套用固定模式或规则；网络化治理的目的在于达成特定政策领域内的公共目标。"[②] 网络化治理能够处理公共管理无法解释的公共服务供给复杂性、相互依赖及动力机制等问题，能降低交易成本并影响治理的绩效，网络化治理提出了一种新的治理范式。"多元利益相关者通过参与网络化治理以及相关公共政策的制定过程，提高了公共政策和治理的民主合法性。"[③] 网络化治理超越了管理主义单纯注重高效化的误区，转而从强化部门协调、重建主体信任等方面入手来聚合不同的社会力量，以增强公共治理的整体效果。因此，网络化治理是现代社会处理复杂性社会事务的首要选择。

2.1.1.2　多中心公共治理

多中心公共治理理论由美国印第安纳大学奥斯特罗姆夫妇提出。该理论提供了一种全新的公共事务治理范式和框架，是对社会治理的全新见解。多中心公共治理理论打破了单中心治理的束缚，形成了一个由多中心构成的治理网络，是一种全新的公共治理理论。奥斯特罗姆将"多中心"定义为："许多决策中心，它们在形式上是相互独立的，通过竞争性的关

[①] G. Stoker. "Governance as theory: five propositions" [J]. *International Social Science Journal*, 2002 (155).

[②] Eva Sorensen & J. Torfing. *Theories of Democratic Network Governance* [M]. London: Palgrave Macmillan, 2008: 9.

[③] Scharpf F. W. "Games real actors could play: the challenge of complexity" [J]. *Journal of Theoretical Politics*, 1991 (3).

系考虑对方，开展多种签约性的和合作性的事务，或者利用核心的机制来解决冲突。"① 奥斯特罗姆认为："多中心自主治理结构是以多中心为基础的新的多层级政府安排，具有权力分散和交叠管辖的特征，可以在最大程度上遏制集体行动中的机会主义，实现公共利益的持续发展。"② 多中心公共治理理论主要强调治理权力中心的多样性，不同权力主体分享治理的权力，有多个形式相互独立而利益密切相关的权利中心和决策中心，通过相互调适、协同合作等互动关系形成多中心治理网络结构，进而实现组织利益最大化。它意味着政府、社会、市场是一种互动、互补、合作、制约的关系。

2.1.1.3 整体性治理

整体性治理是西方国家社会管理研究中的一个前沿性课题，该理论以整体性视角，统筹分析治理主体、治理结构和治理机制。"新公共管理时期个体主义思维方式的滥觞及其在实践层面留下的治理的碎片化，直接刺激了整体性治理的兴起。强调'以问题解决'作为一切活动的逻辑，使得整体性治理必须充分利用包括政府在内的各利益相关者的专有资源和比较优势，自发生成多变的网络治理结构。在此网络结构中，协调、整合和信任机制是整体性运作的关键性功能要素。在数字化时代即将来临的21世纪，整体性治理的思想正在产生越来越大的影响力，公共管理的整体性治理范式日益凸显。"③ 整体性治理主张建立协调与整合的组织连接机制，强调对公共管理机制的分散化、部分化、碎片化的反思，"整体性治理注重治理问题的预防导向、公民需求导向和结果导向，其核心的特征包括：一以提供优质的公共服务，回应公众需求作为整体性治理的根本目的；二

---

① 埃莉诺·奥斯特罗姆，帕克思，惠特克. 公共服务的制度建构——都市警察服务的制度结构［M］. 宋全喜，任睿，译. 上海：上海三联书店，2000：20.
② Elinor Ostrom, Larry Schroeder & Susan Wynne. *Institutional Incentives and Sustainable Development*［M］. Boulder CO：Westview Press, 1993：166.
③ 胡象明，唐波勇. 整体性治理：公共管理的新范式［J］. 华中师范大学学报（人文社会科学版），2010（1）.

以整合的思路和加强协作的方式，着眼于政府内部机构和部门的整体性运作。而地方政府市场监管体制改革的路径重构应当使政府主导下的多部门共同参与的监管体系可实现监管效率的最大化"①。

2.1.2 公共治理

公共治理理论的兴起有着复杂的社会背景与多元的理论基础，该理论起源于"新公共管理"运动，"新公共管理"最早是由胡德提出的。胡德将 20 世纪 70 年代后期发达国家掀起的政府改革运动称为"新公共管理"运动。新公共管理挑战以"理性公益人"假设为前提的传统的公共行政模式，认为传统模式导致政府管理的危机，提出了公共部门管理的新公共管理模式。因此，很多国家纷纷将治理理论运用于国家和政府的变革，使得治理俨然成了公共管理研究的重点对象。所谓公共治理，是指特定的治理主体对社会实施的公共管理活动或行为；是政府、市场、社会及个人等，通过平等互惠的合作伙伴关系，依法对公共事务和公共组织进行规范和治理。公共治理强调政府与社会通过合作、协商等方式实施对社会公共事务的治理，以实现公共利益的最大化为最终目标。公共治理通常是自下而上、平行互动的运行逻辑，它强调多元主体之间合作治理与协商治理，既注重制度化的规制，又注重弹性化的手段运作。格里·斯托克从五个方面对公共治理进行了阐释，他认为公共治理的主体既出自政府，又不限于政府，还涉及其他社会公共机构和行为者；公共治理意味着公共事务界限和责任的交叉和模糊化；公共治理意味着参与公共事务活动的各个社会公共机构之间存在相互依赖关系；公共治理意味着行为者网络的自主自治；公共治理意味着公共事务的治理绩效并不在于政府的权力、命令以及权威，而在于政府可以动用新的工具和技术来实现控制和指引。②

---

① 徐鸣. 整体性治理：地方政府市场监管体制改革探析——基于四个地方政府改革的案例研究 [J]. 学术界，2015 (12).
② 格里·斯托克. 作为理论的治理：五个论点 [J]. 华夏风，译. 国际社会科学杂志（中文版），1999 (2).

公共治理是一种与传统政府管理不同的新范式，实现社会网络体系化的策略创新，是实现公共服务效益、效率、公平的基本工具。公共治理理论将市场的激励机制和私人部门的管理手段引入政府的公共服务，政府与民间、公共部门与私人部门之间合作与互动。公共治理理论是治理理论在公共管理领域的应用，主要用于公共事务的管理活动和政治活动中，为人们研究公共部门管理提供了一种更为灵活的视角。治理理论进入了公共管理学领域，使人们对公共部门管理有了一种全新的认识。公共治理意味着国家与公民社会关系的重新调整，公民组织的发展和公民积极参与公共事务是公共治理得以运转的物质基础。公共治理强调治理主体通过对话、协商、谈判等集体行动来达成共同治理目标。公共治理的目标是善治，将政府、市场以及社会组织等多元主体纳入公共治理结构之中，实现公共治理的利益最大化和理想状态。

公共治理主体多元化表明，随着社会的转型和发展，公共治理运动的参与角色呈现出多元化趋势。公共治理的组织载体不局限在单中心的政府组织，政府不是全能主义政府，不能对社会进行细致入微的管控。无论是公共机构、私人机构还是个人都可以参与到公共事务管理当中，不同主体在共同的目标下参与公共政策制定和提供公共服务，共同承担公共事务治理的责任。"在共同的目标下共享资源、合作互动、共同参与制定公共政策和提供公共服务。而且，治理中的权力运行方向发生变化，从单一向度的自上而下的统治，转向上下互动、彼此合作、相互协商的多元关系。"① 对于公共治理，俞可平认为有五个标准可以判断其是否合理有效。其一，公共权力运行的制度化和规范化，它要求政府治理、市场治理和社会治理有完善的制度安排和规范的公共秩序；其二，民主化，即公共治理和制度安排都必须保障主权在民或人民当家做主，所有公共政策要从根本上体现人民的意志和人民的主体地位；其三，法治，即宪法和法律成为公共治理

---

① 姜美玲. 教育公共治理：内涵、特征与模式 [J]. 全球教育展望，2009 (5).

的最高权威,在法律面前人人平等,不允许任何组织和个人有超越法律的权力;其四,效率,即国家治理体系应当有效维护社会稳定和社会秩序,有利于提高行政效率和经济效益;其五,协调,现代国家治理体系是一个有机的制度系统,从中央到地方各个层级,从政府治理到社会治理,各种制度安排作为一个统一的整体相互协调,密不可分。其中,民主是现代国家治理体系的本质特征,是区别于传统国家治理体系的根本所在。[1]

公共治理是一个过程,公共治理基础不是控制,而是协调,公共治理既涉及公共部门,也包括私人部门;公共治理是以政府为主导的多元化治理主体网络,通过公共参与以及协商合作对社会公共事务共同进行协调式管理。强调发挥政府功能的同时,要使社会组织参与管理社会公共事务,以治理的方式使各种民间组织机构享有参与的权利,形成政府与社会组织之间相互依赖、相互合作、共同管理的格局。公共治理的目的是尽可能地满足公众的利益诉求,最大限度地增进公共利益。制定公共政策的过程中,需要充分调动起治理主体的积极性、主动性和创造性,注重方式、方法的多元化、便捷性、公开性和公正性,这样才能够及时了解到公民的想法和民意所向,实现政府与公众的良性互动,确保在制定公共政策时真正做到对各种利益的综合和协调。[2] 公共治理的过程就是政府与其他权力主体相互依存、共同分享管理社会的责任和资源,在满足每个参与主体利益的同时,实现社会公共利益最大化的过程。它具有几个特点:主体之间的依赖性。由于政府组织与其他社会组织、个人之间存在着相互的权力依赖关系,形成了你中有我、我中有你的参与性自主网络,必须彼此交换资源才能顺利实现各自的目标。公共权力的多元性。公共治理对象范围是一系列来自政府、公共机构、私人机构的公共管理活动,因此,政府不是唯一的权力中心,在某些领域,非政府组织和个人甚至比政府拥有更大的优

---

[1] 俞可平. 国家治理体系的现代化应超越局部利益[N]. 甘肃日报,2014-02-24.
[2] 施雪华,张琴. 国外治理理论对中国国家治理体系和治理能力现代化的启示[J]. 学术研究,2014(6).

势。运行机制的网络性。公共治理运行机制强调管理对象的参与，各种非政府组织、社会团体、私人机构及个人应该参与到社会公共事务的管理中，形成多元化的社会管理格局，在社会公共事务管理系统内形成自组织网络和互动模式。组织边界的模糊性。在公共治理过程中，国家与个人之间、公共部门与私人部门之间的界限日益变得模糊，形成了一种平等竞争的、合作协商性的互动关系。公共治理理论改变了传统的公共管理格局，通过多元化主体的合作过程，建立起调节政府与社会利益关系的新机制，建构了对话—协商—谈判的治理模式，为处理不同利益组织之间的关系开辟了持续合作的渠道。

2.1.3 教育治理

随着教育活动在世界各国的兴起，尤其是学校内部管理体制改革进程的加快，教育治理逐渐成为议题，被纳入国内外学者的研究视域。20世纪90年代初，公民社会开始进入教育管理的实践，这表明西方国家教育政策的转向，即在承认教育中政府的主导作用的同时，强调公民社会在教育治理中的作用。西方较早使用教育治理概念的是美国教育家萨乔万尼（Sergiovanni）所著的《教育的治理与管理》（2002）一书。2008年，联合国教科文组织（UNESCO）在"教育治理：透明性、实施性和有效性"的国际会议中明确提出了教育治理的概念，指出"教育治理主要是指各种公共或私人机构和组织统筹合作、各尽其能，从而实现对公共教育事务更好地进行控制和引导"[①]。自此，教育治理逐渐成为世界教育发展新的聚焦点。2014年，时任教育部部长袁贵仁在"深化教育领域综合改革 加快推进教育治理体系和治理能力现代化"的全国教育工作会议上的讲话中强调，"完善科学规范的教育治理体系，形成高水平的教育治理能力。要围绕教育治理体系改革、教育治理能力提高，深化教育综合改革，将教育治理体系与治理能力现代化确定为今后工作重点与目标"。于是，教育治

---

① UNESCO. *Global Monitoring Report* 2009 [R]. 2009：24.

理成为我国教育界的研究热点与实践领域的工作重点。

褚宏启、贾继娥认为："教育治理是指国家机关为了实现教育发展目标，通过一定的机构设置和制度安排，协同各类社会组织、利益群体和公民个体，共同管理教育公共事务、推动教育发展的过程。"① 也就是说，教育治理是通过一定程序对教育中相互冲突的利益相关方进行调解的一种过程。教育治理是为实现教育目标而设计的一套制度安排和关系框架，它对教育的原则、决策方式、权力的分配定下规则，通过学校各利益相关者的活动有效率地达成教育目标。"教育治理是多元主体共同管理教育公共事务的过程，它呈现出一种新型的民主形态。教育治理的直接目标是善治，即'好治理'；最终目标是'好教育'，即建立高效、公平、自由、有序的教育格局。"② 相较于传统的教育管理概念而言，教育治理更强调协作、沟通，因此，由"谁治理、治理什么、如何治理"成了教育治理的关键问题。

刘培培、朱德全认为，中国职业教育改革需要政府、企业、院校、社会四大利益主体共同参与，形成以协同发展为共同目标的多中心治理局面。从理论逻辑和实践逻辑两个层面指出要维持治理局面的稳定，需在明晰多中心理论逻辑的基础上，打破单中心的桎梏，通力合作，打造一条四足鼎立的多中心治理路径。③

杨进、刘立新、李进指出，职业教育校企合作治理结构是建立现代职业教育体系的一项基础性工程。阐述了治理、治理结构的内涵，分析职业教育校企合作治理的应然性，探讨职业教育校企合作外部治理结构、内部

---

① 褚宏启，贾继娥. 教育治理中的多元主体及其作用互补 [J]. 教育发展研究，2014 (19).
② 褚宏启. 教育治理：以共治求善治 [J]. 教育研究，2014 (10).
③ 刘培培，朱德全. 职业教育与区域经济联动发展的多中心治理逻辑 [J]. 教育与职业，2015 (2).

治理结构的构建。①

肖凤翔、贾旻认为："'职业教育治理体系和治理能力现代化'是'国家治理体系和治理能力现代化'总目标在职业教育领域的延伸。何谓现代职业教育治理体系，表现为何种类型以及如何构建？这些既是职业教育治理研究必须追问的理论问题，也是影响职业教育改革成效的关键所在。按照教育决策权力的分配方式，职业教育治理体系表现为层级式、分权式与协商式三种主要形式。协商式治理体系符合职业教育治理体系现代化的衡量标准，是现代职业教育治理体系的类型表征。因此，协商治理成为实现治理体系现代化的合理路径，应该遵循'明确资本、搭建平台、理性表达、民主决策和形成规则'的治理逻辑。"②

陈寿根、顾国庆指出："大学内部治理结构是大学内部决策权配置、制衡的组织机构格局，及其权力运行的规则。建立利益相关者共同治理的高职院校内部治理结构，是大学治理发展的历史经验、治理现代化建设的时代呼唤、突破高职院校发展瓶颈的现实诉求。为此，需要厘清高职院校的利益相关者及其参与治理的基本准则；完善'三重一大'、行政事务、学术工作决策的体制机制，落实教职工代表大会和学生代表大会的责任。"③

庄西真认为："职业院校和企业是平等的治理主体。职业院校和企业在历史使命、利益诉求与文化特征上具有不同的组织属性，这成为阻碍校企双主体办学治理结构形成的因素。但是双方以职业人才为共同的发展基石，以社会责任为共同的组织愿景，以创新驱动为共同的进步方式，为二者构建基于利益相关者理论的治理结构提供了逻辑基础。校企双主体办学

---

① 杨进，刘立新，李进. 治理理论视域下职业教育校企合作治理结构的构建[J]. 中国职业技术教育，2015（36）.
② 肖凤翔，贾旻. 协商治理：现代职业教育治理体系现代化的路径探析[J]. 中国职业技术教育，2016（3）.
③ 陈寿根，顾国庆. 建立利益相关者共同治理的高职院校内部治理结构[J]. 国家教育行政学院学报，2016（3）.

治理结构的目的，就是要在明确权利义务的前提下，通过合理的制度设计与架构安排以规范校企双方在办学过程中的行为，并为双方持续参与治理提供灵活的框架设计。"①

张旭刚指出："职业教育治理体系现代化是当前建设现代职业教育体系的重要内容、战略举措和迫切需要。建设现代化的高职教育治理体系必须深刻理解、全面把握高职教育治理现代化的核心内涵，将现代治理理论与中国国情、现代化语境有机结合起来，适应'新常态'的战略需求，走'国际化、本土化'融合创新的治理之路，全面推进高职教育治理主体、治理结构、治理机制、治理方式、治理评价的现代化转变，破除政府集权管制体制壁垒，突破高职院校内部官僚体制束缚，打破法律法规供给不足瓶颈。"②

南旭光指出："在推进现代职业教育体系建设过程中，职业教育治理模式创新就成为一个急需探究的重要问题。起源于生物学研究又被广泛应用到社会科学领域中的共生理论，便是研究职业教育利益相关多元主体通过相互依赖、协同进化实现系统创新发展的有力工具。在基于共生理论阐释职业教育治理模式创新的实现逻辑基础上，指出职业教育治理模式创新方向是多元共治与互惠共生，并进一步从营造正向共生环境以构建多元治理结构、加强制度体系建设以打造共生治理界面、强化互动协同作用以提升合作共生效能等方面综合施策，从而为增强我国职业教育治理能力现代化提供理论参考和操作借鉴。"③

赵蒙成、徐承萍认为："由于治理理论发展背景被误读、职业教育治理研究未及内里、职业教育体制单一、职业教育多元主体尚未形成共同的

---

① 庄西真. 职业院校与企业双主体办学的治理结构：逻辑与框架［J］. 中国高教研究，2016（12）.
② 张旭刚. 高职教育治理体系现代化的四维审视：门路、道路、思路与出路［J］. 教育与职业，2016（23）.
③ 南旭光. 共生理论视阈下职业教育治理模式创新研究［J］. 职业技术教育，2016（28）.

价值追求等原因,当前我国职业教育治理身处某些困境之中:政府'单向度'推进治理变革、市场主体过度强调市场原则与经济规则、职业院校内部治理主体错位、双重赋权的行业协会的第三部门立场不坚定等。为了实现职业教育治理的目标,政府需要主动打破利益藩篱、主导治理顶层设计,职业院校完善内部治理结构、提升治理能力,市场有所为有所不为,第三方坚定自身立场,多方共建公共信息平台。职业教育治理走向成功必须夯实民主、法治、公开的基础,必须依靠职业教育各利益相关方建立共同价值追求,各尽其职,协商善治。"①

查吉德指出:"教育治理现代化是教育政策有效供给的前提。我国职业教育治理方面存在政策边界不清、政策主体责任不明、政策制定机制不足等问题,影响了职业教育政策的有效性。应加快推进职业教育治理现代化,明确政府的政策边界,处理好政府、市场、社会和学校的关系;明确各级各类政策主体的责任,赋予教育行政部门更大的统筹权,赋予地方政府更大的自主权,做好政策间的有效衔接;完善政策制定机制,加快推进新型教育智库建设,提高政策的科学性、民主性。"②

贾旻引入行业协会与治理两个概念,"将行业协会作为研究对象,从'治理'视域切入,从'为什么''是什么'以及'如何运行'几个方面展开行业协会参与现代职业教育治理的研究,从而实现职业教育的现代化转向,达到提高职业教育质量与社会公信力之目的"。指出"从治理主体视角来看,行业协会应加强自身组织能力建设,政府要以责任有限的服务型政府为努力目标,转变治理方式;从治理运行来看,提供多种类型的外部保障,明确市场化的运作机制,完善行业协会的参与治理职能"。③

---

① 赵蒙成,徐承萍. 职业教育治理:现实困境与应然追求[J]. 苏州大学学报(教育科学版),2016(4).
② 查吉德. 治理现代化视角下的职业教育政策供给分析[J]. 河北师范大学学报(教育科学版),2017(1).
③ 贾旻. 行业协会参与现代职业教育治理研究[D]. 天津:天津大学,2016.

2.2 职业教育校企合作的研究

职业教育校企合作是一个复杂的系统过程，有必要对职业教育校企合作相关文献进行整理与分析，以期获得新的启发、形成新的认识。

2.2.1 校企合作

校企合作是一种与经济发展相适应的新型办学方式，其既服从于社会生产活动中的经济发展规律，也服从于教育本身发展的规律。学校通过与企业共享资源，为学生提供理论教学与企业实践相结合的机会，实现了企业和学校在资源方面的优势互补。校企合作贯穿于人才培养的全程，学校与企业的合作实现了生产与教育的有机结合，最终形成了学校和企业相互促进、相互依赖、共同发展的新局面。

合作是研究职业教育校企合作的基础概念之一。Oliver 指出，合作是一个组织在一定的环境条件下，与其他一个或多个组织之间形成的持续的交易、互动和联系。[1] Williams 认为，合作是各个合法存在的组织通过交换关系、一致或互补的目标，以及相互合同和社会关系链接到一起。[2] 合作是两个或两个以上的个体间从各自的利益出发而自愿进行的协作性和互利性的联系，目的是互相配合共同完成某项任务，反映了事物与事物之间相互作用、相互影响的状态。

校企合作是为了提高学生的实践技能，整合利用学校和行业企业的不同教育环境和资源，共同制定培养目标，实施培养计划而建立起的合作关系和过程。校企合作可以简单地理解为学校与企业开展的合作教育。通过对国外校企合作的相关论文进行分析发现，国外文献对于"校企合作"一词的表述是多种多样的，例如，Cooperative Education，Business-Education

---

[1] C. Oliver. "Determinants of inter organizational relationships: integration and future directions" [J]. *Academy of Management Review*, 1990（2）.

[2] T. Williams. "Cooperation by design: structure and cooperation in inter-organizational networks" [J]. *Journal of Business Research*, 2005（2）.

Partnership，School-Work Partnership，School-Enterprise Cooperation，School-Business Link，Cooperation between Industry and Education，Cooperation between School and Enterprise，Business Involvement in Education，Combination of Industry and Teaching 等。① 在我国，"校企合作"这一词也有许多不同的表述，如产学合作、产教融合、工学交替、工学结合、双元制等。这些概念相差不大，更多只是角度不同，尽管在表述上存在一定的差别，但是核心含义比较接近。

学校与企业分别属于教育和产业两个不同的系统，两者有着不同的组织目标与利益追求，存在着清晰的组织边界，因此，两者之间存在合作的必要。校企合作是教育机构与产业界在人才培养、科学研究和技术服务等领域开展的各种合作活动。世界合作教育协会（WACE）对校企合作的解释是"利用学校和行业（企业）两种不同的教育环境和教育资源，将课堂上的学习与工作中的学习结合起来，学生将理论知识应用于现实的实践中，然后将工作中遇到的问题和见识带回学校，促进学校的教学"。广义的校企合作是指教育机构与企事业单位的各种层次、各种方式的合作。狭义的校企合作是学校与企业以培养学生的素质为重点，利用双方各自不同的环境和资源，达到共享共赢的一种过程。

2.2.2 职业教育校企合作

职业教育是与经济发展最密切、最直接的一种教育类型，在职业教育办学的各个环节中，包括专业设置、课程设计、实习实训等各个阶段，都具有明显的技术技能特征。职业教育的办学目标致力于培养技术技能型人才，从而满足生产、管理、服务一线对应用型人才的需求。职业教育传授职业所需的知识、技能，培养和提升受教育者职业素质，注重学生职业岗位技能的培养，突出岗位胜任能力，强调理论与实践相结合，特别突出教学内容的应用性和实用性。校企合作是职业教育改革发展的必由之路，是

---

① 苏俊玲. 美国职业教育校企合作实践的研究［D］. 上海：华东师范大学，2008.

教育部门与产业部门充分利用各自的优势资源,共同举办职业教育的一种方式。职业教育校企合作是为了实现职业教育的人才培养目标,以学校、政府、企业和行业组织为主体,主体之间相互联系、协同,以实践过程为导向,把课堂教学和生产实践、理论学习的实践操作有机结合,强调学校和企业双方协同育人的过程。总体来看,现阶段我国职业教育校企合作大多还停留在较浅层次,校企合作的内容比较简单,形式比较单一,目前主要集中于订单培养、顶岗实习等方面。我国职业教育校企合作松散化、表面化、波动性、临时性、低层次的特征还较为明显,尚处于不成熟的阶段。无论是校企合作的深度、广度还是合作成效,都还不能很好地满足服务经济社会发展的需求。造成上述问题的原因是多方面的,例如,从企业角度来看,企业还没有专门的机构负责校企合作,由于缺乏专门的组织机构和持续的互动平台,降低了双方开展持续互动的可能性,难以达到拓展校企合作的深度与广度的目的;很少在校企合作过程中建立互惠共赢的利益机制,缺乏与企业合作的利益契合点,企业出于自身经济利益和生产实践等因素的考虑,认为培养人才的主要责任是学校,跟自己无关,没有必要过多地分散精力;我国目前校企合作法律法规对于校企合作各方的权利、责任和义务等规定尚未细化,可操作性有待提高,地方性职业教育法规缺位。从行业角度来看,行业组织指导不到位。我国目前的行业组织基础薄弱,无法很好地指导校企合作的开展,行业组织对行业内企业的引导和规范作用不强。综合目前文献来看,校企合作是近年职业教育领域的研究重点和热点,研究视角不断出新,这些新视角为职业教育校企合作的研究提供了新的思路和认识。

2.2.2.1 法律视角

杨红荃认为:"构建完善的职业教育校企合作法律制度体系,保证职业教育校企合作的顺利进行,是研究所关注的内容……首先通过文献总结各国职业教育校企合作法律制度保障的合作模式,对各种模式下各国职业教育校企合作相关法律制度进行解读……改革开放以来,我国职业教育校企合作逐步通过颁布政策文本加以规范，但存在很多方面的问题，一是没有形成法律制度保障的职业教育校企合作模式；二是缺乏完整的职业教育校企合作法律制度体系；三是职业教育校企合作基础性问题界定不清；四是缺失职业教育校企合作法律制度扶持措施；五需进一步明确企业在职业教育校企合作中的责权利；六是现有法律缺失法律责任与法律制裁；七是没有严格职业资格证书制度、就业准入制度；八是职业教育法律制度执法监督不完善；九是没有建立职业教育校企合作法律救济制度。"①从"明晰我国职业教育校企合作法律制度的扶持措施、明确我国职业教育校企合作的形式及利益主体的权利和义务、确保职业教育校企合作法律制度内容保障受教育者权益、确定职业教育校企合作法律的法律责任及法律制裁、完善职业资格证书制度、严格就业准入制度、健全职业教育校企合作法律制度监督体系、建立职业教育校企合作救济制度等几个方面思考如何建设我国职业教育校企合作法律制度体系……我国应形成纵向上包括职业教育基本法、单行法律（修订职业教育法、制定职业教育校企合作促进法）、校企合作相关行政法规、职业教育校企合作部门规章、地方性职业教育校企合作促进条例和规章、职业教育校企合作相关法律法规，横向上涵盖配套法规、实施细则及各行业校企合作法规的内容全面、层级清晰的职业教育校企合作法律制度体系"②。

  周小军认为，职业教育校企合作问题根本原因就是"没有相关完整的法律法规来保障。尽管我国以《职业教育法》为核心，以相关制度决定和地方条例为辅的职业教育法律体系雏形已基本形成，但是该体系内容欠缺不完整、可操作性差，国家出台的相关法律对校企合作的规定零星分散，《职业教育法》在规定内容的数量与质量上都不尽如人意，各地方也没有切合当地职业教育发展的条例与办法，使得校企合作无章可循。因此，在

---

① 杨红荃. 职业教育校企合作中的法律制度建设研究［D］. 武汉：武汉大学，2013.
② 杨红荃. 职业教育校企合作中的法律制度建设研究［D］. 武汉：武汉大学，2013.

当前职业教育蓬勃发展的关键时期，修改与制定校企合作法律法规，保证职业教育校企合作的健康发展，是当务之急"①。

2.2.2.2 模式视角

金爱茹认为："高职教育校企合作人才培养模式，是一种利用学校、企业、政府教育部门不同的教育资源和教育环境，以培养适合行业、企业需要的应用型人才为主要目的的教育模式。"②

殷英认为："'校企合作、工学结合'作为一种有效的办学模式，必将成为推动我国职业教育发展的重要战略选择……有利于共创产与学双赢的局面，能充分运用校企双方优势使理论与实际相结合，加强学生的实际操作能力，提高教师的实际教学经验，缩短产学差距，提升职业教育功效，培养企业所需要的人才。在'校企合作、工学结合'的办学过程中，政府可以通过制定相关法律、法规、政策，鼓励企业积极参与高技能人才培养，加强人力资本投资，为高等职业技术学院提供实习场地、设备、师资等。企业要从经济发展的角度考虑……与高等职业技术学院进行校企合作，共同承担应用型技能人才培养的使命。高等职业院校应借鉴国外职业教育的先进经验，解放办学思想、转变办学观念、改革教学模式和教学体系，实现专业与产业对接、课程与产品项目整合、学校教师和企业技能大师融合，走'校企合作'之路，树立能力本位思想。通过政府、企业、学校三位一体，立足区域经济发展，培养适应企业需要的应用型技能人才，为国家经济建设提供人才保障。"③

邱致裕认为："高职院校校企合作办学既有利于职业教育与经济社会、行业企业紧密联系，实现企业资源和学校资源的有机整合，让企业参与学校人才培养计划和过程，从而改革和创新当前职业教育办学模式、教学模式、培养模式和评价模式，培养学生对将来工作的适应能力和工作技能，

---

① 周小军. 我国职业教育校企合作法律保障研究 [D]. 咸阳：西北农林科技大学，2014.
② 金爱茹. 高职院校校企合作模式研究 [D]. 保定：华北电力大学，2009.
③ 殷英. 高职教育"校企合作"办学模式创新研究 [D]. 湘潭：湘潭大学，2009.

实现从学生到员工的转换，更能将职业教育纳入国家的经济社会发展和产业发展规划，促进职业教育发展，提升国家竞争力。"①

2.2.2.3 评价视角

彭鹏以高职酒店管理专业校企合作为研究中心，"将定性方法与定量方法进行结合，以案例研究方法作为研究脉络。归纳出高职酒店管理专业校企合作的影响指标，建立了相关的评价模型，并通过案例研究方法对代表三种不同校企合作形式（校中店合作模式、店中校合作模式、订单式培养模式）的三家酒店（山东百川花园酒店、无锡艾迪花园酒店和南京侨鸿皇冠假日酒店）进行案例调查，对三个案例进行比较分析，提出三种不同校企合作形式的优势和不足，最后根据案例的分析而提出了有关优化高职酒店管理专业校企合作的建议"②。

伍佩芳通过查阅和分析相关文献资料，结合国内外相关学者的研究成果，"提取了影响中职学校电子商务专业校企合作的主要因素进行分类整合，利用层次分析法建立评价模型并通过专家打分、建立判断矩阵，确定指标权重，最后通过收集的数据，对3所不同的中职学校的校企合作进行了绩效评价和对比分析，查找出他们在校企合作方面存在的问题及原因，然后分别从企业、政府和学校三个不同的角度，分析了当前中等职业教育电子商务专业校企合作模式与企业、政府之间存在的相互依赖、相辅相成的关系，提出了如何完善和改进相关措施，为中职学校电子商务专业选择校企合作模式和提高成效提供了一个参考依据"③。

2.2.2.4 机制视角

耿洁指出："改革开放30多年，特别是进入新世纪以来，我国职业教育在经济社会发展的宏观背景下，以服务为宗旨，以就业为导向，确立了

---

① 邱致裕. 高职院校校企合作办学模式研究［D］. 武汉：湖北工业大学，2012.
② 彭鹏. 高职酒店管理专业校企合作评价的初步探析［D］. 南京：南京师范大学，2015.
③ 伍佩芳. 基于系统理论下中职学校电子商务专业校企合作模式绩效评价的研究［D］. 广州：广东技术师范学院，2016.

校企合作办学模式，模式的确立解决了职业教育发展方向的问题。然而，保障模式持续、有效实施的体制机制还没有真正建立和完善起来，校企合作中逐渐显露出的深层次问题即体制机制问题，已成为合作中诸多困难和问题的核心，成为解决困难和问题的焦点。……要树立职业教育校企关系的新理念、加强职业教育校企合作顶层设计、完善职业教育校企合作国家制度、建立职业教育与产业行业的协作协商机制、进一步完善政府投入为主的多渠道经费保障机制、健全职业教育校企合作科研服务机制等……"①

张倩"选取 D 中职学校和 X 中职学校作为研究中职学校校企合作运行机制的载体，围绕中职学校校企合作是如何运行的这一核心问题，探讨他们在具体实践中形成的校企合作运行机制，以期为其他中职学校构建校企合作运行机制提供借鉴。……主要采用了访谈调查，辅以文献法等研究方法，聚焦案例学校校企合作运行机制。对其成效从共组组织机构、共建师资队伍、共建共享实训基地、建立与优化学生实习管理制度、共同合作开发课程与教材、共同开发校企合作模式方面进行了深入的分析与解读，并发现其中的问题。……结合案例学校校企合作运行机制的经验与问题，提出了中职学校校企合作建构的依据和建构建议"②。

龚艳霞对我国首批 39 所国家骨干高职院校的校企合作基本情况进行了统计与分析，"试图深入了解各院校的校企合作机制，并从这 39 个案例经验中寻找适合我国高职院校校企合作长效机制发展的路径。……对德国、澳大利亚、美国的校企合作机制进行了分析，总结了发达国家的经验，如：健全有力的法制保障、权威有效的行业组织、灵活多元的资金筹措方式以及系统权威的职业资格认证等。……从合作的组织机构、合作的组织制度、基于合作主体的合作运行机制三个角度对高职院校校企合作长

---

① 耿洁. 职业教育校企合作体制机制研究 [D]. 天津：天津大学，2011.
② 张倩. 中职学校校企合作运行机制研究 [D]. 上海：华东师范大学，2012.

效机制的发展路径提出了几点建议"①。

2.2.2.5 国内外比较视角

苏俊玲聚焦职业教育的规律和活动本身,"深入系统地分析了美国校企合作实施过程中所出现的合作教育计划、技术准备计划、青年学徒制、校企契约、赛扶(SIFE)计划、高级技术教育(ATE)计划以及职业教育集团办学等各种校企合作项目与形式,列举了多个美国校企合作案例,并在此基础上总结了美国校企合作的特点,包括其成功的原因、拓展空间以及合作方角色定位等,最后结合我国校企合作的现状与问题提出了一些建议"②。

江奇认为,"双元制是德国职业教育享誉世界的制度设计,也是我国研究与学习的范本,其成功的秘诀就在于教育企业和职业学校建设性的合作,有效解决了职业学校和教育企业彼此疏离的矛盾。近年来,德国职教界对校企合作问题进行了深化研究与制度创新,将校企合作延伸至学习地点合作这一更宽广的领域,在国际上产生了广泛影响。对德国职业教育校企合作机制进行研究和解读,有利于分析我国的校企合作现状与问题,促进校企合作长效机制建设"③。

2.2.3 职业教育利益相关者

一个组织的发展不能缺少各利益相关者对组织的贡献,利益相关者由"利益"和"相关者"两个概念组成,这里的"利益"不仅包括经济利益,还包括其他多种利益;同时,"相关者"也就是影响和受影响的相关组织和个人,"相关"的程度也有紧密和松散的区别。各利益相关者对组织发展的影响程度和被组织影响的程度是有差异的,简单地讲,即不同的利益相关者对组织的重要程度不同。利益相关者理论符合人们对职业教育社会责任和伦理方面的要求,职业教育校企合作是个典型的利益相关者活

---

① 龚艳霞. 高职院校校企合作长效机制研究——以我国首批国家骨干院校为例[D]. 长沙:湖南师范大学,2014.
② 苏俊玲. 美国职业教育校企合作实践的研究[D]. 上海:华东师范大学,2008.
③ 江奇. 德国职业教育校企合作机制研究[D]. 西安:陕西师范大学,2014.

动,将利益相关者理论应用于职业教育校企合作发展中,从利益相关者的视角出发,侧重了解校企合作过程中各利益相关者的利益诉求,在均衡各利益相关者利益的前提下,充分发挥各方积极性,提出职业教育校企合作进一步发展的策略,对职业教育校企合作的有效推进至关重要。职业教育校企合作过程中不可避免地存在价值冲突和利益矛盾。"整体利益的最优化需要利益相关各方协同合作,而无法经由某一方努力而独自实现。那些不平等的博弈结果虽暂时满足了某一主体的短时利益需求,却可能导致利益主体之间矛盾、冲突激化,造成整体利益受损。通过有效磋商,利益相关者之间进行合作博弈,形成共同认可的、具有相应约束力的契约,这是建立利益平衡机制的根本目标。"[1] 随着职业教育管理体制的改革,既往职业教育利益关系和利益格局被打破,众多利益主体纷纷提出各自的教育利益诉求与主张。在这一大背景下,从本质上了解各种利益的平衡,才能了解利益主体之间进行各自价值选择、行为选择的根源,进而了解职业教育校企合作受阻或进步的关键所在。

2.2.3.1 利益相关者

利益相关者理论起源于企业管理领域。利益相关者一词最早出现于1708年,它表示人们在某一活动或某企业中"下注",在企业运营过程中抽头或赔本。20世纪60年代左右,学者们对于利益相关者讨论越来越多。比较有代表性的是Ansoff。1965年,美国学者Ansoff认为"要想制定理想的企业目标,必须综合平衡考虑企业的诸多利益相关者之间相互冲突的索取权,他们可能包括管理人员、工人、股东、供应商以及顾客"[2]。除股东之外,企业的雇员、合作供应商、消费者群体等都是企业的利益相关者。"利益相关者理论对传统的企业理论不是替代,而只是一种补充,它的最大贡献在于提醒公司应该更多地关注股东以外的其他利益主体的利

---

[1] 姚树伟. 职业教育发展动力机制研究——基于利益相关者理论分析框架[D]. 长春:东北师范大学, 2015.

[2] H. I. Ansoff. *Corporate Strategy* [M]. New York:McGraw-Hill Book Co. 1965:104.

益,以确保实现公司价值长期的最大化。"①

随后,围绕利益相关者的研究成果日渐丰富和完善,利益相关者的理论框架逐步形成。1984年,最具代表性的利益相关者定义由美国著名学者弗里曼正式提出:"利益相关者要么是能够被组织目标实现的过程影响的人,要么是能够影响组织目标实现的人。"② 弗里曼界定的是一种普遍的利益相关者,他强调的影响是双向的,不仅将影响组织目标的个人视为利益相关者,同时还将组织目标实现过程中受影响的个人也看作利益相关者。"Freeman 的利益相关者模型(stakeholder management model)认为利益相关者的管理应该包含三个层面:理性层面、程序层面和交易层面。理性层面主要需要回答一些理论的相关概念的含义是什么。例如,谁是组织的利益相关者?他想要通过对组织的投入得到什么,即他与组织的交换条件是什么?所有的利益相关者的权益优先顺序是什么?在这个层面,需要对这些问题做出一个全面的分析评价。程序层面指围绕利益相关者的组织战略制定,主要是指组织和利益相关者之间相互作用关系的体现。交易层面是指建立组织与利益相关者之间的最优合作方式,明确两者的权益诉求,并为之投入必要的资源。在这一层面上,需要组织与利益相关者之间进行双向互动的沟通合作,组织要把资源真正用到与利益相关者的合作关系建设上来,同时利益相关者要尽全力扮演好自己在组织中的角色。"③

"企业是由多个利益相关者组成的契约联合体。参与企业决策的人应该是受企业影响的所有利益相关者;企业的最终目标不应仅仅是达到股东和经理人利益的最大化,还应包括达到所有利益相关者利益的最大化。"④ 企业存在的目的并非仅为股东服务,在企业的周围还存在许多关系到企业

---

① 李福华. 大学治理的理论基础与组织架构 [M]. 北京:教育科学出版社,2008:85.
② 转引自杨瑞龙,周业安. 企业的利益相关者理论及其应用 [M]. 北京:经济科学出版社,2000:129.
③ 赵梦瑶. 基于利益相关者理论的大学治理结构研究 [D]. 西安:电子科技大学,2013.
④ John R. Boatright. "Contactors as stakeholders: reconciling stakeholder theory with the Nexus-of-Contracts Film" [J]. *Journal of Banking and Finance*, 2002(26).

生存的利益群体。企业是由多个利益相关者所构成的"契约联合体",包括企业的股东、雇员、供应商、消费者和债权人等,"例如,管理者和雇员为企业投入人力资本,维持企业的正常运转;供应商为企业提供原材料,是企业生产和发展的基础保障;企业的消费者直接关系着企业的成果能否转换为利润,是企业发展的关键。社区为企业提供相应的基础配套设施"。"与此同时,在企业的发展过程中,承担企业发展风险的并不只是企业的投资者(股东),企业的雇员承担着人力贬值的风险,消费者要为企业的产品质量问题和不诚信行为买单,生产型企业的环境污染问题可能直接关系着周边社区居民的生命安全。""公司雇员、消费者、供应商、社区等企业利益相关者在企业发展前进的过程中,下了'赌注',承担了不同的风险。因此,企业利益相关者理论主张重视除了股东以外的其他利益相关者,重视他们在企业发展过程中的重要作用,并保障其利益诉求。"[①]企业的目标应该是促进所有利益相关者的利益最大化而并非仅仅是股东的利益最大化。公司的最终目标是实现利益相关方的共同利益而非个体利益,在其经营管理活动中要充分考虑各利益相关者的利益诉求。

2.2.3.2 利益相关者的划分

1997 年 Mitchell 在考察和总结了 27 种之多的利益相关者定义后认为,"可以分为以下三类:第一类是最宽泛的定义,即凡是能影响企业活动或被企业活动所影响的人或团体都是利益相关者,包括股东、债权人、雇员、供应商、消费者、政府部门、相关的社会组织和社会团体、周边的社会成员等。第二类是稍窄的定义,即凡是与企业有直接关系的人或团体才是企业的利益相关者。排除了政府部分、社会组织以及社会团体、社会成员等。第三类的定义最窄,认为只有在企业中下了'赌注'的人或团体才是利益相关者,即凡是在企业中投入了专用性资产(如专用设备等)的人或团体才是利益相关者。基于这三个特征的不同组合产生不同类型的利益

---

① 赵梦瑶. 基于利益相关者理论的大学治理结构研究 [D]. 西安:电子科技大学,2013.

相关者"①。

李心合通过合作性与威胁性两个维度,把利益相关者划分为支持型、边缘型、不支持型和混合型四类。支持型利益相关者一般合作性强、威胁性低,如股东、债权人、经营者、顾客、供应商等;边缘型利益相关者一般对企业的威胁性与合作性都较低,如工会组织、消费者保护组织等;不支持型利益相关者对企业的潜在性威胁高、合作的可能低,如存在竞争关系的相关企业、新闻媒体等;混合型利益相关者对企业的潜在性威胁和潜在性合作可能都较高,包括紧缺的雇员、顾客等。②

2.2.3.3 教育利益相关者

虽然利益相关者理论来源于企业管理领域,但由于其对行为具有普遍的适用价值,迅速影响到包括教育在内的社会科学领域。20世纪80年代中期,伴随着世界范围内的教育改革,利益相关者理论开始被应用于教育研究领域。在教育政策、教育治理方面形成了一批成果,为政策研究、学校管理等研究提供了新视角,为政策制定与实施提供了理论支持。学者们结合教育自身的性质和特点将利益相关者理论用于各种教育问题的研究,证明利益相关者理论在教育研究领域同样适用。

(1) 教育利益相关者主体。有关教育利益相关者的分类还处在不断的探索过程中,学者一般是根据自身的研究需要进行不同的分类。

胡赤弟把高等教育中的利益相关者分成权威利益相关者、潜在的利益相关者和第三层利益相关者三大类。权威利益相关者包括教师、学生、政府、出资者等;潜在的利益相关者包括校友、立法机构和捐赠者;第三层利益相关者包括市民、企业界、银行、媒体等。③

李福华对我国高校利益相关者做了四个层次的划分:第一层次即核心利益相关者,包括:教师、学生、行政管理人员;第二层次即重要利益相

---

① 姜丽霞. 基于利益相关者理论的高职院校办学特色研究 [D]. 天津:天津大学, 2009.
② 李心合. 面向可持续发展的利益相关者管理 [J]. 当代财经, 2001 (1).
③ 胡赤弟. 高等教育中的利益相关者分析 [J]. 教育研究, 2005 (3).

关者，包括：校友、政府部门；第三层次即间接利益相关者，包括：与学校有契约关系的相对人，如科研经费（包括横向和纵向）的提供者、产学研合作者。①

张焱等人分别从合法性、影响力和紧迫性对利益相关者边界和属性进行分析，得出确定性利益相关者有学生、教师、学校行政管理人员和项目单位四类；预期型利益相关者有用人单位、政府部门、校友、捐赠者、社区、家长、贷款者、公众和其他高校九类。②

哈佛大学文理学院原院长亨利·罗索夫斯基将大学的利益相关者划分为最重要群体、重要群体、部分拥有者和次要群体等四个层次："最重要群体包括教师、行政主管和学生这些影响学校发展的主要相关群体；重要群体包括董事、校友和捐赠者，作为正式做出决策并进行投入的群体，他们非常关心'他们的'学校的声誉；部分拥有者包括向学校提供科研经费的政府、为学生和学校提供贷款的银行家，他们只在特定条件下才成为利益相关者；最后是次要群体，包括市民、社区、媒体等利益相关者中最边缘的一部分。"③

（2）职业教育利益相关者。职业教育校企合作涉及多元主体利益。不同主体从不同角度看待利益，职业教育校企合作过程中反映出三种基本利益矛盾，包括个体与集体、局部与整体、眼前与长远的矛盾。职业教育校企合作治理所要达到的效果，就是处理好这些矛盾，使利益冲突得以调和。职业教育校企合作利益相关者是任何能够影响职业教育校企合作发展或受职业教育校企合作发展影响的团体或个人。当前，在职业院校办学过程中，始终以学校内部教育价值实现为唯一目的。但是，缺乏对其他产业的整体考虑。实际上，职业教育的发展与政治、经济、文化、科技等领域

---

① 李福华. 利益相关者理论与大学管理体制创新［J］. 教育研究，2007（7）.
② 张焱，刘进平，张锐. 高校利益相关者的边界与属性识别［J］. 高教发展与评估，2010（2）.
③ 姚树伟. 职业教育发展动力机制研究［D］. 长春：东北师范大学，2015.

有着紧密的联系；职业教育校企合作就是一个典型的利益相关者活动，除了职业院校之外，政府、企业和其他社会组织、机构都会参与其中，职业院校要与行业组织、政府、企业等在尊重各自利益的基础上建立合作伙伴关系。从利益相关者利益角度来分析问题和解决问题，对职业教育校企合作优化发展至关重要。职业教育与经济社会各领域发生着千丝万缕的联系，这也决定了职业教育校企合作必须关注各类利益相关主体，对利益相关主体进行确认和分类，明确利益相关主体相互之间的关系，探索利益相关者共同治理，寻求整体利益最大化的模式与机制。

刘晓从利益相关者理论的视角出发，"综合运用规范分析和实证分析相结合的方法开展研究，以我国高等职业教育近30年来办学模式改革的实践为分析样本，尝试在影响其办学改革的利益相关者的利益需求、交互、冲突与协调中，理解高等职业教育办学改革的本质和作用机制，并就如何在制度层面延展和深化我国高等职业教育办学改革做了进一步的思考"[1]。

赵红杰以利益相关者的视角总结优化高职院校内部治理结构的策略，认为要"推进章程建设，实现依法治校；调整组织机构设置，实现合理分工；提升学术组织机构地位，实现教授治学机制；重视基层民众组织，营造良好民主管理氛围；优化内部治理组织机构，提升治理能力"[2]。

2.3　职业教育校企合作治理的研究

外部不断发展变化的经济社会转型，为校企合作治理提供了内生动力。职业教育校企合作治理的目标就是期望职业教育校企合作的各参与主体不仅能够主动地参与各项校企合作活动，而且均能在职业教育校企合作中获得收益，从而吸引更多的资源和力量投入职业教育校企合作，最终实

---

[1] 刘晓. 利益相关者参与下的高等职业教育办学模式改革研究［D］. 上海：华东师范大学，2012.

[2] 赵红杰. 利益相关者视角下高职院校内部治理结构研究［D］. 沈阳：沈阳师范大学，2017.

现职业教育校企合作的良性循环与繁荣发展。

2.3.1 职业教育校企合作治理内涵

左崇良、胡刚认为："校企合作双主体办学的治理理念表现在以下几个方面：第一，校企双主体治理是多中心治理的一种延伸和拓展，是高校和企业对国家倡导构建现代教育治理体系的一种现实回应。校企双主体治理实际上是特定对象内部和外部的协同治理，即一种双重治理进程。第二，校企双主体办学的治理进程是国家和行业企业、职业院校等多元行为体共同推动的。第三，校企双主体治理的启动和持续运行需要权力、利益和认同的共同基础，它们在互动和互构中形成协同治理所必需的物质和观念上的条件。第四，构建一个由谁来治理、治理什么、怎么治理、治理绩效等多维度的双主体治理框架，并有利于治理绩效的评估。"①

张培、南旭光认为："校企合作网络化治理的实质在于它是一种不同于单纯的官僚层级体制（政府治理机制）或纯粹的市场化体制（市场治理机制）的新型的组织治理机制，是因由校企合作而使得政府、职业院校、市场组织及私人部门等参与主体在一个制度化或惯例化的框架中相互依存，并为了实现相互之间所达成的合作愿景和目标价值而协同开展的联合行动。"②

2.3.2 职业教育校企合作治理问题

方向阳、钟克认为："目前的校企合作治理因教育主管部门的行政要求而导致学校方的任务型自治，以市场为导向导致企业方的项目式自治，使得校企合作的绩效不断消减。然而，校企合作本身应该是基于企业、学校共同的认知与需求，作为承担教育行政任务的学校必须要考虑到企业的需求与治理要求，校企之间建立起民主合作型的关系和体制安排，以此提

---

① 左崇良，胡刚. 校企合作双主体办学的治理结构与运行机制[J]. 职教论坛，2016（16）．

② 张培，南旭光. 校企合作网络化治理：内涵特征、动力逻辑与趋向路径[J]. 职教论坛，2016（7）．

升治理的绩效。"①

周文涛以职教集团为对象分析了校企合作治理的问题主要在于："一是治理空间的撕裂与不均衡；二是治理主体的失责与不对等；三是治理手段的单一与不完善；四是权力向度的失衡与不匹配。"②

康芸英认为，"当前职业教育校企合作治理存在两个问题，一方面，各主体合作有限。学校、政府、企业、行业协会各大主体之间出现了互相排斥的情况，缺乏凝聚力，通常以学校为大，打击各个主体之间合作的积极性，行业企业支持或参与的积极性不太高，企业仅是从形式上参与治理；从政府参与来看，政府—企业、政府—行业、政府—职业院校之间的合作关系弱化，行业协会沟通与监督的作用往往被忽视。另一方面，功能发挥有限。例如，企业主体地位的削弱，使其处于被动的地位，导致企业参与不积极，只是被动承担相应的支持，无法最大化地发挥企业应有的功能"③。

贾旻从行业协会的角度分析了职业教育校企合作治理中存在的问题，指出"高度集权化管理模式以及行业协会的官方附庸性，使得我国行业组织总体上缺乏对职业教育的关注，职业教育治理职能没有得到应有的发挥。它既不像合作治理获得了与政府同等重要的主体地位，不像协作治理建立国家资格框架与职业准入制度、采用市场化运行，也不像参与治理中行业协会具有很强的政策游说与施压能力。在中国这样一个特殊环境中，行业协会参与现代职业教育治理具有自己的特点，也面临着更多的困境，需要在历史与国际经验基础上寻找中国化解决策略"。治理困境表征为：行业协会参与职业教育决策途径较少、路径不畅通、参与程度偏低，标准

---

① 方向阳，钟克. 高等职业教育校企合作从自治到民主合作型治理——以苏州工业职业技术学院为例 [J]. 现代教育管理，2011（10）.
② 周文涛. 职业教育集团多中心治理策略探究 [D]. 杭州：浙江工业大学，2016.
③ 康芸英. 多中心治理视角下福建职业教育集团建设研究——以福建现代林业职业教育集团为例 [D]. 厦门：华侨大学，2016.

管理不到位、证书管理存争议、质量管理缺位，以及技术服务不到位、信息服务不足、平台搭建尚需努力。从治理运行来看，行业协会参与治理缺乏合适的组织机构与长效机制等。那么，导致行业协会参与现代职业教育治理困境的原因何在？多重复杂原因综合作用而致，从不同利益主体视角加以分析，发现行业协会参与治理的主体意识淡薄与能力弱化；企业对于行业协会提供职业教育服务需求偏低，主动支持力度偏弱；政府的管理职能下放不充分，没有为行业协会参与职业教育治理提供充分的制度保障。①

2.3.3 职业教育校企合作治理主体

职业教育校企合作是一项社会系统工作，仅仅依靠教育部门的力量无法完成，必须依靠多主体的通力合作。伴随着市场经济体制的确立，国家治理制度的重构催生了各种治理主体，职业教育校企合作涉及多元主体共同参与，如政府、学校、行业企业以及相关市场主体或其他利益相关者。多元办学主体形成战略伙伴，依法保证多元主体在职业教育校企合作中的职责与权益。有必要协调多元主体之间的利益关系，寻求各主体间的利益均衡点，明确多元主体的权力边界，合理设计各主体的权力配置，形成多中心权力结构。多元主体各居其位、共谋发展，通过治理的持续过程，多元主体的积极性得到充分的调动并助推治理行动，各种不同主体得到协调并采取合作行动。

贺修炎认为，职业教育校企合作治理的主体就是多元利益相关者，"高职院校的利益相关者包括政府、教师、管理人员、学生、家长、校友、媒体、社会公众、中介等，企业的利益相关者包括股东、管理人员、员工、顾客、分销商、供应商、贷款人、政府、行业协会等……如果将校企合作项目独立起来看的话，其利益相关者又有内、外部之分，内部利益相关者包括校方相关领导、指导教师、实习学生等以及企方相关的领导、指

---

① 贾旻. 行业协会参与现代职业教育治理研究 [D]. 天津：天津大学，2016.

导师傅等，其他的则为外部利益相关者"①。如图2.1所示。

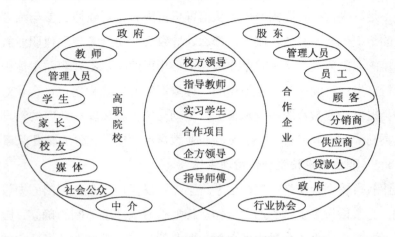

图2.1　职业教育校企合作的内外部利益相关者

资料来源：贺修炎. 构建利益相关者共同治理的高职教育校企合作模式．[J]. 教育理论与实践，2008（11）．

同时，作者对治理主体进行划分："第一类为确定的利益相关者。亦即确定型（Definitive），同时具有合法性、影响力和紧迫性，包括政府、高职院校、企业、院长及其行政领导班子、企业的经理及其领导班子。第二类为预期的利益相关者（Expectant），具有其中两个属性，这种利益相关者可分为三种情况：第一种为优势型（Dominant），具有合法性和影响力，但无紧迫性，如教师和行政管理人员，他们希望受到决策者的关注，并往往能达到目的，甚至还能参与决策过程；第二种为依赖型（Dependent），具有合法性和紧迫性，但无影响力，如学生，为达到目的他们可能采取结盟、参与政治活动等方式来影响管理层的决策；第三种为危险型（Dangerous），具有影响力和紧迫性，但无合法性，如非法中介机构。第三类为潜在的利益相关者（Latent），只具有其中一种属性，又分为三种情

---

①　贺修炎. 构建利益相关者共同治理的高职教育校企合作模式［J］. 教育理论与实践，2008（11）．

况：第一种为休眠型（Dormant），目前只有影响力，但尚未被赋予充分的合法性和紧迫性，如媒体、行业协会；第二种为酌处型（Discretionary），只有合法性，但无影响力和紧迫性，如学生家长；第三种为强要型（Demanding），只有紧迫性，但无合法性和影响力，如一些缺乏诚信的民营企业。需要注意的是，以上的分类模型是动态的，即任何一个个人或者群体因社会经济环境的改变而获得或失去某些属性后，就会从上述一种类型转化为另一种类型。"[1]

方向阳、钟克认为，职业教育校企合作治理的主体要以地市政府为主导，"成立由院校所在地区、行业协会（商会）、企业、学院'四方合作'的'理事会'……理事会下设专门工作委员会、系校企合作中心和区域合作工作站若干个，成立各专业（群）的专业建设委员会。建立理事会定期会商制度，每年召开两次协调会，定期通报信息，定期出台政策措施，定期解决建设资金缺口问题，着力协调解决学院办学突出问题"[2]。

史洪波认为，"职业教育校企合作治理主体是治理体系内部的第一要素，治理主体的权责关系构成治理体系的基本结构，治理主体权责关系的内在实质是利益博弈与契合，治理主体权责关系的表现形式是角色分工与互动，治理主体权责关系的理性基础是平等交往与对话"[3]。

南旭光、黄成节认为，高职教育校企合作是由政府、行业企业、高等院校、科研院所、中介组织、金融机构等社会主体共同参与的一个复杂的多元协同、博弈互动的过程。"随着社会经济的发展，校企合作的体系链现在已经向'官、产、学、研、中、金'不断拓展延伸，参与主体的复杂性和多元化不断增强，在协同治理过程中不仅要考虑这些主体之间的关系

---

[1] 贺修炎. 构建利益相关者共同治理的高职教育校企合作模式 [J]. 教育理论与实践，2008（11）.

[2] 方向阳，钟克. 高等职业教育校企合作从自治到民主合作型治理——以苏州工业职业技术学院为例 [J]. 现代教育管理，2011（10）.

[3] 史洪波. 现代职业教育治理主体的权责关系研究 [D]. 天津：天津大学，2015.

协调，更要从源头上考虑如何培育有价值的合作主体。协同治理是一个多元共治问题，对校企合作而言，有作为监管、引导和协调方的政府，有市场化运作的行业企业，有公益性和互助性的高等院校和科研院所，也有一些自组织机构或个人，这是一个典型的由政府、市场和社会等跨界主体构成的组织体系。"①

康芸英指出，职业教育校企合作治理存在四大主体："首先是政府中心。政府作为主体主要承担政策配套、牵头组织、监督指导的工作，其作用的发挥主要体现在与学校、企业及行业协会之间的业务联系、政策制定以及资金拨付等方面。其次是学校中心。学校作为主体主要突出其专业建设以及人才培养中心的作用，学校与企业的合作主要体现在课程体系的重构、理论教学与实践教学的衔接、校企合作课程的开发、校企科研合作等方面。再次是企业中心。企业作为主体主要突出其实训条件保障以及招工就业保障两个方面，在与学校的合作过程中主要开展校企合作课程开发、学生实训条件提供以及招工就业等方面的工作。最后是行业协会中心。行业协会是政府、学校、市场以及企业间的中间组织。对于政府而言行业协会是市场的观察者，是市场的代言人，主要扮演向政府提供行业需求变化信息、社会发展形式以及政策建议的角色，为政府等行政部门教育方针的制定提供保障。对职业院校来说，行业协会能为职业院校提供行业发展、岗位需求等信息，为职业院校专业设置、课程开设、人才培养模式的制定提出更加科学、专业的意见。对企业而言，行业协会起到了信息发布、规范企业经营管理、协调校企合作等方面的作用"②。

2.3.4 职业教育校企合作治理结构

职业教育校企合作的治理，必须通过治理结构要素的合理配置和有效

---

① 南旭光，黄成节. 高职校企合作协同治理的生成逻辑及实现路径 [J]. 教育与职业，2016 (13).

② 康芸英. 多中心治理视角下福建职业教育集团建设研究——以福建现代林业职业教育集团为例 [D]. 厦门：华侨大学，2016.

整合实现，这一实现基于职业教育发展现状的分析及发展趋势的判断。在治理的主体上，强调合作的多主体，企业、第三方组织或机构可以与政府组织一样，成为校企合作中不同层面的权力中心，突破校企合作组织治理的范围，在互信、互利、互依的基础上各个主体可以持续不断地协调，实现校企合作多方资源与优势的互补。

贺修炎认为，职业教育校企合作治理结构可以分为外部结构和内部结构。

其一，外部结构。包括三个方面因素：① 政府的宏观管理。政府通过制定适宜的法律法规的方式对高职教育校企合作实行必要的控制与干预。地方政府应成立地区性的由政府有关职能部门、骨干企业、行业协会和高职院校等利益相关者代表组成的校企合作协调指导委员会，负责协调重大校企合作事宜，审定重大方案，并按专业大类设立专业校企合作委员会，负责相关事务的协调。② 行业协会、社会中介机构的积极参与。行业协会和社会中介机构是高职教育校企合作的次要利益相关者。地方行业协会一般也会是当地高职院校专业管理委员会的成员之一，因此，行业协会应及时为高职院校提供信息，为校企合作搭桥铺路。③ 媒体和社会公众的全面监督。媒体和社会公众也是高职教育校企合作的次要利益相关者。媒体和社会大众要积极宣传高职教育的办学成就，还要对高职院校的办学情况予以监督，特别是要对校企合作的情况进行监督，对校企合作做得好的学校和企业要广为宣传，真正营造一个全社会都支持高职教育校企合作的良好氛围。

其二，内部结构。包括四个方面因素：① 学校的主导。高职院校要树立利益相关者共同治理学校的理念，成立利益相关者委员会，吸收企业界和社会团体的代表加入……组建学校校企合作的工作网络。学校应成立校企合作工作领导小组，注重调动企业参与校企合作的积极性。② 企业的参与。我国企业还是应当在校企合作共同利益的基础上，积极参与高职人才的培养，主动做好实习学生的接收工作，并安排指导师傅做好实习生的实践教学。③ 实习指导教师的投入。实习指导教师包括高职院校选派的专业指导教师和企业指派的指导师傅,他们都是高职教育校企合作的重要利益相关者。学生实习的效果如何,学生能否满意,关键在于校企双方实习指导教师的投入。④ 学生的配合。校企合作主要是培养人才,而培养的对象就是学生,因此,学生作为直接利益相关者应主动配合学校和企业做好实习安排工作。①

余丽平将职业教育校企合作治理结构的特征归纳为四个方面:

其一,权力主体多元化。教育体制是由经济体制决定的,我国实行的是社会主义市场经济体制,一切经济活动由市场来调控,高职院校应建构多元化、社会化的办学机制。利益主体的多元是由所有制的多元引发的,所以高职院校在发展过程中不能局限于单一的办学模式。政府要根据我国的国情,根据高职院校发展的需要,引导社会各界和公民个人积极投资办学。根据责、权、利、能的相互匹配,调动社会各界办学的积极性。随着全球经济一体化的发展和社会竞争的日益加剧,高职院校在发展过程中也可以加强国际交流与合作,拓宽视野,以获得更多的办学资源与思路。

其二,决策过程公开化。在做出重大决策之前,应该广泛听取各利益群体的意见和建议,可以招集各利益主体的代表进行商议。建立以董事会为中心的高职院校治理结构,吸引行业、企业、教职工、学生、校友等共同参与高职院校治理,使高职院校的决策在诸多利益主体之间形成一种平衡。还可以召开党政联席会、校务委员会、专家/学术委员会、教职工代表大会、学生代表大会等会议,让各利益主体知情、参与,这样也就更能体现高职院校治理的民主性,安好民心,为决策的最后执行打好坚实的群众基础。

其三,参与方式多样化。高职院校治理中应该存在着各种各样的参与

---

① 贺修炎. 构建利益相关者共同治理的高职教育校企合作模式 [J]. 教育理论与实践,2008(11).

渠道，各利益相关者可以通过这些渠道去参与或影响高职院校的教育政策和学校事务……让每一个利益主体都有参与的机会，以体现高职院校治理的民主性、公平性。

其四，合作共建制度化。政府和高职院校可通过制定政策和法规来规范和完善各利益相关者参与高职院校治理的职能，明确各方职责。高职院校各利益群体应按照一定的秩序和内部联系组合成一个有机整体，共同建设高职院校。目前最主要的是要明确企业、行业参与高职院校治理的机制，国家要以修订《职业教育法》为契机，进一步赋予行业、企业参与高职院校治理的权力和义务。①

方向阳、钟克认为，需要"重点围绕校企合作治理的落实、流程和网络等。……民主合作型治理尤其要注重治理流程的制定与落实……为保证各方联动，职责对接，形成理事会组织活动制度化，专门工作委员会、区域合作工作站、系校企合作中心互动经常化，整体工作一体化，理事会及合作办学组织建立职能对接运行机制和组织活动、联系会议制度。建立'三三联动'的组织体系，即构建理事会、专门工作委员会（含系校企合作中心、区域工作站）、专业建设委员会三个层面联动关系；构建专门工作委员会、系校企合作中心、区域工作站三个方面联动关系，形成'三三联动'的运行体系。通过层次互动、职能互动、各方联动等形式，实现院校部门、系、专业与理事会机构的无缝对接、互派互兼，形成强大合力，着力解决校企合作突出问题"②。

陈丽荣、吴岳军以无锡工艺职业技术学院旅游专业为案例，分析了校企合作治理结构，如图2.2所示。认为，"职业院校与企业校企合作的治理结构问题，不仅影响合作的运行机制和校企双方的责权，而且影响到校

---

① 余丽平. 基于利益相关者的高职院校治理结构研究——以宁波为例[D]. 宁波：宁波大学，2011.
② 方向阳，钟克. 高等职业教育校企合作从自治到民主合作型治理——以苏州工业职业技术学院为例[J]. 现代教育管理，2011（10）.

企双方在共育人才中的契合度与有效度。现阶段，我国职业院校校企合作存在管理机构不健全、政府和行业职能缺失、校企合作主体利益追求错位等问题"①。

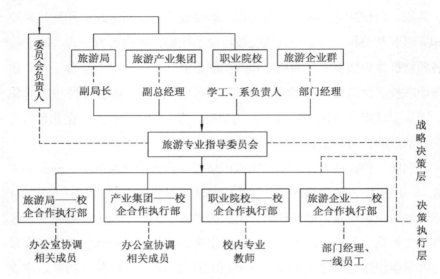

图 2.2　无锡工艺职业技术学院校企合作治理框架

资料来源：陈丽荣，吴岳军. 职业院校校企合作治理结构的实践研究——以无锡工艺职业技术学院为例［J］. 南昌师范学院学报（综合），2015（6）.

同时，陈丽荣、吴岳军制定出校企合作治理的资源互动模型，如图 2.3 所示。指出"校企合作的有效运转以合作主体的积极配合为前提，而合作主体的配合以利益驱动为主。故校企合作治理结构强调合作主体间深度合作，通过资源共享、优势互补，使主体利益得到充分体现"②。

---

① 陈丽荣，吴岳军. 职业院校校企合作治理结构的实践研究——以无锡工艺职业技术学院为例［J］. 南昌师范学院学报（综合），2015（6）.
② 陈丽荣，吴岳军. 职业院校校企合作治理结构的实践研究——以无锡工艺职业技术学院为例［J］. 南昌师范学院学报（综合），2015（6）.

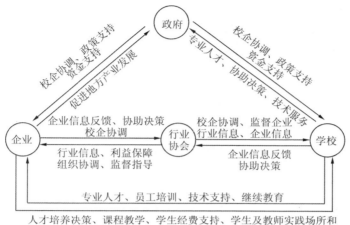

图 2.3　职业教育校企合作治理的资源互动模型

资料来源：陈丽荣，吴岳军. 职业院校校企合作治理结构的实践研究——以无锡工艺职业技术学院为例 [J]. 南昌师范学院学报（综合），2015（6）.

杨进等认为："职业教育校企合作办学治理结构是指在相关法律、法规框架下，在职业教育办学过程中，'学校'和'企业'作为两个直接主体，在合作过程中实现其权责利相互制衡的组织结构和制度安排。简而言之，这种组织结构和制度安排就是指权责利在治理主体之间的配置及权力运行机制的构造问题。进一步阐述，职业教育校企合作治理结构分为外部治理结构和内部治理结构。"①

2.3.5　职业教育校企合作治理机制

治理能力最终要落实到在机制下汇聚成整体力量。职业教育校企合作治理注重机制建设的系统性、整体性和协同性，职业教育校企合作治理机制建设是在实践中自觉推进的变迁进程，实现体系的适应性和稳定性，将整体运行的组织行为的依法程序规则和个体行为的道德伦理规范进行整

---

① 杨进，刘立新，李进. 治理理论视域下职业教育校企合作治理结构的构建 [J]. 中国职业技术教育，2015（36）.

合，其具有制度弹性的治理模式特征，并激活静态规则为制度建设持续提供动力，最大限度地发挥治理效果。

张海峰认为，从治理的角度看，校企合作各利益方是一种平等、互动、制衡的关系。与管理意义上的校企合作相比，不仅政府的职能要发生相应转变，学校的管理模式、教学体系、组织结构也要发生全面变革。同时，不仅要保障企业的利益，而且要提高企业参与校企合作的意识和能力。因此，治理意义上的校企合作必须具有以下机制：

（1）法规驱动机制。"法规驱动"是对"行政驱动"的替代，是校企合作持续发展的要求。各级政府要把高职教育纳入社会经济发展规划，健全有利于校企合作的一系列政策法规和管理办法，使校企合作有法可依、有章可循；通过规定企业在校企合作中的权益、责任和义务，提高企业参与校企合作的主动性和积极性；制定、完善和严格推行劳动准入制度，全面规范和推行职业资格证书制度，企业招收员工必须经过培训才能就业（上岗）。通过这些政策法规的建设和严格执行，形成一种各方必须而且乐意参与校企合作的局面。

（2）利益互惠机制。在市场经济条件下，利益互惠机制是维系校企合作运转的动力和纽带。在治理模式下，各利益方都会从自身利益出发关注校企合作的效益。因此，政府应为校企合作提供良好的政策环境、财政支持和税收减免政策；高职院校要为企业输送适销对路的技术人才，提供职工培训和技术服务，并根据企业用人需要调整实践教学计划，以便在企业最需要的时候安排学生去企业顶岗实习，解决企业人力资源紧张的燃眉之急；企业应为高职院校实践教学提供技术、设备、资金和师资。只有实现政府、学校、企业的"三满意"，校企合作才能不断深入。

（3）激励导向机制。激励导向机制的作用在于引导校企合作进入良性循环的状态，巩固和发展校企合作的成果。激励的内容包括四个方面：一是权力激励，二是权益激励，三是荣誉激励，四是酬劳激励。通过这些激励措施，推动高职教育校企合作向纵深发展。

（4）有效制衡机制。有制衡约束才有规范，有规范才有校企合作的健康发展。在制衡机制的建设中，要注重对权力的约束和监督，包括外部监督和内部监督两种形式，外部监督主要是指政府和有关社会机构对校企双方代理人的行政监督和社会舆论监督，内部监督是指通过设置学校和企业内部监督机构、制定监督措施对代理人实施监督。企业与学校要完善相应的管理制度，强化制度约束的力度，并按照合作共赢的原则加强道德教育，强化道德约束。

（5）科学评估机制。校企合作不能搞形式，要讲究实效。必须建立一套完整的评估指标体系，并通过分项分析、分类分析和综合分析对合作条件、合作效益、合作结果进行定性和定量评估。科学有效的评估既是对学校和企业的一种监督和约束，也是确保校企合作步入正常运行轨道的有效机制。①

贺修炎指出，为了更好地推进职业教育校企合作治理，必须建立多重机制，包括：

（1）建立协议机制，使高职教育校企合作合法进行。高职院校与企业开展合作，双方须签订"合作办学协议"，明确有关事项；院校的管理人员和实习指导教师应与学校签订实习任务书，明确各自的工作职责；企业的管理人员和实习指导师傅应与企业签订工作任务书，明确各自的工作内容，实习学生须与校企双方签订实习保证书，在明确自己权益的同时保证按质按量完成实习工作。

（2）健全沟通与反馈机制，使高职教育校企合作有序进行。在构建这种机制时，第一，确定型的利益相关者，亦即校企双方的相关领导之间应建立联席会议制度，保持及时的沟通；第二，校企双方的指导教师和管理人员要做好有关情况的上传下达；第三，对学生，要成立学生实习小组，指导教师要随时听取他们的意见，对反映的问题要及时解决；第四，对社会中介机构，要及时防范；第五，对媒体、行业协会，要积极调动他们的

---

① 张海峰. 治理视域中的高职教育校企合作机制研究[J]. 教育与职业，2008（23）.

积极性,及时报道校企合作方面的有关信息;第六,对学生家长,学校需向他们及时通报学生实习的有关情况;第七,对不规范的民营企业的不合理要求,学校应及时采取措施以保障学校自身和实习学生的切身利益。

(3)建立监管机制,使高职教育校企合作有力进行。校企合作协调指导委员会均由高职教育校企合作利益相关者组成,应及时跟进有关政策的执行与落实情况,应对地区内各高职院校校企合作的进展情况及时跟踪,协助解决运作中的一些问题。政府职能部门应根据情况反馈及时采取措施促进校企合作工作的开展,执行奖罚措施,充分调动高职院校和企业参与合作的积极性。

(4)建立风险管理机制,使高职教育校企合作安全进行。校企合作的可能风险来源于多个方面,如利益相关者的诚信问题、实习学生的思想稳定问题、实习学生的生产安全和人身安全问题等。校企合作双方应明确一套风险管理机制,学校、企业或实习学生单方出现问题,应设定退出机制,应给实习学生购买相应的保险等。①

郑琦从企业处于复杂的社会网络环境出发构建了一个多层次分析模型,从微观、中观和宏观三个层面分析了企业参与校企合作行为的三个动机:经济动机、社会动机和道德动机以及形成动机的机理,并在此基础上构建了政府和市场混合治理的校企合作治理机制模型,以期有助于今后校企合作的实践。

一种是政府治理机制,以法律法规和政策的出台为核心。职业教育作为一种公共产品,存在非排他性和正的外部性导致市场失灵,因此几乎所有国家对企业参与职业教育实施校企合作都采用政府干预的办法,通过完善职业教育法律体系来明确企业社会责任,保障企业利益来促使企业参与校企合作。这类研究又可以分为两类,一类以立法的形式规定企业社会义

---

① 贺修炎.构建利益相关者共同治理的高职教育校企合作模式[J].教育理论与实践,2008(11).

务,以强制力的形式要求企业参与职业院校的人才培养。一类以给企业减免税收或给予一定的财政补贴的形式引导企业参与职业教育的人才培养。政府为主导的治理机制,由于扭曲市场往往缺乏效率。另一种是市场机制,试图使校企合作双方以各自拥有的资源通过市场价格、供求关系和竞争机制的作用,自发地形成合作,并以合作契约的形式呈现。但是由于职业教育的公共产品属性,以市场为主导治理机制最终导致产品供应不足,出现市场失灵。还有一种是混合治理机制。由于前面两种机制存在缺陷,需要将两者结合起来,形成政府有效介入的共同治理机制,即政府治理和市场治理相结合的校企合作治理机制。① 如图 2.4 所示。

曾东升尝试从整体性治理视角下政策保障机制、信息协调机制、利益分配机制、组织协调机制及多元评价机制五个方面探讨校企协同合作机制的构建思路。

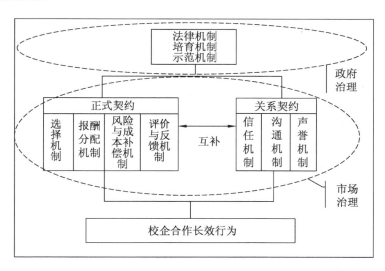

图 2.4 政府和市场混合治理的校企合作治理机制模型

资料来源:郑琦. 校企合作企业行为分析和治理机制探究 [J]. 职教论坛,2015 (30).

---

① 郑琦. 校企合作企业行为分析和治理机制探究 [J]. 职教论坛,2015 (30).

（1）政策保障机制。政策保障机制的源头首先是职业教育法的修订，然后出台政策配套措施，其关键落脚点在于地方政府的贯彻执行。该法案的修订不能仅由教育部门单一主体完成，需要体现跨部门的协同合作，明确各主体部门的责任分工。

（2）信息协调机制。需要构建一个信息合作平台，实现政府、学校、企业和行业等利益相关者的资源共享。

（3）利益分配机制。满足合作主体的利益需求是校企合作的前提，让企业真正视学校为利益共同体的重要部分，其愿景是校企合作层次越高受益越大。只有如此，校企协同合作才会产生效益导向。

（4）组织协调机制。高职院校开展校企合作，除了要明确校企合作的职能部门及具体职责外，还要建立组织协调机制。例如，建立校企合作工作委员会。

（5）多元评价机制。对于高职院校而言，评价其培养的人才是否合格，是否能满足企业和社会的需求，关键在于人才培养的过程和目标是否发挥了企业的重要办学主体作用，是否有效改革了职业教育专业课程体系并建立了专业标准和职业标准联动开发机制等。对于校企合作而言，无论是学校还是企业，无论何种方式的合作，评价合作成效的关键指标还是人才质量，这也是评价校企合作层次和水平的主要指标。

以政府为纽带协调学校、企业、行业等之间的合作关系，有效发挥政府在资源整合过程中的协调作用，通过上述五个协同机制的构建，学校和企业最终走向实质性协同发展。①

朱小军认为，多中心治理为破解校企合作困境提供了有效的理论范式。为了改善我国职业教育校企合作的现状，必须以多中心治理理论为指导，以多元主体合作共治来推进校企合作的有序运行。通过对合作共治的理念重塑、价值融合、法理依据和利益保障机制构建，以实现多元主体在

---

① 曾东升. 整体性治理视角下的校企协同合作机制研究［J］. 教育与职业，2015（23）.

校企合作中的治理协同。同时，还要加快合作共治的制度体系变革，为校企合作提供官、产、学三重制度保障。①

万兴亚和周晶从文化的角度分析了职业教育校企合作治理的机制构建，认为推进职业教育校企合作治理体系建设是当前职业教育深化改革的重要任务，培育和塑造职业教育校企合作文化是其治理的重要路径之一。培育和塑造职业教育校企合作文化，需构建校企合作实践育人的文化理解机制，在基础教育阶段开展职业启蒙教育，引导学生正确认识企业实践的价值，建立企业实践导向的校企文化沟通机制；构建职业教育校企合作文化宣传机制，建立和完善职业教育校企合作宣传组织机制、政策深度宣传机制、舆情收集分析机制和宣传保障评价机制；构建国有企业校企合作文化引领机制，明确引领机制的功能，明确引领机制的内容，加强引领机制的保障；构建中国优秀传统技术文化传承机制，明确传承目标，确立传承方式，加强传承保障。②

左崇良、胡刚认为，校企合作双主体办学的有效运行，依赖于系统周密的制度体系。校企合作共同治理的机制构建，主要包括三个方面：法律规范机制、利益协调机制和三方联动机制。

（1）法律规范机制。校企合作依法办学有效运行的基础和前提，涉及立法、执法与司法实践等相关问题，其中最主要的是校企双主体的权力配置和权益保护，以及权力滥用与误用的法律规制。需要树立校企合作的新理念、加强校企合作顶层设计、完善校企合作制度。按照校企合作双主体办学的要求，完善立法，建立较为完善的规范体系，标准控制和过程控制软硬结合，细化操作规则，保证产学合作教育的质量。

（2）利益协调机制。如何建立校企合作利益分配机制、奖励激励机制和沟通协调机制是我国高职教育校企合作希冀解决的核心问题。各参与主

---

① 朱小军. 多元合作共治：职业教育校企合作的路向选择［J］. 职教论坛，2016（7）.
② 万兴亚，周晶. 文化视域下职业教育校企合作治理的路径选择［J］. 职业技术教育，2016（4）.

体应本着协同合作、效率优先的原则建立合理的利益分配制度。这是一种校企共同体,致力于实现校企双方的相互依存、相互促进,共同组织、共同建设、共同管理、共享成果、共担风险,实现校企双方的共同愿景。校企合作双主体办学的教育模式立足产业发展和学校发展的需要,构建职业教育与产业行业的协作机制,有利于深化产教融合,激发职业教育办学活力,促进优质资源的开放共享。

(3)三方联动机制。校企合作双主体办学的治理体系是一个区域制度创新系统,校企合作的教育活动涉及地方政府、企业、高职院校三个主体,政企校三方联动可走出一条中国特色的校企合作创新之路。校企合作双主体办学的三方联动机制有其明确的功效,促使政府、院校、企业等相关主体形成合力,并为推进高职教育有序发展提供路径选择。从政策干预到自觉行动:推进公众对职业教育的集体认同;从冲突到协调:各主体各负其责,形成合力。探索校企合作双主体办学的三方联动机制,力求实现对校企合作方各项资源和人员的有效治理,既能实现对人才资源的高效管理和控制,又能满足高职教育对企业活动和经济活动的促进作用,并有利于政府的宏观管理,不断完善校企深度合作办学机制,积极推动高校出击经济建设主战场和企业主动承担人才培养责任,形成人才培养、科技服务、技术创新三位一体、互惠共赢的校企深度合作长效运行机制。①

南旭光、黄成节指出:"在校企合作中,各参与主体间难免会出现行为动机差异大、利益权衡难以对等、合作协调成本高等问题……在实践中,政府不仅要担负起外生的制度设计职责,还要提供有操作性和现实激励性的配套措施,在各方利益分配、知识产权保护、合作纠纷处理等方面制定出有实际操作价值的系统性的专门法律法规及实施细则。同时,政府

---

① 左崇良,胡刚. 校企合作双主体办学的治理结构与运行机制[J]. 职教论坛,2016(16).

还要进一步建立健全对职业教育校企合作的监督与协调机制，积极引导各类中介服务机构的专业化发展。而且，从经济社会发展长远考虑，政府还应当积极引导职业教育校企合作的发展，搭建校企合作框架体系，构建信息交流平台，建立专项补贴机制，等等。换句话说，要在高职教育校企合作组织间实现协同治理，就要完善职业教育校企合作主体的培育扶持政策和依法管理、监督各参与主体的法律法规，体现多元相关者的共同价值和共同利益，既要赋予各类参与主体足够的自主权，对社会组织加以合理的规范，又要有效约束政府组织公共权力的扩张，避免对社会主体施加过多的行政干预和强制性命令，从而切实提高高职教育校企合作社会主体的独立性和自主性，为各类社会参与主体的协同治理提供制度空间，为创建新型的高职教育校企合作治理模式、提升治理能力、构建治理体系提供良好的法制基础和政策支撑。"①

沈剑光等在多元治理视角下，聚焦企业参与校企合作的内部动机，如图2.5所示。"从政府治理、院校变革、行业参与及社会导向等协作入手，系统设计多元协作治理下校企合作五方联动激励机制模型。在该模型中，企业作为校企合作的主体，其内部动机是整个激励机制的逻辑原点，具体包括企业参与合作的教育情感、社会责任与组织利益三大要素，三者相互联结、耦合，最终构成企业参与校企合作的动力机制。政府在多元治理框架中，不再垄断公共行政权力，而是从具体事务中抽离，运用法律、经济、行政等手段发挥统筹全局的协调能力，成为协作制度的供给者与服务者，触发企业参与校企合作的内部动机，提供合适的平台、途径以引导、强化与落地。职业院校作为校企合作的重要一方，其本身的办学实力及在合作中的绩效表现直接影响企业的合作意愿与行为。围绕办学观念、合作机制、人才培养及师资队伍的联动变革，提升职业院校与企业合作中观

---

① 南旭光，黄成节. 高职校企合作协同治理的生成逻辑及实现路径［J］. 教育与职业，2016（13）.

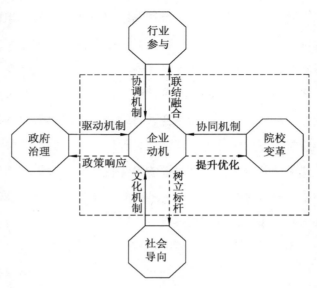

图2.5 多元协作治理下校企合作五方联动激励机制模型

念、能力与效率的协作匹配度,是激励模型的协同机制。行业协会作为企业与职业院校之间的第三方,站在整个行业发展的全局高度,从岗位需求、技术发展、人才标准、前景预测等维度,对校企合作进行中观到宏观的指导性协调,使之更加符合经济社会发展总体趋势,是激励模型中的协调机制。在全社会范围内弘扬职业教育价值观,形成崇尚技能的社会氛围,为企业参与校企合作形成积极的社会舆论文化,是校企合作激励模型中的文化环境机制。"①

2.3.6 职业教育校企合作治理对策

作为一种兼具"教育属性"和"产业属性"的教育类型,在经济转型升级加速的背景下,职业教育的应用性、开放性非常突出,这也就决定了职业教育校企合作必然涉及越来越多的参与主体,而要协调它们各异的利益诉求,就不能采取传统的对策。职业教育校企合作治理必须落实到行

---

① 沈剑光,叶盛楠,张建君. 多元治理下校企合作激励机制构建研究 [J]. 教育研究,2017(10).

动上，在实践中不断调适利益平衡点，克服治理缺位或越位的现象，多主体合作、多维度合作、多元化合作打造校企合作网络并通过治理模式的选择实现校企合作绩效的提升。往往表现为政策规范和健全政策的执行流程，包括政策制定、政策分析、政策执行和政策评价。

方向阳、丁金珠从动机冲突的角度，设计了相应的校企合作治理机制，"在校企合作中，企业的合作动机主要有解决企业用工、获得技术人才支持、解决员工培训、引进先进技术与科研开发合作、赢得社会声誉、投机；校方的合作动机主要有解决学生就业、解决学生实习实训、共建实习实训基地、教师培养、专业建设与课程建设、获得资源、投机。校企合作各方实现'双赢'或'共赢'的基础性条件首先在于合作伙伴的合理选择和合作动机的治理"[1]。

杨进等指出，在多元主体治理模式下，政府需要转变职能，由既掌舵又划船向掌舵转变。掌舵的人应该看到一切问题和可能性的全貌，并且能对资源的竞争性需求加以平衡。"需要立足国情，结合职业教育规律，以构建治理型的政府、行业、企业、学校关系为核心，以政府职能转变为突破口，以管评办分离为手段，建立政府宏观调控、社会深度参与、学校自主办学的共治局面。"[2]

南旭光、黄成节基于协同治理的视角，从理论分析与实践探索两个方面探究高职教育校企合作治理变革及创新的内在逻辑要义，探索高职教育校企合作协同治理的可行性路径。认为要创新高职教育校企合作的治理模式，"就必须从组织属性、组织偏好、角色定位、所属领域、文化属性等方面对组织治理的机制进行重构，基于多元化的治理主体、持续的互动活

---

[1] 方向阳，丁金珠. 高等职业教育校企合作双方动机的冲突与治理［J］. 现代教育管理，2010（9）.

[2] 杨进，刘立新，李进. 治理理论视域下职业教育校企合作治理结构的构建［J］. 中国职业技术教育，2015（36）.

动和有效的制度设计等形成多样化的治理体系"①。

张培、南旭光认为，校企合作治理路径包括重塑政府角色定位、推动企业主导参与、构建多边战略联盟、加强多元集成创新。②

周文涛指出校企合作治理的优化策略在于："第一，在治理空间上，要合理调整各方利益空间、科学界定各方职能空间、有效保障各方决策空间、合理规划各方行为空间；第二，在治理主体上，要政府职能转型、院校职责转变、企业效能转化；第三，在治理手段上，要推进扁平化管理方式、践行民主集中决策形式、搭建联席协商对话平台、完善多元共通合作渠道、构建信息化沟通机制；第四，在权力向度上，要严格划分权力范围、对等配置权力责任、有效制衡权力运用、合理探索产权分配。"③

肖称萍认为："'中国制造2025'战略的实施和互联网经济时代的到来，产业转型升级与跨界融合发展对人才素质提出了新的要求。为此必须借鉴互联网思维驱动，创新校企合作，运用跨界思维，促进人才培养融合；运用社会化思维，重塑校企协作平台；运用用户思维，对接行业企业需求。校企合作的新态势为参与主体提供了多元共治内生动力的同时，也更进一步彰显了多元共治的价值取向。为实现校企合作多元共治的目标，应着力重塑政府角色定位，转变政府职能；发挥行业协会作用，为校企合作提供平台；推动企业主导参与，使校企由'合作'走向'融合'；职业院校以理念变革为基础，提升人才培养的内适力。"④

---

① 南旭光，黄成节. 高职校企合作协同治理的生成逻辑及实现路径［J］. 教育与职业，2016（13）.
② 张培，南旭光. 校企合作网络化治理：内涵特征、动力逻辑与趋向路径［J］. 职教论坛，2016（7）.
③ 周文涛. 职业教育集团多中心治理策略探究［D］. 杭州：浙江工业大学，2016.
④ 肖称萍. 职业教育校企合作多元治理理念与策略探究——基于互联网思维的视角［J］. 职教论坛，2016（25）.

2.4 研究现状简评

通过对治理理论、公共治理、教育治理，校企合作、职业教育校企合作、职业教育利益相关者、职业教育校企合作治理等文献的归纳分析发现，现有的丰富的文献为本研究打下了良好的基础，提供了充裕的素材，启发了深入的思考。但是，针对"职业教育校企合作治理模式"这个主题来看，当前研究还存在以下问题：

研究方法局限，研究手段单一。研究文献大多数为现实描述性的研究，缺乏系统性的分析方法和手段。从教育学角度进行的研究占大多数，缺乏多学科的交叉研究。现有研究基本上是定性研究，定量研究极少；有关校企合作治理的理论分析薄弱，且明显滞后于实践探索。多数研究是基于实践经验的总结和思考，还仅限于对事实的典型经验总结和浅层分析，没有上升到较高的理论层次，致使校企合作治理的实践缺乏理论的支撑和指导，有关校企合作治理的概念混乱。在现有的文献中普遍存在将校企合作治理与校企合作管理、校企合作机制、校企合作方式混为一谈，概念框定不是十分清晰，问题界定模糊。对于当前我国职业教育校企合作治理过程中究竟存在哪些问题，根源是什么，分析不够深入，比较研究缺乏。尤其是对于发达国家职业教育校企合作治理模式的经验总结不够，国外经验对于我国的启示更是较少见到，对策不具备操作性。现有关于我国职业教育校企合作治理模式构建的途径等文献，针对性和操作性欠缺，有些措施脱离我国实际，具体执行起来存在很大难度。因此，上述问题也是本研究要重点突破的方面。

对校企合作活动而言，从管理走向治理，正是推进职业教育校企合作治理现代化的必由之路。这就要求职业教育校企合作必须重新明确治理目标，建立完善的治理模式，通过赋予各治理主体参与职业教育校企合作决策、实施、监督以及评价全过程的权力，保障其在职业教育校企合作治理中的重要决策和实施过程中的话语权和参与权。研究应对各治理主体的参与动机和利益进行深入探讨，厘清各治理主体由其社会分工和社会角色定位所规定的权责边界，对治理主体权力、职责和义务进行明确规定并立法，构建合理的职业教育校企合作治理的权责分配与制衡机制。推动政府、职业院校、企业和行业组织之间有效协作，真正顺利实现职业教育校企合作治理模式的构建。

3 我国职业教育校企合作治理现状

3.1 职业教育校企合作治理的背景

要想深入地对职业教育校企合作治理进行研究，首先必须对治理的必要性进行分析，也就是究竟有没有必要开展治理，为什么要开展治理。而要弄清楚这个问题，则必须对治理开展的背景进行分析。对于职业教育校企合作治理来讲，其实施的背景就是在我国大地上轰轰烈烈开展的职业教育校企合作活动。

职业教育校企合作是一种利用职业学校和行业、企业不同的教育资源和教育环境，以培养适合企业需要的技术技能型人才为主要目的的教育模式。即在产业部门和教育部门之间、实际生产经营过程和教育教学活动过程之间建立极为密切的联系，把以传授间接知识为主的课堂教育环境与以直接获取实际经验和能力为主的生产现场环境有机结合起来。我国职业教育与产业的互动有着深厚的历史沉积，从近代实业教育的"工学并举"到今天的"校企合作"，对职业教育与产业的互动模式的探索和研究由来已久。职业教育校企合作模式虽然在实践中取得了重大进展，然而，不可否认的是职业教育校企合作目前遇到了一些亟须解决的难题。例如，尽管职业学校千方百计寻找各种途径和方法与企业加强合作，然而，校企合作基本停留在解决部分学生就业或实习这种浅层次的合作上，职业学校无法协调好与行业企业的关系，尚不能真正建立起深度合作的长效机制；同时，虽然政府想方设法解决企业参与职业教育的问题，然而，推行工学结合、校企合作仍缺乏可操作性的政策法规和实施规则，缺乏调动企业参与职业教育积极性的根本措施。因此，职业教育校企合作是今后一段时期职业教育改革发展的重点，是应当下大功夫，也必须下大功夫去探索和解决的难点。具体来看，当前，我国职业教育校企合作取得的成绩与存在的问题大体有以下几个方面。

3.1.1 取得的成绩

长期以来，我国职业教育坚持把发展重心放到更加注重内涵建设和提升教学质量上，不断深化教育教学改革，实施质量提升工程，促进了职业教育与市场经济融合，加强了职业院校与企业合作，实现了互利共赢发展的预期目标，促进了优质资源集成与共享，推进互动协调发展。

3.1.1.1 校企合作形式和领域日趋多元化

通过调研发现，目前职业教育校企合作已经发展成为多种合作形式，由过去单一的企业向学校提供实习场所，学校为企业输送毕业生的模式发展到现在的不同形式、不同层次的合作。比较多的有教师进企业实践锻炼、订单培养（含冠名班）、校外基地、企业参与学校人才培养活动、企业委托学校开展职工培训、企业为学校提供兼职教师、企业设立在学校（引企入校）、学校与企业联合科技攻关、企业为学校捐赠实施设备等不同形式的合作。同时，合作领域日趋多元化也是职业教育校企合作发展的一种趋势，正在由过去单调的合作领域，逐步向多元化的合作领域发展。现在的校企合作已经不再是单纯地在某一专业、某一行业的某一方面合作，合作领域已经逐渐扩大；因此，合作形式和领域的多元化极大地提升了职业教育校企合作开展的活力和后续发展动力。

3.1.1.2 参与职业教育校企合作的企业数量不断增加

不断扩大的合作企业数量是职业教育校企合作发展的一个特点，合作企业的数量不断增加，在职业教育校企合作领域形成了一所学校和多家企业合作、一家企业和多所学校合作的良好局面。

3.1.2 存在的问题及关键原因

3.1.2.1 存在的问题

近年来,尽管职业学校在主动出击,积极与企业联系,加强与企业合作,提高学生实践操作能力和就业竞争力方面取得了实质性成效,但是,从整体来说,各方面都存在着一些阻碍校企合作深入开展的现象。

(1) 企业参与校企合作的积极性不高。调研发现,目前职业教育校企合作确实存在"剃头挑子一头热"的状况。职业学校一般都是主动寻找合作企业,设法推进校企合作,但是企业积极性不高。通常情况是职业学校多次积极主动到企业洽谈、协商合作事宜,企业碍于情面只是表面应承,只有少数能够最终签订校企合作协议,并且以浅层次、短期的合作形式为主,缺乏长期的合作关系。在这种情况下,必然出现合作双方一头冷一头热的局面。总的来看,职业学校和企业对校企合作的认识与实践还处于初级阶段,尚未完全合拍,再加上政府缺乏有力的政策保障和资金支持,没有形成长远的校企合作机制,导致企业参与度和积极性不高。部分企业甚至认为教育是政府的事,是学校的事,与企业无关,怕担责任,嫌麻烦。从当前的情况来看,企业在人才市场交易中处于买方市场,因此企业认为即使不承担任何人才培养成本也能招到人才。同时许多企业从自身利益出发,认为参与校企合作不仅增加企业生产成本,而且影响企业的生产效率,直接降低企业的短期经济效益,没有从人才战略方面考虑企业的长远发展。在这种情况下政府的政策又不到位,没有为校企合作营造良好的社会环境,缺少对企业应当承担教育责任的硬性规定。最后,职业学校在合作中又表现出能力不足,不能满足企业的要求。因此,企业的积极性必然不高。

(2) 校企合作层次低,深度不够。尽管近年来,职业教育校企合作的形式越来越多样化,合作面也在不断拓宽,但整体上有深度的校企合作并不多见。调研表明,职业教育校企合作大多止于如下几个方面:学生见习、实习,校企合作办"冠名班",企业向学校提供奖学金和捐赠教学设备，引企入校，教师进企业锻炼、企业为学校提供兼职教师等。校企合作较少涉及职业学校的专业设置、课程开发、人才培养质量标准的制定、人才培养模式的改革与创新等方面。校企合作总体上还是处于较低层次，缺乏深度和实质性的变化，一些企业仅仅把实习生单纯作为廉价劳动力使用。由此可以看出，职业教育校企合作层次不够深入，大多数属于浅层次的合作。同时，职业学校只是按个别企业的要求开设专业、设置课程，学校缺乏与整个社会的联系和对人才需求的了解。一些职业学校有"赶潮流"的从众心理，为合作而合作，仅仅把合作内容停留在签订合作协议上，忽略了可操作性，"虎头蛇尾"现象较普遍。或者仅仅把人才培养的目光局限在为固有企业岗位（特别是一些大企业）提供针对性专一的岗位工人，局限性严重。

3.1.2.2 关键原因

导致上述校企合作问题出现的原因很多，但是关键原因之一是我国未能在职业教育校企合作过程中贯彻治理理念，推行治理举措。职业教育校企合作是由包括职业院校与企业在内的多方主体直接参与的，其实质是使职业教育人才培养过程与经济社会发展融为有机整体，优势互补、互利共赢。要想解决校企合作层次低、深度不够、企业动力不足等问题，必须建立开放的治理体制，构筑互动有序的职业教育校企合作治理框架，使得政府、职业院校、企业、行业协会等主体全身心投入校企合作过程中去，保障各主体参与治理的话语权，做好公平与效率兼顾，努力寻找合作利益上的均衡与协调。《国家中长期教育改革和发展规划纲要（2010—2020年）》要求："要大力发展职业教育，调动行业企业的积极性，要建立健全政府主导、行业指导、企业参与的办学机制，制定促进校企合作办学法规，推进校企合作制度化。鼓励行业组织、企业举办职业学校，鼓励委托职业学校进行职工培训。制定优惠政策，鼓励企业接收学生实习实训和教师实践，鼓励企业加大对职业教育的投入。"这其实就为职业教育校企合作问题的解决指明了方向，也就是要以治理理念为指引，进一步完善治理结构，推动职业教育校企合作治理模式的构建。

3.2 职业教育校企合作治理的主体

科学技术进步发展，社会生产和生活方式不断变化，劳动工具知识含量增加，职业劳动的个性化水平日益提升，促使学校和企业携手合作，共同完成现代职业教育培养高素质劳动者和技术技能型人才的任务，走校企合作之路成为现代职业教育发展的必然选择。对于职业教育校企合作问题而言，参与主体的日渐多元化、合作活动的日益复杂化和社会形态的高度不确定性，再加上各主体的独立能力和自我意识不断提升，要求职业教育校企合作超越传统的单向度、线性的管理模式向多元主体治理形态发展。治理的典型特征是多元主体参与，即"共治"。而多元主体治理作为校企合作的一种创新性运行模式，在对校企合作各主体的协调和整合中，为校企合作深化提供了新的动力，是校企合作促进人才培养和经济协调发展的必然逻辑。现代化的治理体系要求多元利益相关者的共同参与，想要完善职业教育校企合作治理，必须明确治理主体及其所承担的角色和任务。从当前现状来看，政府、职业院校、企业、行业组织无疑是与职业教育校企合作存在密切的相互影响关系的治理主体。

3.2.1 校企合作治理主体的分类

3.2.1.1 政府

政府是国家的具体化的代理者。"政府是指国家进行统治和社会管理的机关，是国家表示意志、发布命令和处理事务的机关，实际上是国家代理组织和官吏的总称。政府的概念一般有广义和狭义之分，广义的政府是指行使国家权利的所有机关，包括立法、行政和司法机关；狭义的政府是指国家权力的执行机关，即国家行政机关。"① 这里政府既包括中央政府，也包括省市县区等地方政府。政府本身也是利益集团，是各种复杂利益关

---

① 李鹏主编. 公共管理学 [M]. 北京：中共中央党校出版社，2006：28.

系的协调者,通过法规、制度、政策控制着职业教育的发展,对职业教育变革方向的影响是强力的。虽然在职业教育领域一直存在着"政府失灵"的困境,但这并不代表职业教育校企合作治理中政府的作用无足轻重,可有可无。政府在治理中承担着不可或缺的角色,离开了政府,多元主体治理是不可能形成的。职业教育校企合作治理对政府作用的发挥提出了新的要求,要求政府加强自身行政能力建设,牢固确立"服务政府、法治政府、有限政府"的理念;要求政府明确校企合作发展的方向,促使多元主体参与职业教育校企合作,形成统一的行动目标和规范的行为准则;要求政府调和其他职业教育校企合作治理主体之间的矛盾冲突与利益分歧,从而实现职业教育校企合作利益的最大化,避免多元治理主体之间目标分化的问题;要求政府权力的重新分配,政府向职业院校、行业企业等部门适度放权,中央政府向省市县区等地方政府适度放权。

3.2.1.2 职业院校

学校教育是由专职人员和专门机构承担的有目的、有系统、有组织的,以影响受教育者的身心发展为直接目标的社会活动。职业院校是培养学生获得某种职业所需知识和技能的教育教学机构,要求培养高素质劳动者,使他们具有"一定的理论知识和实践能力……具备良好的职业态度和职业精神……能够充分发挥自我潜能并善于学习,有正确的价值观、人生观"[①]。我国职业院校主要包括中等职业学校和高等职业学校两大类。职业院校是职业教育校企合作的当然主体,但是在实践中,由于长期以来计划经济的强力控制,职业院校丧失了应有的校企合作自主权,几乎沦为政府的附庸机构。因此,有必要推进政校分开、管办分离,减少不必要的行政干预,简政放权,切实落实学校的校企合作自主权,使学校真正成为独立办学主体。职业院校校企合作自主权的实施并不意味着校长的专制,而是职业院校内部的利益相关者,包括教师、学生及家长的分权共治,他们

---

① 肖凤翔,雷珊珊. 浅析现代职业教育校企合作的基本类型[J]. 职教论坛,2012(7).

的利益表达、权利诉求同样应受到足够的关注和尊重，他们对职业教育校企合作的规划设计、实施、评价等活动应有充分的参与权与决策权。

3.2.1.3 行业组织

行业组织是职业教育校企合作治理的另一重要主体，这是由行业组织的本质属性决定的。行业组织是以同一行业共同的利益为目的，为同行企业提供各种服务，非营利的中介组织，是企业自愿组成的维护和增进本行业共同利益的社会团体，它是行业利益的代言人和行业发展的监管者。行业组织对行业人才需求状况最了解，掌握行业动向，熟悉行业规律，有丰富的行业管理经验。行业组织代表企业集中反映本行业发展状况，尤其是人才需求、新技术发展和运用情况，因此是行业的代言人。行业组织具有代表、沟通、监督、公证、协调、统计、研究职能。行业组织是企业与行业沟通的桥梁，通过行业组织的聚合，同行企业之间自我约束与协商，可以及时向职业院校表达行业诉求和呼声。行业组织不但能把企业与市场的意见与建议传达给政府部门，帮助政府对职业教育校企合作做出合理决策，而且能保证行业落实国家职业教育校企合作政策。借助于行业组织提供的信息，职业院校可及时掌握生产现状与市场走向，企业则可有效参与职业院校的决策、管理等有关活动。

行业组织在职业教育校企合作治理中具有举足轻重的作用，通过行业组织来推进校企合作是一个很好的选择。行业有着大量的相关企业的资源和信息资源，能够"对行业、地区的经济发展进行调研，并提出关于经济立法与政策相关的意见和策略；在政府相关部门的监管下，对相关行业信息进行收集、统计、分析与公布；对企业经营管理制度方面进行指导与帮助；在政府主管单位的监督下，对相关行业进行规划，并对业内重大项目进行前期论证，例如技术优化、引进新工艺等；参与国家标准以及行业标准的制定与修订以及贯彻实施等一系列过程，并对此进行监督；积极推进学校与企业进行合作，行业协会本身也可以与学校合作等"①。也就是说，行业是职业教育校企合作改革的重要基础。工学结合和校企合作的实践，需要行业组织积极发挥指导、配合、协调作用，制定行业职业教育校企合作发展规划，开展行业职业资格标准的制定，成立教学指导委员会，预测行业职业教育人才培养与人才需求，参与职业院校课程开发与教材建设等。

3.2.1.4 企业

企业是从事生产、流通、服务等经济活动，以生产或服务满足社会需要，实行自主经营、独立核算，依法设立的一种盈利性的经济组织。企业主要是以盈利为目的，围绕开拓市场、供给产品与服务、降低生产成本而进行。企业是职业教育校企合作领域一个重要的治理主体，其与职业学校并不存在行政隶属关系，而是两个彼此独立的主体，两者存在极强的互惠关系。

根据国家统计局与国务院第三次经济普查办公室联合发布的《第三次全国经济普查主要数据公报（第一号）》可知，"2013年末，全国共有从事第二产业和第三产业活动的法人单位1085.7万个，比2008年末（2008年是第二次全国经济普查年份，下同）增加375.8万个，增长52.9%；产业活动单位1303.5万个，增加417.1万个，增长47.1%；有证照个体经营户3279.1万个，增加405.4万个，增长14.1%。2013年末，在第二产业和第三产业法人单位中，位居前三位的行业是：批发和零售业281.1万个，占25.9%；制造业225.3万个，占20.7%；公共管理、社会保障和社会组织152万个，占14%。在有证照个体经营户中，位居前三位的行业是：批发和零售业1642.7万个，占50.1%；交通运输、仓储和邮政业878.6万个，占26.8%；住宿和餐饮业240.8万个，占7.3%。2013年末，

---

① 林润惠，王玫瑰，廖俊杰，等. 高职院校校企合作——方法、策略与实践［M］. 北京：清华大学出版社，2012：12.

全国共有第二产业和第三产业的企业法人单位820.8万个,比2008年末增加324.9万个,增长65.5%。其中,内资企业占97.5%,港、澳、台商投资企业占1.2%,外商投资企业占1.3%。内资企业中,国有企业占全部企业法人单位的1.4%,私营企业占68.3%"①。可以看出,我国数量庞大的企业群成为职业教育校企合作潜在的合作伙伴,如果能够充分激发企业积极性,必将推动我国职业教育校企合作高速发展。

3.2.2 校企合作治理主体的利益诉求

校企合作治理主体积极关注职业教育校企合作的变革,通过必要手段表达自己的诉求和主张,以期影响职业教育校企合作改革的方向。他们在校企合作过程中获得的利益包括直接物质利益与精神利益。在校企合作治理中政府、企业、行业组织和学校是一个利益集群体,他们都有自己的主体利益和利益诉求。

政府是社会生产的领导者与组织者,是依法执行国家意志、处理公共事务的主体。职业教育作为国民教育体系的组成部分,政府希望通过职业教育实现社会利益的最大化,期望职业教育能够促进社会的和谐稳定。职业教育培养出高素质技术技能型劳动者,提升人力资源素质,从而推动经济的发展与社会的进步。通过人力资本开发与积累,实现经济持久快速增长。培养企业所需要的人才,实现劳动力市场的供需平衡,应对经济技术发展变革所带来的挑战,推动城镇化、工业化,在劳动力转移培训、新型农民培训、促进就业中发挥重要作用。因此,从长远看,在校企合作中,政府所代表的整个社会是最大的受益者。政府应当通过法规、政策、投入等手段实现调控作用,进一步下放权力给相关主体,推动职业教育校企合作快速发展。

企业作为自主经营、自负盈亏、独立核算、自我发展的独立商品生产

---

① 国家统计局. 第三次全国经济普查主要数据公报(第一号)[EO/OL]. http://www.stats.gov.cn. 2014-12-16.

者和经营者，必须将利益放在首位考虑。企业是经济组织，其职能是发展经济、创造财富，企业属性决定了企业的一切活动在于追求利益的最大化。只有在可以获得利益的前提下，或是投资成本得到补偿的情况下，企业才有可能持续参与校企合作。企业的利益诉求具有明显的导向，具有很强的工具性，都是为了实现企业经济利益的最大化。企业从成本收益的角度考量校企合作的投入产出比，计算校企合作过程中可能产生的成本以及带来的经济效益，并据此而采取有针对性的措施。技术技能型人才是企业实现其市场竞争力，保证其长远发展动力的关键要素。企业需要职业院校培养输送高素质技术技能型人才，提供人才支撑，也就是说，企业在职业教育校企合作中最为直接的利益诉求是获得满足其发展需求的人才。具体来讲，获得人才而得到的利益可以细化为节约招工成本，提前快速锁定优秀员工；节约适应期成本，员工能够较快适应岗位需求，上手更加容易；节约培训成本，员工较快适应技术发展和岗位变换需要，能够轻松自如地在不同岗位之间转换；节约管理成本，员工具备一定的职业道德和劳动素养，有较强的自我管理能力，便于公司开展相关管理工作等。同时，在校企合作中，企业希望政府在财政、税收和政策上给予支持，希望职业院校提供技术服务和职工培训。企业也希望可以借此提升企业形象，获取良好的名声，赢得社会声望。

　　职业院校承担着培养高素质劳动者和技术技能型人才的重任。职业院校要实现技术技能型人才培养的目标，走校企合作之路是必然的选择，通过校企合作，职业院校可以获得丰厚的利益回报。职业院校可以利用行业企业的信息优势和人才质量标准，调整专业设置、人才培养目标和规格要求，利用行业企业资源解决学生实习、实践教学的场所，完成实践性教学，利用行业企业资金设备改善办学条件，使得培养出来的人才更加符合行业企业的要求，提升学校作为特定社会组织的价值和地位，提升学校的品牌效益及社会影响力。

　　行业组织是某一类企业的集合，对行业企业的需求具有代表性。在校企合作中，行业组织主要的利益诉求是培养本行业需要的人才，为本行业本系统争取大量适用的人力资源，为本行业未来发展提供源源不断的高质量技术技能型人才，从而促进本行业企业的发展，也就是通过职业教育校企合作促进企业发展而带动行业发展。

3.2.3 不同主体对校企合作治理的影响

3.2.3.1 政府的影响

因政府的特殊地位和资源优势，在治理过程中扮演着重要角色。从治理理论可以看出，校企合作要可持续发展，就必须通过政府的措施充分调动企业的积极性，提高校企合作的前瞻性，增强校企合作的连续性和稳定性。因为校企合作具有准公益属性，政府就应该主动站出来，应该在校企合作治理中承担更多的责任，全程推动和参与指导校企合作，形成优势互补、互动共赢的校企合作治理机制，促成校企合作取得最佳的效果。政府推动校企合作治理对充分利用社会各种资源具有十分积极的作用，也符合我国的国情和我国现阶段校企合作发展的实际，是我国校企合作治理未来的发展方向和大势所趋。

在当前国情下，职业院校校企合作治理过程中必须面对政府力量的介入。政府不仅担负着整体统筹规划、出台相关校企合作的法律法规及政策的责任，它对于校企合作亦是资金方面的支持力量。在拓展校企合作思路方面，政府也起到了积极的引领与指导作用。同时，职业教育校企合作作为国家的民生事业，需要政府的财政支持。而政府拥有公共财政、公共资源和公共权力等专用资源，政府拥有管理公共事务的权力，是有效推进职业教育校企合作治理的核心力量，是其他任何组织和机构无法替代的。在校企合作治理体系中，政府主导理当是治理的基本原则之一。从中央政府和地方政府关系来看，中央政府位于权力结构的最顶层，对地方政府及职业院校拥有最高的管理权。中央政府负责维护全社会的公共利益，协调不同利益主体之间的关系。在职业教育治理领域，中央政府相对于其他治理主体拥有更为强大的权力。中央政府通过政策、法律等手段为职业教育校企合作治理提供制度安排，如国务院颁布的一系列有关职业教育改革与发展的政策影响了各个时段职业教育校企合作治理发展的方向与进程。地方政府负责贯彻和执行中央政府的政策和计划，根据我国分级管理的职业教育管理体制，地方政府获得了管理职业教育校企合作的部分权力。而无论是中央政府还是地方政府，在校企合作治理的相应环节中需要扮演好合作的主导者、合作的推动者、过程的监督者等不同角色。

合作的主导者。在校企合作治理中，政府应该起主导作用，政府的主导是在自己的权限范围内的主导，是一种有限的主导。政府的制度供给是校企合作的关键要素，政府为促进合作教育的顺利进行，应该设计完备的法规体系和政策制度来引导校企合作治理工作。政府通过完善法律、制定政策等方式对校企合作治理发展方向产生引导作用，根据我国现有的管理体制，政府享有对职业教育校企合作的管辖权和统筹权，政府综合应用立法、拨款、规划、政策指导职业教育校企合作的发展，系统提升职业教育服务地方经济社会发展和支撑产业升级的能力，为区域产业发展培养急需的技能型人才。

合作的推动者。校企合作持续发展不仅关系到校企双方的长远利益，更关系到地方经济社会的长期稳定。政府机构是制定校企合作政策的决定性力量，它以立法、规划、政策支持等各种方式影响着职业教育校企合作治理过程。政府有必要在政策、财政等方面进行有效介入，提供优惠的产业政策、创新支持政策和金融支持政策以及法律保障。政府可以决定什么样的企业才能参与职业教育校企合作治理，推动企业以更加积极的姿态投入校企合作治理中，弥补"市场失灵"的不足。

过程的监管者。政府作为职业院校的主要投资者和举办者，为了实现其所代表的国家利益和社会公共利益，需要通过对职业教育校企合作治理进行监督评估，监管职业教育校企合作治理全过程。政府代表公众利益，维护社会享受职业教育校企合作的成果，促进职业教育校企合作治理不断提高质量、健康发展。政府明确校企合作治理中主要的责任事项以及权利义务，进行全程监管，切实保障合作双方的合法权益，从而推动校企合作治理健康发展。

3.2.3.2 职业院校的影响

不论职业院校在社会所处的地位和扮演的角色如何，不可否认的是，职业院校在职业教育校企合作治理中发挥着举足轻重的作用。校企合作是职业院校培养适应生产、建设、管理、服务第一线所需要的技术技能人才的重要途径。众所周知，职业教育校企合作治理的目标之一就是使得职业院校能够通过校企合作治理，不断提升自身办学水平和实力，为社会培养高质量技术技能型人才。职业院校所拥有的主要资源优势是技术技能型人才培养或培训资源，包括教学基础设施、师资力量等。职业院校作为育人的专门场所，作为系统从事职业教育人才培养的组织，凭借其师资力量、教学计划与课程编排等条件，可以大规模地按照统一规格培养技术工人，应对现代产业对技术工人的现实诉求。职业院校培养的人才质量如何就是校企合作治理最需要考虑的因素，人才质量一定程度上也代表校企合作治理活动所产生的效果。因此，职业教育校企合作治理不能离开职业院校，脱离了职业院校的人才培养，校企合作治理是没有必要的，也是没有意义的。

3.2.3.3 企业的影响

在职业教育校企合作治理过程中，企业是否深入参与，对校企合作治理过程产生深远的影响。这不仅是市场经济发展的必然要求，也是职业教育校企合作治理的特质所决定的。我国职业教育校企合作治理由于长期受计划经济影响，企业在校企合作治理中主体地位一直难以确立。但是，随着市场经济的日益发展与完善，市场机制得到充分发挥，企业逐步成为适应市场竞争的法人主体。作为市场主体，企业有了利益的驱动和约束，对职业教育也有了不同的意义，因而企业在校企合作治理中的重要性越来越得到重视。由于企业具有比学校更加了解市场、贴近市场需求的优势，能准确把握市场需求的发展方向，从而提高校企合作治理效益和效率。例如，从一个准员工到成熟的技能专家的过程，如果没有产业部门和企业的参与，仅靠职业学校是难以完成的。企业为职业教育校企合作治理投入大量的人力和物力，充分利用教育资源、人力资源等优势参与培养合格人才，为职业院校的教师、学生提供实践实训岗位等，直接推动了校企合作的发展。企业对职业教育校企合作治理的影响体现在全过程地参与人才培养。在培养目标方面，企业认识到学校人才质量对自己发展的重要性，与学校共同协商制订培养计划，保证了学生理论知识和实践能力的获得；在课程内容方面，学校和企业共同进行课程开发，突出课程的灵活性和综合性。因此，职业教育校企合作治理离不开企业的积极支持与配合。

3.2.3.4 行业组织的影响

行业组织作为联系企业与职业院校的桥梁和纽带，在促进校企合作治理中发挥着极大的作用。校企合作的过程具有不确定性，会给校企合作带来不同程度的风险。在一个合作项目中，如果双方的合作愉快，合作可能继续进行下去，如果双方产生矛盾，合作就可能停滞不前。校企合作治理的难点之一就是校企双方利益矛盾协调，各方秉持不同的利益立场，互相博弈，这就需要行业组织扮演"协调者"的角色，发挥自身特点，进行利益诉求调和，积极协调校企双方关系，解决矛盾，在充分协调校企利益的基础上追求整体效益的最大化。同时，行业组织最了解本行业的经济运行、企业发展、市场需求等情况，有资格和能力组织制定、修订行业标准、技术规范。行业组织享有信息、政策资源，通过发布市场信息和制定产业政策，对企业进行宏观调控，调动企业参与校企合作的积极性。行业组织根据行业企业对人才培养质量的信息反馈、就业需求以及经济社会发展目标的要求等，为职业院校提供指导，引导职业院校贴近企业实际需要办学，引导职业院校的专业设置和课程建设，并对职业院校的人才培养质量进行评估。行业组织为职业院校管理和教学改革提供信息反馈，为实现专业与产业、企业、岗位对接引线搭桥。

3.2.4 治理主体间的关系

校企合作不仅是一种育人模式，更是一个在各个治理主体之间进行资源再配置、利益再分配的互动过程。在这个过程中，由于各个治理主体的社会属性、功能、利益取向不同，要保证校企合作的长效运转，就需要各治理主体发挥各自的优势，密切配合。从目前来看，政府、学校、行业组织和企业等治理主体拥有各自的资源优势，这种资源互动关系使得他们比较容易形成共生共荣的组织关系。从资源依赖的视角看，职业教育校企合作治理的本质，是一种资源交易活动，是政府、学校、行业组织和企业间相互分享各自的优势资源，以期获得所缺的关键资源的过程。每个治理主体是否能够实现利益最大化，不仅在于自身所拥有的资源，更在于他们优势资源转让和交易的程度，以及能否形成稳固的关系。

"从历史演变上看，最初的职业教育和企业生产之间的关系是一体的，学习过程和工作过程是紧密结合在一起的，但随着时间的推移，校企之间逐渐分离，学校是学校，企业是企业，在它们之间出现了一个中间地带，成了人才培养的模糊地带，职业型人才培养的过程被异化。"[1] 校企合作治理就是要解决校企之间相互脱节的问题，使得以经济利益为导向的企业逐渐参与到职业教育校企合作的治理中来，成为一类新的治理主体，并在长期的实践中与职业院校形成一种平等主体关系。作为直接为生产一线提供技术技能型人才的职业院校与行业企业结合，与社会经济发展直接联系，为企业提供促进其持续发展的人力资本，企业为学校人力资本的培养提供资源，这样一种持续的合作会为学校与企业的发展带来双赢。企业与学校之间互惠式合作关系本质上是契约关系，通过签订校企合作合同，明确校企双方的责任、义务、权利，达成一定的合作协议。企业和学校之间的契约关系具有平等性，即双方法律地位平等，享有的权利和承担的义务

---

[1] 解水青，秦惠民．阻隔校企之"中间地带"刍议——高职教育校企合作的逻辑起点及其政策启示［J］．中国高教研究，2015（5）．

具有对等性和相应性。校企合作治理的首要条件是确保学校和企业在权利享受和义务承担上的平等,校企双方共同制订人才培养方案、共同开发课程、共同指导学生学习、共同评价学习成果的组织方式和制度体系,校方负责理论教学和基本技能训练,企业负责实践教学和操作能力培养。职业院校利用其人才培养优势,与相关合作企业在人才需求、技术应用方面达成一致,必将产生"1+1>2"的协同效应。为此,职业院校可以将自身的使命和任务转化为具体的目标,并据此选择适合自身发展的合作伙伴。如果职业院校和企业之间就某个具体合作项目达成共识,形成共同的合作目标,拥有共同的意愿、意向和价值观,结成利益共同体,合作双方的利益就趋于一致,合作关系也就进入共赢模式。从这个意义上看,校企合作治理过程就是双方利益的整合过程,校企合作伙伴之间存在共同的利益,促使校企合作关系达成并进行维系。职业院校希望通过与企业合作,获得各类办学资源,从而更好地开展人才培养。企业希望通过与院校的合作,获取更多的高素质技术技能型人才支撑,并赢得良好的社会声誉。

在校企合作领域,各治理主体日益从国家层面的治理框架中脱离出来,为校企合作治理模式的重构提供了可能性。随着社会经济的发展,校企合作治理中政府、行业组织、企业、职业院校等治理主体的复杂性和多元化不断增强,它们之间在社会职责、运作方式、组织结构、管理文化、制度模式等方面的协调程度、契合深度对校企合作治理目标的全面达成具有决定性影响。校企合作治理不仅是多方主体力量的简单相加,更是优势互补,通过相互配合,充分发挥各自的资源优势,进行资源的集成与共享,实现信息、知识和技术的有机整合。这就决定了校企合作治理必然是一个互动发展过程,需要从长远和可持续的角度考量各治理主体需协同解决的关键要素。这些要素如果衔接得当,便可以为治理创造良好条件和环境,提升主体间的信任水平,使得它们达成合作的意愿增强,治理中的协调成本降低,治理的持续性也就越长。尽管政府、职业院校、行业组织和企业有着不同的组织属性和社会功能,但是各个治理主体在社会资源配置方面仍然存在交集。这些相互独立的治理主体之所以能达成校企合作,既可能是基于业务本身的合作关系,也可能是基于委托—代理关系,还可能是出于在合作与竞争间的博弈关系。通过多主体校企合作治理结构的设计,职业教育校企合作治理更加具有实效。在多主体校企合作治理结构中,重构各个主体的角色、职能及其在结构框架中的作用机理,达到提高校企合作治理效率的目的。

  经过多年的中国特色社会主义市场经济建设,我国经济社会转型取得了巨大的成就。市场的本质体现在多元化组织和行为特征上,必然要求存在合理的分权,增强市场主体的自主性,从而提升政府、行业组织、企业、职业院校等主体协同治理的内在需求,使得各类社会主体具有较高的协作互动能力,推动校企合作治理有序运行。我国社会治理方式的变迁,不仅重新构建了国家治理体系,而且催生了众多治理主体。校企合作治理,正好将各治理主体不断增强的自治需求连接起来,有效避免单向线性管控行为,为校企合作的协同治理提供了组织条件。通过职业教育校企合作治理,培养符合企业需求的劳动者,增强职业院校人才培养质量,实现劳动力市场的供需平衡,优化产教体系,实现社会稳定和经济发展。正是在这样共同诉求的基础之上,各治理主体才有可能相互协调,多方共赢的局面才有可能形成。同时,合作的各治理主体可以形成合理的互相嵌入结构,各治理主体互嵌互助且深度契合,建立平等互利的合作关系,寻求多元主体间的协同治理,引导多元化治理体系的形成。

  综上所述,治理不是单向度的服从,更重要的是主体间彼此互动。这种互动关系在多元治理背景下更为复杂,每一个治理主体在遵循既定与默许的规则下,行使属于自己的权力,履行自己应有的职责,使不同的治理主体之间存在不同的权力关系。由于我国社会转型期的复杂性,客观上导致包括职业教育校企合作在内的各种社会事务治理领域形成了多元化的治理主体结构,在治理过程中治理主体间呈现出制度化权力安排和互动模式,这成为解决职业教育校企合作治理能否顺利进行的重要乃至决定性因素。政府、企业、职业院校、行业组织等治理主体基于不同的权力关系，遵循不同的关系逻辑。而拥有不同使命、功能与价值取向的多个治理主体在一个治理框架内实现共治，涉及权力分配、利益协调等多维度的问题。因此，有必要在厘清组织行为逻辑的基础上，在利益互补和权力平衡的相互作用下，维持一个较为稳定的治理架构，建构可持续发展的治理共同体。

3.3 职业教育校企合作治理的问题

职业教育校企合作治理过程不仅受到政策环境的影响，而且受到经济环境与市场配置方式等的制约，在这些多元因素及其组合中，无论哪个因素发生变化，都可能引起治理过程的变化。从治理的标准来看，公开、参与和回应是治理的现代要求，也是治理特征的重要体现。从现代校企合作治理与传统校企合作管理区别来看，一是主体实现变革，由传统的单一主导转向社会多元主体的广泛参与，校企合作治理主体更加多元，并且其属性、责权利关联差异较大。校企合作治理主体不仅包括政府，也包括企业、行业组织等企事业单位。这些主体的社会属性、社会功能、利益诉求都不相同，权责配置存在较大差异，因此，其治理须建立在复杂的关系结构和运作机制的基础上。二是方式和手段更加多元，由传统的行政指令、行政计划为主导转向法治调节、宏观制度调控等多元化手段，政府不再是校企合作的统辖者，而成为多元治理框架中的一元。政府从事无巨细的管理中解放出来，致力于搭建不同治理主体间对话、协商、交流的平台，致力于政策和制度的供给，为多元参与的治理方式构建良好的制度环境。三是网格化的治理结构，由层级分明的科层制管理向多主体协作的关系网络治理转变。因此，职业教育校企合作治理是由政府、企业、职业院校、行业组织等治理主体共同参与的一个复杂的多元协同、博弈互动的过程，且日益呈现出系统开放化、过程动态化、合作网络化特性。正是由于职业教育校企合作治理具有上述特点和优点，迫切需要在我国职业教育校企合作中大力推行治理。

但是，在我国职业教育校企合作治理实践过程中，存在许多问题，直接影响校企合作治理实施过程，导致职业教育校企合作绩效不佳。校企合作中逐渐显露出的深层次问题即治理问题，已成为目前校企合作的核心，成为解决校企合作困难的焦点。治理理念的核心要义在于主体多元性、责权利均衡性和协调互动性，即实现治理主体由"一元"变为"多元"，治理责权利由"命令服从"的纵向关系转向"均衡"的横向关系，治理方式由"控制"转向"协调互动"，让各利益相关者的合理价值诉求与多元资源融入校企合作之中，构建多元利益主体间的共治权力模式，让相关治理主体的利益实现最大化。对照主体多元性、责权利均衡性和协调互动性的治理标准，当前我国职业教育校企合作治理过程存在以下问题，这些问题既有传统的因素，更有现实的利益考量。

3.3.1 主体的错位

当前，职业教育校企合作治理主体错位严重违背了主体多元化的治理核心要义。职业教育校企合作治理现代化不仅需要治理体系、治理制度现代化，更为关键的是治理主体的多元化。多元治理主体参与水平和程度直接影响职业教育校企合作治理现代化的实现。治理结构中的权力关系是一个相互交错的网络，是无中心的、多元的，只有构建多元共治的利益相关者参与治理格局，才能确保治理结构中的利益相关者之间形成稳定关系。校企合作治理的施行，客观上要求参与决策各方主体地位的相对独立与平等，否则就失去了持续性协商合作的基础。

在职业教育校企合作治理现代化的范式下，要积极探索职业教育校企合作的多元化治理之路。治理是在国家和市场发生双重失灵，即单一的市场机制或国家机制都不能保障社会有序的背景下提出来的，在治理框架下，政府不再是国家唯一的权力中心，各种市场部门、组织和公民团体行使了越来越多的权力，各主体之间存在着权力依赖关系。职业教育校企合作涉及国家利益、社会利益与经济利益，除了代表国家利益的各级政府以外，学校、企业、行业组织也应基于自身利益诉求成为职业教育校企合作治理的主体元素，与政府机构共同承担职业教育校企合作决策、实施与监管的责任与功能。职业教育治理现代化要求政府通过正式或非正式政策、制度的激励，引导社会利益相关主体参与职业教育校企合作治理，在治理过程中形成多元主体共治机制，同时强化各主体之间的合作和责权边界，构建职业教育多元合作共治的格局。政府、社会、市场主体和社会公众一道协同回应职业教育需求，促进职业教育功能最大限度地发挥。也就是说，管理转向治理，意味着治理主体多元化与职业教育校企合作治理共同体的构建。

传统职业教育校企合作管理领域中，政府被视为当然主体，企业、学校、行业组织等社会组织都是政府实现制度安排目的的客体工具，主体与客体之间构成的是统治与被统治、批判与被批判的二元对立关系。当前我国职业教育校企合作治理体系表现为一种集权模式，治理的权力主要集中在国家及政府管理机构手中，学校、企业、行业组织等社会组织在治理中的权力是相对弱小的。同时，政府、企业、学校、行业组织等相关者的角色意识、合作模式、行为倾向等的转换未能跟上治理现代化的要求，在当前的多方合作实践中，政府、职业院校、企业、行业组织的配合度较低，明显表现为各自功能发挥不到位。各方主体仍然表露出传统管制下的思想观念、角色身份和行为方式，治理过程中的行政化倾向突出，治理渗透着明显的官僚作风和管制型风格。同时，在治理中主体自主进取的动力不足，参与治理的积极性不高。相关治理主体的错位表现在以下几个方面。

首先是政府的错位。政府作为职业教育校企合作相关法律、法规和政策的制定者，必然对职业教育校企合作治理共同体的构建产生极为重要的影响。政府的错位问题主要表现在两个方面。

一方面是政府越位。在计划经济时代，职业教育与政府之间的关系表现为依附关系。职业院校存在自治传统意识薄弱、对政府存在现实的服从依赖、依靠行政手段和行政命令等问题，政府的角色重叠，集职业教育的举办、管理和质量评估于一体。随着社会发展，治理环境日益复杂，社会利益相关者的力量逐渐壮大，高度集中的权力结构已经无法适应现代化的治理环境。多元治理主体日益表达出对治理决策话语权的渴望，要求实现校企合作治理的民主化。然而，政府在职业教育校企合作治理中的强势参与行为依然较为突出，挤占了社会主体的治理空间。政府惯用行政思维逻辑来解决校企合作问题，对职业教育校企合作治理决策权高度掌控，政府拥有绝对的强势地位，在职业教育校企合作决策中表现出过度集权化倾向，很大程度上挤占了社会治理主体力量的参与空间，容易导致新的问题出现和矛盾的激化。

另一方面是政府缺位。在职业教育校企合作治理中，政府的缺位主要表现在：政府职责履行不到位，政策落实机制不健全，调控不够，政府部门对职业教育校企合作统筹还未落到实处，缺乏各个相关部门的通力合作；机制不足，政府牵头的校企合作多方沟通对话的机制、经费投入机制、监督保障评价机制尚不完善；法律法规不配套，校企合作的法律条例看似很多，但大多偏向于政策性的规定，比较零散，不具备系统性，可操作性不强。也就是说，各级政府并没有切实把发展职业教育校企合作作为经济社会发展的重要基础和教育工作的战略重点，政策引导力度不到位，指导性不强。

其次是企业的错位。从职业教育发展历史来看，职业教育与企业原本就是一体的，"学习过程"和"工作过程"也应该紧密结合。但是，在社会化大分工的推动下，职业教育和企业生产逐渐脱离，导致很多问题。如今，大力推动企业参与职业教育人才培养，实质上是在重塑企业在职业教育中的办学主体地位。企业自身属性决定了追逐经济利益为其根本目的，其主要职能在于大力发展经济和创造财富，在满足自身发展的同时服务地方经济与社会的发展。企业的积极有效参与是校企合作治理取得成效的基本前提，没有企业参与，便无合作之说。企业虽然意识到了校企合作的重要性，但其参与校企合作治理的意愿不强、动力不足。与院校的合作更多地流于形式，处于浅层次合作水平，其原因主要在于企业逐利性的本质。在职业教育校企合作中，企业是一块短板，很多企业片面地认为企业的主要任务就是搞好生产，提高经济效益，培养人才是学校的事。就理论而言，企业作为职业教育的受益主体之一，通过参与职业教育校企合作治理能够获得相关的生产技术、员工培养和培训的机会和条件、技术人才以及良好的社会声誉等，为其发展带来有形或无形的收益。但是，现实收益与理想存在较大的差距，职业院校的人才培养质量未能达到企业的要求，企业难以真正参与到职业教育发展的利益分享中来。企业参与职业教育校企合作治理的内生动力不足，许多企业经营者存在短期的经济视角，缺乏高远的战略发展理念，为防止其他企业"搭便车"行为而拒绝投入更多的物力、财力和人力。校企合作治理实施过程中，企业没有或者少有参与权和话语权，这也使得企业对于校企合作存在一定的态度偏颇。

  再次是职业院校的错位。职业院校是职业教育校企合作的核心主体，承担着培养高素质劳动者和技能型人才的重任。当前，在职业教育校企合作治理中存在的一个突出问题就是"行政化"，也就是运用行政命令思维来主导职业教育校企合作治理活动。由于受到传统"大政府、小社会"体制束缚，职业院校作为政府的下属机构，处于被支配的状态，未能摆脱政府附属者的角色和地位。政府的行政权力过大，职业院校的办学活动完全听命于政府的意志和决定，政府的行政指令指挥着职业院校的行为，学校的自主权利被束缚。职业院校内外部话语体系都由行政管理者掌控，行政价值取向渗透到职业教育校企合作治理活动中。公共行政权对职业院校的管控也呈现不断上移的趋势，职业院校对政府的依附倾向也较为严重，在一定程度上陷入主体性危机。对政府产生长期的政策依赖限制了职业院校自主进行校企合作工作，不利于职业院校自身主动性的充分有效发挥，导致职业院校在职业教育校企合作治理中的自治能力不强。同时，在职业院校内部，由于缺乏办学自主权，管理上表现出严格的科层制特征，经费投入、专业设置、招生计划、教育教学、师资建设、科学研究等，都严格遵循上级部门指令，导致内部管理、办学理念、办事规则等都围绕上级主管部门转，存在着刻板僵化、信息迟滞、忽视外部、缺少活力的隐忧。由于无法及时回应市场的需求，又无法从被动、服从的工作状态中转化出来，从而降低了职业院校与市场、企业和社会的联系，削弱了办学主体地位，导致部分职业院校呈现主体错位的问题。

最后是行业组织的错位。"市场经济发达国家的实践证明，市场经济体制下由于存在政府失灵和市场失灵的'双重'现象，在政府（第一部门或公共部门）与企业（第二部门或私人部门）之间需要建立第三方力量或第三部门来解决政府或企业难以解决的一些社会问题。完善的市场经济体制，必须发展第三方力量，解决政府和企业解决不了或解决不好的问题，行业组织是第三方力量的重要组成部分。"① 行业组织对本行业的经济发展态势、企业的经营状况和市场需求等均有着较为全面的掌控与了解。行业组织是协调企业与学校、教育与产业，促进工学结合、产教融合的重要纽带与桥梁。长期以来，在"大政府，小社会"的背景下，行业组织在意识上偏执地认为职业教育校企合作在很大程度上是企业和学校的责任，对自身的责任及其所拥有的权利缺乏一种理性的认识。行业组织参与的主体意识、责任意识、利益意识缺乏和淡薄，主动性、自觉性较低。行业组织较少参与到职业教育校企合作治理的统筹协调中，同时，"我国行业组织发展时间短，转型不彻底，功能不健全，行业组织在经济社会发展中的作用不能充分发挥，服务职业教育的能力还有限"②。行业组织自身对如何发挥作用认识不足，对实现作用的形式和路径缺少探索和经验积累，在行业岗位标准、课程标准等制定中的主导作用发挥不够充分。行业

---

① 曹晔. 我国职业教育校企合作三大体制机制缺陷及破解策略［J］. 中国职业技术教育，2016（18）.

② 曹晔. 我国职业教育校企合作三大体制机制缺陷及破解策略［J］. 中国职业技术教育，2016（18）.

组织对职业教育校企合作的监督机制尚未建立，与职业教育的交流对话制度有待进一步完善。由于在职业教育校企合作治理中缺乏一定的自治权，行业组织很少或基本没有实质性参与到校企合作治理之中，所发挥的作用也极为有限。与我国治理不同的是，西方国家形成了一个比较完整、严密而且富有层次的行业组织参与校企合作治理网络，形成了决策咨询、评价评估和问责监督、企业需求表达等参与机制。我国目前的法律中并没有明确规定行业组织在职业教育校企合作治理中的作用与地位，对行业组织指导职业教育校企合作的权限规定也不明确，相关政策尚未健全，使得行业组织没有发挥出指导、协调、监督的作用，这在某种程度上也影响了其在职业教育校企合作治理中应有的功能。

3.3.2 权责利的失衡

多元参与主体权责利的均衡是实现职业教育校企合作治理的核心。治理必须以制度规定的形式，将各方的权责利限度及程序加以明晰界定和固化保障，从而尽量减少治理中不必要的冲突。在我国校企合作治理的问题中，参与主体间的权责利关系失衡是制约校企合作治理深入开展的一个瓶颈。

随着我国市场经济与公民社会的不断发展成熟，职业院校和企业将获得充分的自主权，获得自主参与校企合作办学的实体地位，社会力量也将获得参与校企合作有效空间。职业教育校企合作治理主体的多元利益诉求已不可避免，各类治理主体已不再满足于被动地等待，而是希望以主体身份积极参与相应过程，以此获取自身最大限度的权利。随着多元利益相关者参与职业教育校企合作，使得多元权责利格局形成，不同治理主体权责利间的矛盾就会日益凸显。一旦政府、学校、企业、行业组织所代表的国家、组织以及社会发生权责利冲突，偏重权责利当中的某一方面都将导致其他方面受损从而影响整体权责利。职业教育校企合作治理就内在地包含了权责利的均衡，在不同治理主体权责利协调和对话的过程中，权力、责任与利益相伴而生，权力、利益无法脱离责任而单独存在，获得什么样的利益、行使什么样的权力就必定承担什么样的责任。长期以来，校企合作治理作为职业教育办学的有效路径，由于缺乏创新的顶层设计、强有力的法律政策保障和合理的协调指导机制，造成其处于一种权责利不明的状态，利益相关者之间的权责利无法实现有效匹配，导致"学校一头热""工学两层皮""官企校三分离"等治理瓶颈问题亦无法有效解决。因此，职业教育校企合作预期的效果与目的难以实现。

首先是政府的权责利失衡。政府在职业教育校企合作治理的过程中，存在权力大、责任小的现象。政府在校企合作治理中具有很大的权力，如有权建立和完善法律体系，实施监督，优先投入，颁布相关引导政策等。然而，政府的责任并没有完全尽到，尤其是资金投入、法律保障及监督管理责任是不足甚至缺失的。同时，政府在职业教育校企合作治理中较为强势的行政化干预，导致社会力量难以真正参与和融入职业教育校企合作治理。如此一来，治理活力无法得以释放，束缚了职业教育校企合作的发展。

其次是企业的权责利失衡。无论是从社会责任的角度，还是从利益相关者的角度，我国企业都具有参与职业教育校企合作治理的责任。社会也要求企业在校企合作治理中承担起更多的责任。但是对企业来说，参与职业教育校企合作治理必须得到相应的回报，而社会在强调责任的同时忽视了企业在校企合作治理中应享有的权利和要求实现的利益，对企业的权责利地位观念笼统、模糊不清。对企业权责利的认识具有单向性，理解具有狭义性、片面性，对企业参与校企合作治理的运行机制和权责利保障更缺乏统一的认识。企业的权力和利益并没有得到最大化的实现。例如，企业提供实习场地和设备、安排专门人员进行现场管理、挑选企业员工对学生进行指导，还要给学生支付一定的实习报酬等，不仅投入了人力、物力和财力，还可能影响到正常的生产经营秩序。在校企合作过程中，企业的利益受损，又得不到相应的补偿，仅仅要求企业付出承担责任，对企业是不公平的。

再次是职业院校的权责利失衡。纵观世界职业教育，无论是德国的"双元制"、澳大利亚的"TAFE"，还是美国的"社区学院"，在校企合作治理过程中，都将职业院校的权责利放在非常重要的位置考虑。职业教育校企合作治理过程当然必须强调职业院校的责任，但是，与此同时，必须给予职业院校相应充足的权力和利益，使得责权利平衡。由于职业教育校企合作需要学校的人财物大力投入，当前学校经费有限，资源投入不足，无论在实力还是能力上都难以满足校企合作的要求，如果片面强调学校的责任，忽视对学校的支持和利益考量，实在难以激发其积极性。

最后是行业组织的权责利失衡。行业组织的本质是非营利的社会中介组织。行业组织的中介性和行业性使得行业组织在沟通企业与职业院校以及政府部门方面占有天然的优势。行业组织参与职业教育校企合作治理，充分发挥其沟通、监督、管理等职能，可以保障校企合作治理的专业性和有效性。但是，我国行业组织在参与职业教育校企合作治理的过程中权责利失衡，行业组织参与校企合作治理的权力不明确，缺乏法律保障。同时，相应的利益也无法得到保证。

总之，当前职业教育校企合作治理实践中存在权责利的盲区，成为治理混乱的温床。没有能够准确反映主体责任，更不能准确反映并保护学校、企业、行业组织参与职业教育校企合作治理的利益和权利。在校企合作治理过程中，由于治理主体权责利的不一致性，权责利边界模糊不清，其履行的功能呈现碎片化的倾向，治理过程中主体合作关系不紧密，组织结构松散，呈"貌合神离""若即若离"的现象，难以形成有效合力。这就造成了主体功能交叉甚至重叠，导致原本应该连贯完整的业务流程被碎化为不同部门的片段，更多的人为安排，导致多头指挥、协调困难，出现权责利分散与权责利不清的困境。治理主体成员之间权责利冲突、失衡问题突出，当治理主体之间权责利矛盾激烈且不能解决时，会出现多败俱伤局面，从而影响整体治理的效率。在事关治理主体利益的合作活动中，合作过程中的公共空间是让治理主体尽可能参与合作、讨论合作，然而，治理主体彼此独立，在合作过程中没有真正发挥公共空间的民主参与，不同主体在校企合作治理中获得的资源差距很大，关键资源均围绕核心主体互补与平衡而得以组合与配置，其他主体均以被动的身份为配合校企双方而实现自身资源的开发，最终制约了校企合作绩效的发挥。

3.3.3 协调互动的僵化

当代社会所倡导的治理是指各方社会利益相关者围绕共同的价值目标所开展的一系列协调活动。在校企合作治理框架下，提供职业教育资源并参与校企合作治理的主体将走向多元，协调化、互动化将成为治理方式的重要取向和原则，政府同职业院校、企业或行业组织之间的协商和互动关系的建立具备了可能。职业教育校企合作治理强化各方主体在校企合作治理中的参与，在政府与社会之间搭建合作、协商平台，共同确立校企合作治理标准和治理目标，实现政府与利益相关主体的协调互动治理，以实现公共利益的最大化。

目前，治理手段在推动主体协调互动方面存在僵化的问题，这是由于我国现阶段职业教育校企合作实行的单中心管理模式决定的。职业教育校企合作管理维度是单向的"自上而下"，而不是多向的"水平交叉互动"。校企合作通常采用政府主导下的自上而下的单向管理，带有浓郁的政治色彩，缺乏相应的沟通和协调机制。职业教育校企合作过程中仍以行政手段实现治理，延续了计划经济时代所常用的管控手段，用行政命令进行指令式管理。具体行为方式是将任务层层分解，逐层推进，看起来规范有序，实则僵化低效。在当前的职业教育校企合作治理过程中，校企合作多方沟通对话机制还不完善，现有的治理手段对政府部门、职业院校、行业组织、企业等主体关系协调不力。在治理过程中，发生矛盾时，必须有相应的手段予以协调。但是，现有治理手段对职业院校、企业和政府及其他各有关部门进行协调的力度及效果有很大局限性，单凭一些原则性的政策法规和社会责任感，以及个人关系和感情，显然难以适应客观需要。从我国职业教育校企合作实际来看，职业教育校企合作治理仍然处于初级阶段，校企合作治理中的互动问题突出，协调互动的校企合作治理机制尚未建立，导致治理流程的破碎和混乱，治理空间的撕裂与失衡，以至于职业教育校企合作治理停滞不前。为了协调和整合不同主体之间的关系以实现互利互惠、共赢发展，就需要突破传统的线性治理模式，依靠多个相互之间产生影响作用且共同参与治理的行为主体的互动，创新职业教育校企合作的治理模式。因此，探索出一条适合我国职业教育发展的校企合作治理之路，是当前职业教育校企合作改革发展过程中的关键问题。

从管理转向治理意味着依法治理，运用契约调整、规范利益相关者的治理行为与过程。治理主体间的复杂关系使得现有校企合作管理不能适应时代发展需要，通过现代职业教育校企合作治理的规范性制度，营造现代治理的多元参与、协同互动的氛围，采用协商、契约等规范性制度突破治理盲区，通过合理的制度设计与组织架构规范各主体在合作办学过程中的行为，协调多元治理主体间的冲突，促使主体互动的达成，并为各方持续参与校企合作提供灵活的框架设计。尽管在职业教育校企合作治理具体事项中，政府、学校、企业、行业组织的主体地位与角色功能不尽相同，但是，他们拥有平等的参与权利，职业教育校企合作治理的合法性不是源于个人或组织意志，而是治理的形成程序即民主协商本身。治理所依靠的统治并不依靠政府的权威，而是依靠相互发生影响的行为者的互动。如何有效调和与妥善处理校企合作活动中各方的利益冲突，实现不同治理主体间持续性的协商互动合作，是职业教育校企合作治理的题中应有之义。职业教育各治理主体应该认识到职业教育校企合作治理本身的复杂性，都应当认识到治理是一个多元主体互动和协商的过程，其本质是利益主体之间的博弈。在这样的理念指导下，职业教育校企合作治理执行过程应当是多个治理主体通过博弈、对话、协调、谈判，追求尽可能深度互动的过程。总之，治理的引入是改变职业教育校企合作互动僵化之现状的必然选择，标志着我国职业教育校企合作变革治理结构、推进治理现代化建设的目标导向，因而也是提升校企合作水平的根本保障。

3.4 职业教育校企合作治理问题的根源

校企合作是职业教育的基本特征，校企合作就是充分利用职业院校和企业的不同教育资源，由校方和企业共同培养技术技能型人才的活动。改革开放以来，我国职业教育从中央到地方，从理论到实践，普遍重视校企合作的推进和创新。然而，目前我国职业教育校企合作普遍存在深度不够的现象，校企合作的质量和水平一直不高，其根本原因在于校企合作存在主体错位、权责利失衡、协调互动僵化等治理问题，而这些治理问题背后，则存在多种制约根源，严重影响校企合作治理的推进。因此，有必要突破传统公共管理的思维局限，将"新公共管理"的治理方法及技术融合进职业教育校企合作之中。通过访谈，结合多数专家意见，本研究将问题根源主要归结为组织架构松散、行业参与弱化、利益驱动不足、评估监控缺位和政策法规滞后等五大因素。第一是组织架构松散，校企合作组织平台基本没有成形；第二是行业参与弱化，行业组织较少进入校企合作环节；第三是利益驱动不足，企业普遍不愿参与职业教育，认为参与职业教育是一种负担，无利可图，造成的损失也得不到补偿；第四是评估监控缺位，全方位的校企合作监控体系和评价体系严重缺位，对于校企合作过程和绩效缺少监控和反馈；第五是政策法规滞后，校企合作的法律基础不完备，使得校企合作治理的实施无章可循、无法可依。上述因素使得职业教育校企合作治理过程中，出现主体错位等治理问题，最终导致校企合作活动的低水平。《2017年江苏省中等职业学校校企合作调研报告》的调查问卷也部分证实了上述判断，如图3.1所示。

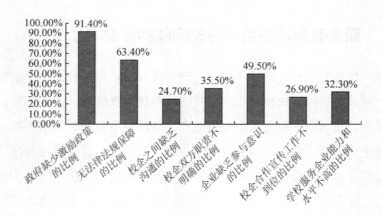

图 3.1　职业学校认为导致校企合作治理问题的主要因素

数据来源：2017 年江苏省中等职业学校校企合作调研报告［R］.

3.4.1　组织架构松散

组织架构是组织系统的内在联系、功能及运行框架，是决定组织治理是否有效的核心问题。校企合作治理是职业教育本质的体现，是职业教育改革和发展的根本和关键，它涉及多个部门，需要建立一套较为完善的管理组织架构，以达到部门间的分工协作，有必要深入校企合作的组织架构本身来确保合作治理行为的有效性。我国职业教育管理组织架构是以"多头管理、条块分割"为特点的，从职业教育校企合作治理的推进情况来看，存在管理权限不清的混乱现象。我国目前没有设立从上至下的校企合作管理部门，各级管理机构间缺乏沟通，导致矛盾重重，同级政府不同的管理部门间存在着配合程度不高的问题，导致校企合作的治理缺乏一致性；同一单位各不同职权部门间存在着协调性差、权责重叠的问题，导致校企合作治理中各部门间职能"缺位""错位"。组织架构松散混乱导致校企合作关系不够牢固，合作关系难以长久保持。另外，我国至今尚未设立权威的调控机构，来统筹协调和全面设计、监督和推进职业教育校企合作治理，因缺乏统一调控和监管，许多项目的运作和推进在劳动人事、行业主管、教育行政部门之间相互推诿。因此，现有的职业教育校企合作组织架构越来越束缚了职业教育校企合作治理的顺利进行。

一方面，政府相关管理机构不健全。纵向来说，从中央到地方，尚未建立相应的专门化职业教育校企合作治理机构。在中央层面，我国虽然成立了全国职业教育改革创新指导委员会和行业职业教育教学指导委员会，但这些机构不是实体性管理机构，也并不专职于校企合作的治理，职业教育校企合作治理工作基本处于真空状态。而地方政府也大多没有建立起专门的针对校企合作的实体性、独立性协调机构，造成很多校企合作项目难以获得支持。同时，地方政府校企合作治理条块分割。在校企合作过程中，具体涉及发展和改革委员会、人力资源和社会保障局、经济和信息化委员会、商务局、财政局、国税局、地税局、工商局等部门，而不仅仅是教育主管部门。但多个部门对合作工作缺乏责任意识，且在协调工作中筑起各自行政管理的壁垒，各部门工作关系难以明确，从而导致分散管理，多头管理。多个部门对职业教育校企合作同时进行管理，造成各个机构各自为政，往往会设立不同的标准，存在重复建设等突出问题。同时，出台的相关政策缺乏统一延续性。因此，组织架构的分散带来了统一性和全局性的缺乏，在校企合作治理规划制定和实施等工作上，一定程度削弱了治理主体的作用，造成治理的无序性，使得执行效率低下，导致政策规定无法落到实处。不同部门从各自的利益出发，出现了教育资源缺乏与教育资源浪费同时存在的状况，影响职业教育校企合作的宏观效益的提高，这不利于我国职业教育校企合作的协调发展。

另一方面，学校内部组织缺失。校企合作治理的深度实现依靠于院校的内部管理改革，部分参与合作的院校建立了校企工作委员会、校企合作办公室等组织机构，但也有相当部分院校没有重视校企合作组织机构的建设。有些院校虚设了相应的校企合作委员会，这些松散型校企合作委员会浮于表面，大多只是在成立的时候热闹一下，过后就恢复原样，往往出现开头"轰轰烈烈"、结果"不了了之"的现象，校企合作最后演变成了一场闹剧。另外，企业的情况与职业院校也比较相似，企业里面缺少专门的校企合作管理机构，大多数企业都是由人力资源部门简单配合。校企合作需要院校和企业双方的深度参与，即便院校单方面的组织机构再完善，如果企业没有配套长期稳定的组织管理机构，仅仅是由人力资源部门负责配合，那么校企合作也只能流于形式，永远也不会形成战略合作伙伴和利益共同体的深层次合作。

3.4.2 行业参与弱化

校企合作是学校和企业两个利益主体之间的合作，职业院校和企业是不同的利益主体，分属于两个不同的系统，院校对于企业的需求不了解，企业对于院校也比较陌生，双方缺乏一个有效的沟通渠道，这导致很多校企合作很难进入深层次。一所职业院校要与多家企业建立合作关系，一个企业也会与多所职业院校进行合作，仅靠学校与企业一对一的沟通交流，效率很低，应有第三方组织进行沟通、监督和协调，保证校企合作顺利进行。行业组织既熟悉企业的运营，又了解学校的教育活动，可以为校企合作提供策划、咨询、指导等服务，更好地发挥桥梁作用，促使校企合作的双方更深入地互动起来。行业组织是以同一行业共同利益为目的组织起来的一种非营利性的社团法人组织，具有行业性、经济性、非营利性等特征。行业组织是我国社会团体中重要的一类，包括行业协会、行业商会、同业公会、工商联合会等，发挥行业组织的作用是保障校企合作成效的重要手段。行业组织一方面熟悉企业的运营，另一方面更易为职业学校所认可接受，还在一定程度上与政府部门保持密切联系，因此，可以为校企合作过程提供信息、指导、咨询、协调和评价等服务。

行业参与应该成为现代职教治理体系中的构成要件，但是，从我国职业教育校企合作治理的现实来看，众多社会组织参与力度不足、程度不深，尤其是行业组织存在的问题比较典型。从治理理论的视角进行考察，行业组织参与校企合作存在诸多问题，致使职业教育校企合作治理公共利益最大化目标弱化。目前我国行业组织还没有形成一定的规模，存在政会不分、依附性强、自主性弱、职能定位不准、覆盖面窄等问题。行业组织参与校企合作治理意识薄弱，自身主动参与校企合作治理的动力不够，其参与职业教育校企合作治理多是被动而为之，大多是出于职业院校邀请或政府行政干预。行业组织无法主动从行业发展的高度宏观整体参与，无法将行业需求及时准确地反馈给学校，造成人才培养与行业需求难以对接。同时，行业组织缺乏明确的参与职业教育校企合作治理的定位，职责不清，不能充分发挥沟通职业院校与政府、企业的桥梁作用，不能对校企合作的实施、管理以及各方的利益协调进行统筹规划，因此不能真正代表行业在职业教育校企合作治理中发挥应有的作用。尽管《国家中长期教育改革和发展规划纲要（2010—2020年）》强调指出："需要积极发挥行业协会、专业学会、基金会等各类社会组织在教育公共治理中的作用。"然而，当前我国行业组织在职教治理体系中严重缺位，没有能够在职业教育校企合作治理等方面承担更多的责任，行业组织在现有职业教育治理体系中的作用发挥与其应有功能有着较大的差距。与此相对应的是，国外的行业组织全程参与职业教育校企合作治理过程，欧洲的许多职业学校通过行业组织获取企业发展信息、毕业生需求情况，并在行业组织帮助下对专业设置、教学计划、课程设置进行调整。总的看来，我国行业组织同职业教育之间处于离散状态，行业组织参与职业教育校企合作治理普遍流于形式，未能形成有效的参与机制。行业组织未能参与制定技能人才的岗位标准，没能深入职业院校为专业设置、课程教学改革、教材建设开发提供咨询，其协调作用没有得到充分发挥，难以在职业教育校企合作治理中的政府、企业与职业院校之间发挥纽带作用。2011年，中国职业技术教育学会校企合作工作委员会对中国职业教育校企合作基本现状进行了调研。从调研结果看，"只有22%的样本企业的合作信息通过行业组织获得，而在样本学校，这个比例低于5%……只有5.83%的样本企业知道行业组织在人才培养标准中发挥作用，只有6.43%的样本院校知道行业组织在人才培养标准中发挥作用"①。可以看出，我国行业组织参与职业教育校企合作治理的程度非常有限，绝大多数企业和职业学校都没有意识到行业组织的作用，这在一定程度上说明作为利益相关者的行业组织存在参与弱化的现象。

造成行业组织缺位的原因主要有以下几个方面，首先是行业组织自身存在问题。相比西方发达国家社会组织，我国行业组织认同度不高，合法性不足，缺少必要的专业人才和运作资金保障。同时，我国行业组织主要是依托政府推动发展，行政色彩浓厚，自身运作效率不高且缺乏公开性、透明度。另外，当前行业组织整体参与意识不强，动力不足，这些都影响行业组织参与职业教育校企合作治理的程度。部分行业组织独立性不够，行业自律、自治功能欠缺。行业组织本质上来说是社会机构，但是，由于客观历史原因，我国行业组织在其发展过程中形成不同程度的行政附庸性特征，受政府主管部门的制约较多，带有明显的"半官方"性质，独立性不够。同时，行业组织自身水平、作用发挥有限，很多行业组织规模较小，人员总体素质低，行业覆盖面较低。例如"在广东，112家省级行业协会中，只有……5家协会的行业覆盖率在50%以上，其他省级行业协会都在10%以下"②，因而难以得到大多数行业公众的认同。

其次是政府行政管理机制问题。当前我国部分政府职能转变不到位，仍然奉行管制思维，没有赋予行业组织足够的发展空间，极大地压制了行业组织参与职业教育治理的热情。受到传统计划思维影响，政府对职业教育事业的统包统揽，形成了以国家为单一办学主体和政府直接管理的教育制度。政府凭借行政命令、方针和指令等方式管理职业教育相关事务，忽视其他社会组织和团体的力量，抑制了行业组织参与校企合作治理的主动

---

① 王世斌，潘海生. 行业组织参与职业教育校企合作的现状、经验及其启示［J］. 中国职业技术教育，2012（33）.
② 云娜，齐正学. 构建行会平台，促进职业教育健康快速发展——行业协会参与职业教育激励机制探索［J］. 广东轻工职业技术学院学报，2012（4）.

性和积极性。政府并没有真正意识到行业组织参与职业教育校企合作治理的重要性，没有清晰地对行业组织的地位加以正确认知。政府无视行业组织的利益诉求，导致整个职业教育宏观治理体系封闭性太强，其他社会力量难以进入其中，从而压制了行业组织参与的积极性和动力。

最后是法律法规不够完善。行业组织参与校企合作治理必须借助于相关法律法规来实施，否则，参与效果将大打折扣。当前，我国有关行业组织参与职业教育校企合作治理的法律并不完善，各相关治理主体之间的责权利关系也未能在法律框架下得到明确，并没有对行业组织参与职业教育校企合作治理的权利与义务做出明确规定。例如，当前相关法律法规对于行业组织参与职业教育仍然是粗线条的提倡，尽管《中华人民共和国职业教育法》规定："行业组织和企业、事业组织应当依法履行实施职业教育的义务。"但是，表述过于笼统，相关的实施细则未能出台，关于行业组织如何参与职业教育校企合作治理也没有具体明确的规定，所有表述还只是原则性的，未能明确细化行业组织参与职业教育校企合作治理的权利和义务。

3.4.3 利益驱动不足

任何一个市场主体都有寻求自身利益的愿望。在职业教育校企合作治理中，参与主体间的利益关系失衡是制约校企合作治理深入开展的一个瓶颈。校企合作必然是基于各方能够获得一定的利益回报才得以产生和发展，从目前职业教育校企合作总体情况来看，校企合作属于以职业院校主导，以情感联络为主的零散性合作，未能将企业利益放在重要位置考虑。《国家中长期教育改革和发展规划纲要（2010—2020年）》明确将调动企业参与职业教育的积极性作为职业教育发展的重要任务。通常来讲，企业参与校企合作治理的经济动力来源于两个方面，一个是经济成本，另一个是经济收益。经济成本是企业在参与校企合作治理中直接或间接所投入的经济费用，可分为直接成本和间接成本两部分，主要包括交易成本、报酬津贴成本、管理成本和生产风险成本等。经济收益是指企业在参与校企合作治理中所获得的直接或间接经济收入。经济动力直接受到成本和收益的影响，企业投入的经济成本越小，企业参与的经济动力越大；企业得到的经济收益越大，企业参与的经济动力就越大。企业的任何选择都是在权衡支出成本和获得收益的基础上做出的。

对于企业来讲，无论何时何地，都不会忘记对于经济效益的追求。企业作为一个营利性的经济组织，它追求的是经济利益最大化。在校企合作治理过程中，从企业方面来说，企业属于经济实体，以经济效益作为绩效标准，尤其是中小型企业，更看重眼前的利益，即使和职业院校建立校企合作关系，往往也是追求速成、短期内能够获得利益的合作方式。由于企业过分注重短期内的利益回报，就会把校企合作这种需要长期投入才能获得利益的投入看成企业多余的负担，当履行教育责任要以牺牲经济效益为代价时，尤其是付出的成本远远超过经济效益时，企业就会犹豫不决，难以全身心投入校企合作治理。同时，校企合作经济效益具有隐蔽性、滞后性和长期性，短期内难以全部显现。这对于追求效益最大化的企业来说，是难以接受的。多数企业认为参与校企合作治理产生的高成本和获得的利润是矛盾的，在没有获取显性利益的情况下不愿意付出。

"由于校企合作是一种公共产品，校企合作不可能成为企业的自觉行为，需要国家对其利益进行补偿。"[1] 然而，中央和地方政府的财政投入有限，财政扶持不到位，缺乏校企合作中的具体激励举措，对税收优惠政策的宣传力度还不够，或者税收优惠政策落实不到位，在税收优惠的适用范围、实施条件、优惠幅度、操作程序等方面尚存在诸多不足和空白。例如，2006年《财政部、国家税务总局关于企业支付学生实习报酬有关所得税政策问题的通知》中规定："凡与中等职业学校和高等院校签订3年以上期限合作协议的企业，支付给学生实习期间的报酬，准予在计算缴纳

---

[1] 曹晔. 我国职业教育校企合作三大体制机制缺陷及破解策略[J]. 中国职业技术教育，2016（18）.

企业所得税税前扣除。"2006 年《关于进一步加强高技能人才工作的意见》（中办发〔2006〕15 号）规定："企业应按职工工资总额的 1.5% ~ 2.5% 提取职工教育经费。"2014 年国务院《关于加快发展现代职业教育的决定》指出："要依法履行职工教育培训和足额提取教育培训经费的责任，一般企业按照职工工资总额 1.5% 足额提取教育培训经费，从业人员技能要求高、实训耗材多、培训任务重，经济效益较好的企业可按 2.5% 提取，其中，用于一线职工教育培训的比例不低于 60% 。"尽管政府已经出台相关激励政策，但是，企业实际获得的优惠相对于企业付出的成本来讲，少得可怜，甚至几乎可以忽略不计。同时，企业所享受的税收优惠仅限于学生的实习报酬，企业参与合作所发生的其他投入还有许多尚未被纳入优惠范围，如企业在学生实习期间所产生的实习耗材费、企业指导教师的误工费、企业参与院校实习基地建设的设备投入等，这些成本并没有被考虑进来。

3.4.4 评估监控缺位

评估和监控是指依据一定的标准，对职业教育校企合作过程中有关政策制定、相关行为的认定、合作过程和结果的评估及监督过程，包括对参与企业资格的认定、校企合作资金的使用监管、校企合作效果的评价反馈等方面。对于校企合作过程和绩效的全面评估和监控，是保证校企合作治理可持续发展的必要步骤。当前我国对职业教育校企合作的评估和监控并不全面，职业院校和企业往往各自从主观上分析校企合作对自身的价值，缺少权威性的、标准化的评估和监控机制，对于校企合作运行情况和结果如何，缺少明确的相应标准与指标，没有涉及对校企合作的投入、过程、效果进行评估和监控，很难保证校企合作绩效。从长远来看，随着我国校企合作治理模式的不断完善，对校企合作进行全面评估和监控，将是保证校企合作质量必不可少的步骤。

首先来看评估。以评促建，以评促改，是推进校企合作整体质量不断改进的有效方法。通过评价来不断修改，通过一轮又一轮的校企合作评估来推进校企合作整体水平的上升。但是，当前评估体系未完善，多元主体参与治理的过程缺乏评估，没有第三方的有效评估，无法形成统一规范的评估标准，无法界定多元主体在治理中是否规范，治理模式是否有效，治理是否存在风险以及是否能够推动促进校企合作持续发展。校企合作评估指标的设置是评估的关键和核心，科学的评估指标能够呈现各治理主体的贡献度。当前评估指标不完善、不系统，评估指标主观性太强，缺乏科学性和有效性，对校企合作缺少权威性的、标准化的评估机制。同时，评估结果反馈不及时。结果反馈是评估方以评估结果为内容，以提出意见为形式向被评估方进行汇报，其目的就是保证治理的持续改进，因此评估结果反馈是重要环节。但是，当前对于校企合作的表现和效果缺少反馈渠道，校企合作各方无法得知校企合作运行真实效果。同样，在校企合作治理过程中，对于治理过程和治理行为的监督极为重要。监督和检查是在校企合作治理进行中，为保证校企合作治理顺利、有效进行的必要措施。校企合作监督机制不健全，主要表现在政府监督力量不足，缺乏宏观监督管理，也没有明确监督职责。社会监督缺失，尤其是由学生、家长以及其他社会团体组成的社会监督没有形成。监督主体单一，社会化监督机制不健全，很少深层次介入校企合作过程去了解治理主体的需求，使监督的客观性、科学性受到影响。

3.4.5 政策法规滞后

职业教育校企合作治理是一个关系到政府、教育部门和产业部门的复杂工程，涉及各方面的法律关系，需要健全的政策法规体系来保障。完善的校企合作政策法规体系，可以有效调动企业、行业参与治理的积极性，有利于我国校企合作形成权责明确、合作共赢、持续发展的治理格局，推进职业教育校企合作治理走向现代化之路。以政府为首的多元治理主体需要综合运用法律、法规、制度、政策等多种治理手段，以达到校企合作治理的科学性、制度性和稳定性。也就是说，只有从政策法规上对校企合作治理的各项事宜加以规定，校企合作治理工作的开展才能有法可依、有据可行。

改革开放"30 年来，我国制定和颁布的职业教育改革与发展的法律、法规及政策性文件达 400 多个"①，已基本形成以国家法律法规为主体，以地方法规为补充的职业教育校企合作治理法制格局。目前我国职业教育校企合作治理的相关法律、政策主要分为国家和地方政府两个层级。其中国家层次的相关法律主要包括：正式法律、中长期教育改革和发展规划纲要、国务院决定等，这些法律和政策主要是对职业教育校企合作治理的宏观指导。我国涉及职业教育校企合作治理的法律法规共有五部，分别是《中华人民共和国劳动法》（1995 年 1 月 1 日起施行）、《中华人民共和国教育法》（1995 年 9 月 1 日起施行）、《中华人民共和国职业教育法》（1996 年 9 月 1 日起施行）、《中华人民共和国高等教育法》（1999 年 1 月 1 日起施行）和《中华人民共和国就业促进法》（2008 年 1 月 1 日起施行）。《中华人民共和国劳动法》第八章中，提出了鼓励和支持企业开展各种形式职业培训的要求，要求企业应按照国家规定建立职业培训制度、提供职业培训经费。条款中虽没有明确指出企业要与学校合作开展职业培训，但为后续相关法律提出校企合作要求打下了基础。《中华人民共和国教育法》第六章中明确指出，鼓励企事业组织、社会团体及其他社会组织同职业院校开展多种形式的合作，支持学校建设，参与学校管理，为企业职工培训、学校学生实习实践提供支持和便利。该法进一步明确了校企合作的要求，大致提出了合作的内容和范围，对校企合作双方应承担的权利义务有所表述。《中华人民共和国职业教育法》第一章、第三章和第四章中均有校企合作的相关规定。如行业组织和企事业组织有实施职业教育的义务；政府、行业、企业都可以开办职业学校或职业培训机构；职业学校、培训机构应当实行产教结合，服务地方经济建设；企业与学校应密切联系，企业可以委托学校培训职工，学校可以举办与职业教育相关的企业

---

① 黄尧. 关于我国职业教育法制建设基本情况和若干建议［J］. 中国职业技术教育，2010（4）.

或实习场所；企业应当承担职工进行职业教育的费用，不予实施将受到处罚；企业应当接纳学生和教师实习，对上岗实习生给予劳动报酬。《中华人民共和国高等教育法》第一章规定，国家鼓励高等学校与企事业组织开展协作，实行优势互补，提高教育资源使用效益。明确高等学校中包含了高等职业学校和成人高等学校。《中华人民共和国就业促进法》第五章提出企业应加强职业教育和培训，加强校企紧密合作，实行产教结合等要求。[①] 地方层面的主要是地方政府关于职业教育校企合作治理的法规，包括根据国家法律政策而制定的地方职业教育校企合作条例、指导意见或规划纲要等。例如，2009 年 3 月 1 日，全国首部针对职业教育校企合作的地方性法规《宁波市职业教育校企合作促进条例》开始实施。2010 年 2 月，《山东省职业教育校企合作促进条例》也紧接着推出。

  尽管社会普遍认为制度化、法制化是推进职业教育校企合作治理的重要保障，我国也已经初步建立了相关的法律制度，有关法律和文件都明确指出贯彻落实产教结合的理念，有效借助企业的力量，大力开展校企合作。但是，我国还没有建立真正意义上有效的校企合作政策法规机制，相关法规和政策依旧未能落到实处，只是从宏观层面号召，在促进、推动校企合作治理发展上，开展的力度不到位。职业教育校企合作法律体系仍然是薄弱环节，目前职业教育校企合作治理的政策法规环境，还难以给职业教育校企合作治理提供足够的保障和支持。由于缺乏完善的职业教育校企合作治理政策法规建设，很多校企合作项目难以得到有效保障，使得合作过程协调不畅、合作关系不稳定，主体参与校企合作的利益得不到法律的保护，导致合作办学的内在动力缺乏，严重降低了校企合作的效率。

  例如，20 世纪 90 年代出台的《中华人民共和国职业教育法》是职业

---

① 张欣欣，赵立民，欧阳河. 我国职业教育校企合作长效机制创新路径 [J]. 职业技术教育，2015（34）.

教育领域的第一部专门法，从宏观上对校企双方的义务做了概括性的规定。但是，这部法律仅仅强调了校企合作对职业教育改革、发展的意义，而且多为纲要性、导向性条款，没有出台与之配套的校企合作专门性法规，没有对多主体参与职业教育校企合作治理做出完整性、指导性的规定，对校企合作专业结构调整、教学计划制订、实施方法、评价标准等都没有做出明确规定。关于企业参与校企合作的内容只有两条，第三十五条"国家鼓励企业对职业教育捐资助学"，第三十七条"企业应当接纳职业学校和职业培训机构的学生和教师实习"，只强调企业的义务，对企业应有的利益和权利都没有规定。同时，对不履行校企合作义务的学校和企业应承担怎样的法律后果没有规定，没有明确的处罚措施，没有明确具体由哪个部门来处罚、如何处罚等，无法发挥法律的强制作用。另外，法律兼容性不足，现行的《中华人民共和国劳动法》《中华人民共和国合同法》《中华人民共和国就业促进法》《中华人民共和国税收征收管理法》等相关法律尚未与《中华人民共和国职业教育法》等教育法律法规相衔接，法律条文之间的衔接度不够。

另外，我国地方性校企合作政策法规建设还处于探索阶段。地方法规制定主体多以教育部门为主，财政、人社、税务等部门参与较少，或者仅仅由教育部门参与实施，财政、人社、税务等部门的配套政策缺失。例如，只站在教育行政部门角度思考技术技能型人才培养不足问题，忽视从产业部门思考，导致许多实质性工作难以有效推动。指导性政策很多，强制性政策不足。内容缺乏操作性，规定过于空泛。例如，关于行业企业参与职业教育的职责和权利缺失或含糊其词，难以落实，也没有明确的财政支持和税收优惠等措施，空泛的文件难以激发各方参与的积极性。

4 国外职业教育校企合作治理模式的经验与启示

德国、美国和澳大利亚是当今发达国家，也是世界公认的职业教育强国，尤其在职业教育校企合作及其治理方面，德国、美国和澳大利亚均取得了丰富的经验，值得我国借鉴。本章将依据治理理念，从组织架构、行业参与、利益驱动、评估监控和政策法规等五个环节入手，对德国、美国和澳大利亚职业教育校企合作治理模式进行深入分析。

4.1 德国职业教育校企合作治理模式

德国的职业教育是世界公认的校企合作治理模式典范，德国政府认为，"德国经济强势的根本原因，在于有一个统一的和卓越的职业教育和职业继续教育"[①]。

4.1.1 组织架构

德国是联邦制国家，职业教育校企合作的组织框架也通常以联邦政府、州、地方等层次划分。德国职业教育校企合作的组织架构层级分明，联邦—州—地方垂直三级和企业—学校平行两方的框架内职业学校和企业各司其职，形成路线清晰、责任明确的运行规则，保证了职业教育校企合作治理的秩序性。

联邦一级政府机构为联邦教育与研究部（BMBF）、联邦经济与技术部（BMWi）和联邦劳动与社会部（BMAS），以及联邦职业教育研究所。

---

① 姜大源. 德国"双元制"职业教育再解读[J]. 中国职业技术教育，2013（33）.

其中，联邦教育与研究部为最高主管部门，经济与技术部、劳动与社会部为相应责任部门，联邦职教研究所为政策执行、标准制定和决策研究机构。联邦教育与研究部是双元体系在联邦层面的主要责任部门，是政府处理职业教育校企合作问题的最高主管机构，发挥着职业教育校企合作总体协调和政策主导的作用，任何关于职业教育校企合作的决策发布都须先经过它的许可。联邦职业教育研究所作为一个联邦政府直属的具有法人资格的机构，1970年起负责联邦职业教育的管理并开展独立的研究工作，其接受联邦教育与研究部的监督，除具有宏观决策咨询的职能之外，还增加了关于职业教育的发展规划制定、职业教育经费投入调查的任务，其职责主要是确立德国职业教育未来的发展方向，促进职业教育校企合作相关领域的创新，发展完善以实践为导向的职业培训体系。"联邦职教所作为专业机构和共同决策平台，其决策委员会是法定的联邦政府职业教育决策咨询机构。职教法第92条明确规定，联邦职教所设置决策委员会，作为该所权力机关，并对委员会的构成、成员产生办法，以及委员会任务做出明确规定。联邦职教所决策委员会是联邦政府在职业教育方面的咨询机构，联邦职教法及手工业条例中涉及职业教育相关法规和标准出台，都强调要听取该委员会意见后，方可按照相关程序出台。根据职教法，决策委员会由29名代表组成。其中，联邦政府教育、经济、劳动、内政（信息技术署）等部门共5名代表，各州政府（职教工作主管部门）、雇主组织、工会组织等方面各由8名代表组成。各州代表成员由联邦参议院推荐，工会组织代表由联邦层面的工会组织建议，雇主组织代表由联邦层面的行会组织、雇主组织和企业组织推荐，5名联邦代表由联邦政府根据部门职责推荐，所有成员由联邦教研部任命，任期一般4年。委员会主要任务：① 除已经委托联邦职教所所长以外，对联邦职教所的相关事务做出决议；② 为联邦政府在职业教育原则性问题上提供咨询，并对职业教育报告草案提出意见；③ 对联邦职教所年度研究项目计划做出决定；④ 可以对全德范围内统一运用职业教育法律法规提出建议；⑤ 对联邦职教所提出的各教育职业的职业教育条例草案,在统筹考虑到相对应的学校框架教学计划的基础上提出意见;⑥ 对联邦职教所拟发布的教育职业目录以及联邦职教所在职业远程教育方面承担工作做出决定。决策委员会以表决形式做出决策。表决时,29 名成员共有 32 票表决权,四方面代表各拥有等额即 8 票表决权,联邦 5 名成员表决时须一致表决,共 8 票表决权。委员会对联邦政府涉及职业教育原则问题进行咨询,听取对职业教育报告草案的意见,以及在听取对职教法律法规的质询时,没有表决权。决策委员会举行会议时,联邦劳动署、在联邦层面设立的社区组织总会以及联邦职教所科学咨询委员会各派 1 名专员参会,并拥有咨询权。联邦政府在职业教育方面所有原则性问题须通过决策委员会协商一致,方可决策,被称为德国职业教育的'联邦议会'。"① 如图 4.1 所示。

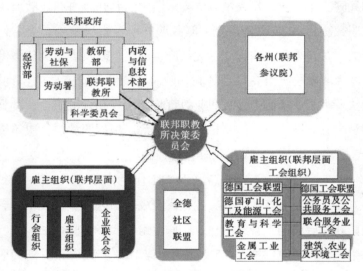

图 4.1 联邦职业教育研究所决策委员会外部关系结构

资料来源:刘立新. 德国职业教育产教融合的经验及对我国的启示 [J]. 中国职业技术教育,2015(30).

---

① 刘立新. 德国职业教育产教融合的经验及对我国的启示 [J]. 中国职业技术教育,2015(30).

德国联邦劳动与社会部下设州劳动局、基层劳动局和劳动分局，参与职业教育与培训咨询、职业培训岗位的设置与维持、职业教育与培训促进等。德国联邦劳工服务所是德国劳动市场最大的服务提供者，为群众和公司机构等提供劳工和教育培训市场的全套服务业务。在全国拥有覆盖全面的服务网络，包括10个地方主管机构、156家地方劳工服务所及约600家分部、304个工作中心等。劳工服务所利用自己在受教育者的选拔测评、录用、就业等问题上的信息资源优势向企业提供咨询和中介服务。①

州一级组织。德国各州职业教育校企合作主要由州一级的教育部门来负责。在各州，每个行业都成立职业教育委员会，各行业发生任何与职业教育校企合作相关的重大事件必须报告各职业教育委员会，并听取其意见。州委员会是州政府的核心咨询部门，它充分发挥自己的协商功能，实现企业和职业学校教育间的最大共识。每个委员会的成员包括雇主代表、雇员代表及各州职业学校教师各6名。各州文化部制定学校使用的职业教育框架及教学计划，负责对学校教学的监督。各州教育和文化事务部长常务会议，由州部长和参议员组成，各州的职业培训委员会由雇主代表、雇员代表和州政府相关工作人员组成，负责向州政府提建议，促进校企合作的整体发展。"各州政府设立州职业教育委员会，由州级行业协会、雇主协会及企业主协会共同聘任雇主代表，州级工会和以社会福利及职业政策为宗旨的雇员独立协会聘任的雇员代表以及州级最高部门的代表，以相等人数组成。州级最高部门的代表中一半须为学校教育问题专家……各州委员会要致力于学校职业教育与企业职业教育的合作，并努力在学校教育事业的创新和发展中顾及职业教育。"②

地方一级组织。德国企业和学校分别为校企合作治理两个主体，其中企业担负主要培训责任，按照全国统一的《职业教育条例》中的企业职业

---

① 江奇. 德国职业教育校企合作机制研究［D］. 西安：陕西师范大学，2014.
② 姜大源. 德国"双元制"职业教育再解读［J］. 中国职业技术教育，2013（33）.

教育框架教学计划实施实践教学。在校企合作的企业中，根据企业法经过选举成立的雇员代表委员会（企业职工委员会）对职业教育校企合作的计划和实施有决策权。学校根据职业教育框架及教学计划实施理论教学，校内设置专职机构，"德国各州职业教育类学校内部基本都设置有校务委员会或管理委员会等机构，且多有来自企业的代表做委员会成员，参与决策，对校企合作具有话语权。下萨克森州校务委员会还下设顾问组，为学校和企业合作提供咨询。柏林还在校务委员会下设专业委员会，协调校企合作和意见分歧"①。德国职业教育校企合作治理的联邦—州—地方三级组织架构和企业—学校平行两方的框架，大致如图4.2所示。

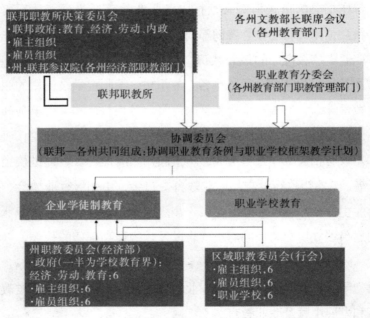

图 4.2　德国职业教育校企合作治理的组织架构图

资料来源：刘立新. 德国职业教育产教融合的经验及对我国的启示［J］. 中国职业技术教育，2015（30）.

---

①　江奇. 德国职业教育校企合作机制研究［D］. 西安：陕西师范大学，2014.

4.1.2 行业参与

德国的职业教育最早源于中世纪早期的行会制度，德国最古老的行业组织是 1106 年沃姆斯的贩鱼者行会。德国所有企业必须在本区域内的行业组织登记，参加手工业行业协会、工商行业协会等相应的行业组织。"目前，德国有 53 个手工业行会、80 个工商业行会以及农业行会、自由职业行会等逾 300 家行业协会。工商业行会成员即行会所在地的工商业企业，手工业行会成员包括独立手工业者、手工业企业主、双元制毕业的雇员、某些稀有手工业者等。"① 德国行业组织是某一区域从事同一类职业或经营活动的个人或群体作为成员组成的法律性质的行业自治团体。其主要特点是独立设置、依法运作、自我管理。"德国主要的行业协会有工商业行业协会（IHK）、手工业行业协会（HWK）、农业行业协会（LWK）、律师行业协会（RAK）、税务顾问行业协会（STBK）、医师行业协会（AK）等。每个行业协会设有众多的地区级机构，负责管理自己领域内的'双元制'职业教育。其中工商协会约占职业培训的 58%，包括工业类：办公室职业、电工、机械、机电一体化；服务类：银行、烹调、信息、保险；贸易类：批发与对外贸易的营销、售货员等。手工协会约占 30%，包括面包师、建筑职业、汽车维修、肉加工、木工等。其它职能部门占 12%，包括公共服务、农业经济、医疗职业、法律与税务咨询等。"② 全体会议是行业组织的核心机构，成员三分之二是雇主代表，三分之一是雇员代表。全体会议成员由所有行业组织成员共同选出，每个成员都有选举权，全体会议每年举行至少两次。全体会议下的常设机构通常有两种，一种是主席团，它是重要决策、监督机关。主席团下可再设立董事会，作为处理日常事务的行政机构。董事会主席既是行业组织的法定代表也是行政一把手。全体会议可以根据需要设立委员会，委员会分为固定委员会和临

---

① 江奇. 德国职业教育校企合作机制研究［D］. 西安：陕西师范大学，2014.
② 代建军. 德国行业协会在职业教育和培训中的角色［J］. 南方职业教育学刊，2013 (2).

时委员会，委员会中有专门负责职业教育的委员会，分别由 6 名雇主代表、6 名雇员代表和 6 名学校教师代表组成。

行业组织在德国双元制中扮演举足轻重的角色。行业组织在德国具有公法法人地位，这一地位使得行业组织能履行法律授权。德国政府认识到行业组织作为一种社会力量的重要性，重视行业组织的影响力，认为校企合作治理需要行业组织的参与和协作，推动职业教育校企合作治理是行业组织的核心任务之一。行业组织的职业教育顾问、考试委员会等人员或部门都直接参与校企合作治理。德国行业组织是全体企业的代表，负责协调企业和职业学校在校企合作过程中的矛盾，协调企业与学生之间的关系。行业组织设有职业教育委员会，开展对承担培训工作的企业进行教育资格和质量评估、认证工作，实行动态管理，参与校企合作规章的制定颁布，参与职业教育与培训的管理和决策，与教育主管部门沟通职教信息等，发挥联系政府、职业学校或培训机构和企业的作用。行业组织依法组织实训教师培训，根据联邦职教所制定的教学大纲进行授课教学，负责考核实训教师。参与校企合作纠纷的调解仲裁，协调学校与企业的矛盾，参与校企合作合同的审查管理。行业组织通过会员企业及时了解企业对劳动力技能的需求，并把它贯彻到职业培训内容、职业培训方法以及设施的不断更新上。行业协会制定相关职业所需要的技能框架，并且配备了一整套统一的教材和参考资料，接受学生进行培训的企业必须严格按照条例所规定的内容进行培训。"德国职业资格证书的考试由行业协会组织安排，并颁发证书。考试实行监考分离，确保了职业资格考试的公平性和客观性。"[1]

德国行业组织对职业教育校企合作实施评估监督。行业组织聘请全职教育顾问，教育顾问的核心任务是为职业教育所有参与者和部门提供咨询与支持，教育顾问与企业教师具有同样的能力，教育顾问还具有处理双元

---

[1] 代建军. 德国行业协会在职业教育和培训中的角色 [J]. 南方职业教育学刊，2013 (2).

教育各项事务的能力。行业组织对行业专家有监管和协助的任务，行业组织聘用的行业专家都被收录进专家目录。"行业协会负责进行国家承认的职业培训结业考试。在培训期间，行业协会组织一次中期考试，一次毕业考试。为此，行业协会组建考试委员会，公布考试规则，审批考试资格，组织阅卷，处理考试中遗留问题，颁发证书。例如，仅慕尼黑和巴伐利亚地区工商行会就组织了约 950 个考试委员会，每个考试委员会均要有对等数额的雇主协会和雇员协会的代表，另有 1 名职业学校的教师参加。为使考试水平保持一致，各行业协会特别是机电、建筑等主要行业协会通常会联合起来举行全国或某一地区的统一考试，考试的内容 70% 由地方行会决定，30% 由行业总会决定。结业考试一方面评定学徒的学习成绩，另一方面确定学徒今后是否胜任他们所选择的职业或工作。"①

4.1.3 利益驱动

从手工业时代的学徒制到工业化时代的双元制职业教育模式，企业作为校企合作实施主体一直都参与到职业教育校企合作的实践发展中。"在德国，企业参与职业教育是一项权利，并且只有经过主管部门认定的企业才有资格实施职业教育。遴选依据主要是企业的种类和设施，是否适合进行职业教育并且有能力传授职业技能与知识。有资质并且被许可实施职业教育的企业，被冠以'教育企业'称号。据统计，截至 2012 年大约有 447700 个企业获得'教育企业'名号，约占企业总数（约 201 万家企业）的五分之一。这些企业主要分布在工业、商业、手工业、服务业以及农业等领域，不同规模的企业参与职业教育的比例有所差异，大型企业的参与率普遍高于小企业。"②

作为经济单位，逐利是企业的本性，是企业自身的生存与发展需要，

---

① 邓志军，李艳兰. 论德国行业协会参与职业教育的途径和特点 [J]. 中国职业技术教育，2010（19）.

② 李忠. 德国企业作为职业教育主体的法律保障及其启示——基于德国《联邦职业教育法》的文本分析 [J]. 职教论坛，2017（4）.

当成本支出无法得到等同或者超值回报时，企业就会顾虑重重。为了吸引更多的企业参与到职业教育与培训中，并保持双元制职业教育对年轻人和公司的吸引力，"从2008年6月开始，联邦政府启动了联邦培训补贴金（training bonus）政策，对凡是增加或扩充学习位置的企业，提供相应的培训补贴。在与学徒签订培训合同后，雇主可立即获得30%的培训补贴金，另外，70%的津贴在学徒期间发放。津贴数额由学徒身份第一年时雇主每月所提供的学徒工资（monthly training allowance）来决定，雇主给学徒的工资越高，其获得的补贴额度也就越大，最高可达到6000欧元。截至2010年12月30日，培训补贴金的发放涉及47699个岗位，德国政府为该项鼓励政策共提供了4500万欧元的经费。……在巴伐利亚州，该州银行为中小型企业和自由职业企业提供培训贷款，每个企业最多50000欧元，同时，对每个培训生一次性给予2500—5000欧元的补助。黑森州政府规定，企业招收一名来自其他破产企业的培训生，可以获得相当于培训生6个月工资的补贴，最多不超过10000欧元。如果学生是中学毕业之后接受双元制培训，那么，企业在培训第一年获得的补贴为培训工资的50%，第二年为培训工资的25%；如果企业是刚创立的话，每年还会再加10%。……汉堡的手工业商会出台政策，手工业企业接受被就业市场歧视的、就业能力不足的青少年可以获得每月150欧元的补贴，学生培训毕业后，企业还能拿到750欧元的奖金。联邦交通部（KBA）规定，对于招收双元制培训生和成人培训的企业和培训机构，可以获得全部培训费用50%～70%不等的补贴。……为了激发企业的积极性，德国政府采用补贴的方式给予企业直接的经济支持，在联邦和州政府、行业行政部门和行业协会等各个层面均制定有对企业的补贴政策，内容具体、操作性强、效果显著。其主要特点可以归结为：（1）对企业的资金鼓励多是以直接补贴的方式，操作性更强，企业看到的经济利益更直观。（2）各项政策的设计以保障企业和学徒双方利益为前提，雇主给予学徒的工资越高，其本身获得的补贴也就越高，而且是立即兑现的，这就避免了企业提高学徒工资的顾虑，保障了学徒的收入"①。如表 4.1 所示。

表 4.1　德国联邦交通部对参与校企合作企业的补贴

培训类型	企业类型	补贴额度
双元制培训	内河航运企业	50%，每人次最多 25564 欧元
	陆地货物运输企业	中小型企业 50%，大型企业 43%
成人培训	所有运输类企业	中小型企业 70%，最多每人每月 420 欧元 大型企业 60%，最多每人每月 360 欧元

数据来源：王启龙，石伟平. 政府促进职业教育校企合作：德国的经验与启示 [J]. 职教通讯，2014（34）.

为进一步打消企业参与职业教育校企合作的经济顾虑，德国政府通过基金形式向企业征收一定的费用投入职业教育事业。"如为了平衡培训企业与非培训企业对职业教育的投入，鼓励企业投身职业教育，德国政府设立中央基金。所谓中央基金，指德国所有企业，在一定时期内要向国家缴纳一定数量的培训经费，通常按企业员工工资总额的 0.6% ~ 9.2% 来提取，具体比例根据当年经济发展状况确定。中央基金统一分配和发放，只有培训企业和跨企业培训中心才有资格获得，包括中央基金在内的其他各种培训补助，都将根据企业类别、培训职业、培训年限和区域经济状况进行分配。一般情况下，企业可以获得占其净培训费用 50% ~ 80% 的培训补助，如果所培训的职业符合社会发展趋势，企业可以获得 100% 的培训补助。"② 同时，德国联邦政府会从税款中扣除企业用于培训的部分费用，这种优惠税款包含专门扣除款、及时扣除款、固定扣除款、补偿款和社会福利优惠款等。同时，确立有利于增加和扩充学习位置的经费补贴标准。"德国联邦劳动局自 2008 年夏季开始，为使那些历年未能找到学习位置的

---

① 王启龙，石伟平. 政府促进职业教育校企合作：德国的经验与启示 [J]. 职教通讯，2014（34）.

② 罗丹. 德国企业参与职业教育的动力机制研究——基于"双元制"职业教育模式的分析 [J]. 职业技术教育，2012（34）.

青年更多地接受职业教育，也为了进一步鼓励行业企业参加和参与职业教育，决定通过经费补贴的办法，对凡是增加或扩充学习位置的企业，由联邦政府提供相应的职业教育促进补贴资金。这一鼓励政策的具体内容是：企业每增加一个职业教育的学徒位置，将由政府给予 4000 至 6000 欧元的资助。为此，德国政府将为该项鼓励政策提供 4.5 亿欧元。"[①]

4.1.4 评估监控

德国职业教育校企合作治理中引入评估监控的目标是更好地评价监控校企合作工作成效，发现校企合作的优势与不足，旨在保证产教融合理念在职业教育中得以贯彻落实。德国联邦政府、州职教委员会、行业协会、地方职业教育培训委员会和考试委员会等机构都负责对职业教育校企合作过程进行评估和监控。如表 4.2 所示。

表 4.2 德国职业教育校企合作治理中监控主体和职责

主体	构成	职责
德国联邦政府	教育研究部、联邦经济部与劳动部	宏观管理、财政监督
州职教委员会	州文教、雇主及州政府代表	资质监督与授权
行业协会	会员企业或领域专家构成	立法咨询、制定标准、督导评估、组织评价、发证
地方职业教育培训委员会	企业工会代表、职业学校教师	监督培训
考试委员会	雇主、企业工会代表、职业学校教师	考试组织、评价、代收考试费用等

资料来源：殷红．德国高等职业教育发展研究及对我国高职校企合作的启示［D］．天津：天津大学，2012．

同时，德国 16 个联邦州分别建立了第三方评估中介机构，这些机构均独立于政府，在教育质量标准的制定、评价方式的选择以及评价结果的

[①] 姜大源．德国职业教育的最新改革与发展动态［J］．中国职业技术教育，2010（5）．

公布等方面具有很大的自主权,不受政府的直接干预和控制。评估采用观察法、文本分析法、问卷调查法、访谈法、现场巡查等多种方法增强评价的客观性,是过程与结果相结合,最终形成"评价—反馈—改善—再评价"这样一个螺旋上升的过程,达到评价效应的最大化。评价正式实施前,"利用 8 周的时间由学校督导组织召开评价团队以及学校领导、教师及非教学人员、学生代表、学生家长代表、培训企业代表等参加的筹备会议,学校督导介绍接受评价的职业学校的信息以及评价团队及其评价的理念、工具、标准和流程,确定外部质量评价的具体时间节点。同时,对教师和学生进行网上调查,对家长和培训企业等发放纸质调查问卷,利用 5 周的时间收集学校基础数据、学生成绩数据、学校的组织情况(与企业等的合作计划)以及教育目标及学校使命的阐释等信息,并由学校督导将相关信息交给评价团队,对调查数据及学校数据进行分析,准备访谈。利用 2 周的时间由评价团队、控制小组及学校领导共同设计评价的组织计划,包括确定评价的流程、确定听课的学时及课程等。……评价团队利用 1 周的时间形成初步的评价报告,包括评价的要求、理论依据、佐证材料、评价标准(优势/劣势)、行动建议等。利用 3 周的时间由学校领导、教师及非教学人员、学生代表、学生家长代表、培训企业代表等通过与评价团队的反复磋商提出报告修改建议,评价团队对报告进行修改后形成最终评价报告"①。

德国行业组织在评估监控中扮演了重要的角色,行业组织负责考试事务,包括中期考核、毕业考试的准备和组织。行业组织设立考试委员会负责考试验收,多个行业组织可以共同设立一个考试委员会。考试委员会成员必须具备与考试相关的专业知识和能力。"……委员会成员应该是该项考试所涉及领域的专家,并应具有行使主考官员所必需的能力。考试委员

---

① 王玄培,王梅,王英利. 德国职业教育外部质量评价及其对我国职教评价体系的启示[J]. 教育与职业,2013(32).

会的成员中，雇主方面和受雇人方面应有相同数目的代表，并至少有一名职业学校的教师，成员总数中，至少应有2/3为雇主和受雇人代表，每个成员应有一名候补委员。考试委员会成员由主管机关委任，任期为5年，受雇人方面的成员由受雇人所属工会和主管机关辖区内关心职教政策和社会组成的独立社团推荐，而后委任之。考试委员会负责评价每位受试人的结业考试成绩，每个人的总体成绩通过或没有通过结业考试由考试委员会决定。"①

"职业资格考试由国家考试委员会在联邦范围内统一命题，并由各个地区的行业协会组织的考试委员会实施并监督，目前分为中期考试和结业考试两个环节，中期考试一般安排在培训第二年结束前，结业考试则安排在培训结束时。考试内容围绕特定培训职业的工作任务展开，既有专业笔试，也有给定具体工作任务的实践环节和围绕相应任务的专业谈话。考试对于学徒的要求很高，他们无法提前知道考试的具体内容，考试时间动辄超过10个小时，学徒需要完成工作任务分析、工作计划组织、具体工作实施、检查及工作过程记录等多个环节。"② 德国注重评价和认证工作的质量，坚持标准的统一性与学校发展的多样性及地区性评价的有机结合，注意内部评价与外部评价相结合，重视学生和企业对评价活动的参与。德国行业组织对职业教育校企合作的评估指标如表4.3所示。

表4.3 德国行业组织对职业教育校企合作的评估指标

输入环节	物质条件	技术设备处于最新水平
		培训学员拥有相关的培训材料
		培训学员拥有自己的工作地点

---

① 蔡跃，王继平．从《联邦职业教育法》看德国行会在职业教育中的作用［J］．教育理论与实践，2011（2）．

② 李俊，王继平．德国企业内职业培训的多维度探析——基于成本—收益、社会合作及质量保障的视角［J］．德国研究，2014（2）．

续表

输入环节	组织条件	培训师傅有空闲的时间来指导学徒
		培训师傅接受了专业教学方面的进修
	人员条件	培训师傅精通专业
		培训师傅懂得如何教学
		培训师傅很愿意向学徒传授本领
	指导方针	培训学徒有一个固定的师傅带教
		培训方案定期根据实际情况加以调整
		培训学徒得到真实的工作任务
		培训学徒自主工作并对自己负责
过程环节	调控	师傅每周都检查（学徒完成并提交的）培训报告并与其就此进行谈话
		学习进展得到控制和反思
		学徒的学习成果得到评价并被讨论
	教学法	定期调整学习目标
		在行为整体关系中进行传授
		结构清晰的任务、清晰的工作指示
		对培训者的问题迅速做出反应
		对困难个体的支持
过程环节	培训师徒关系	培训学员就培训给出反馈
		培训学员承担责任
		培训学员将自己的创意带入培训中
	与培训学校的合作	开展实施共同项目
		相互协调教学与培训目标
		就培训学员的表现进行互相交流

资料来源：李俊，王继平. 德国企业内职业培训的多维度探析——基于成本—收益、社会合作及质量保障的视角［J］. 德国研究，2014（2）.

监控的另一个形式就是合同，职业教育合同是德国双元体系制度安排的核心要素。签署一份职业教育合同意味着建立起职业教育关系，合同包含职业教育的形式、内容和时间安排及职业教育针对的职业活动,职业教育补助的支付与金额。企业和受教育者都必须在教育合同框架内履行自己的义务,企业需向受教育者传授教育条例中的职业教育内容,确保受教育者获得所需要的职业能力。2008 年全德国新签订的双元制职业教育培训合同为 625914 份。在这些合同中,其主管单位为各职业领域的行会,各行会所负责的双元制职业教育合同份额如表 4.4 所示。"培训雇主必须与受培训人订立培训合同。合同的标准文本由各相关行会负责制定。培训合同至少要包含培训的性质、课程内容、培训的不同阶段和目的,特别是培训的活动方式、培训的开始日期和培训期限、在培训场所之外提供的培训课程、每天正常培训的课时数、实习期课时数、报酬金额及其支付方式、假期期限、解除培训合同的条件。"①

表 4.4　2008 年德国各行会所负责的双元制职业教育合同份额

工商业行会（IHK）	手工业行会（HWK）	农业行会（LWK）	律师行会（RAK）、税务顾问行会（STBK）、医师行会（ÄK）	其他行会
367484 份	179698 份	15902 份	44556 份	18274 份
58.7%	28.7%	2.6%	7.1%	2.9%

资料来源:蔡跃,王继平. 从《联邦职业教育法》看德国行会在职业教育中的作用[J]. 教育理论与实践,2011 (2).

企业资格认证也是评估监控的方式之一。行业协会参与职业教育与培训机构的资格认证,企业参与教育,必须具备一定的资格,须由行业协会认定。"行业协会设有企业培训咨询部,当企业提出进行职业培训申请后,咨询部的企业培训咨询人员需要对企业进行面访,对企业条件进行审定,审定合格后,行业协会发放培训准许通知。培训过程中,企业培训咨询部

---

① 蔡跃,王继平. 从《联邦职业教育法》看德国行会在职业教育中的作用[J]. 教育理论与实践,2011 (2).

人员定期到'培训企业'进行调查，考核培训过程。"① 对于出现的问题，一经发现立刻反馈处罚，主管机构"一旦发现资质缺陷，如缺陷可弥补且对受教育者不造成伤害，责令期限内予以弥补，若资质缺陷不可弥补或对受教育者造成缺陷，则取消该机构的资质并禁止其招收和教育受教育者。企业的违反法律行为包括：没有规范地与受教育者签订职业教育合同，违背教育目标，没有让受教育者脱产参加职业学校学习和考试，在不具备教育资质的情况下招收受教育者，不配合监督部门的监督工作，等等。对于违反法律的行为给予相应的处罚，根据情况处以从一千欧元到五千欧元不等的罚金"②。

4.1.5 政策法规

德国注重教育立法，并强调依法治教。德国开展职业教育校企合作治理遵循特定的法律规定和约束。"早在1182年，以《科隆车旋工规章》为标志，德国即为其职业教育正式立法。1869年，政府颁布《强迫职业补习教育法》。1889年颁布《工业法典》，规定企业学徒培训必须与职业学校教育相结合。1897年的《手工业者保护法》也对学徒制提出新规定，它将继续教育学校作为学徒的第二学习地点，也为现在的'双元制'职业教育立下基础。1919年颁布的《魏玛宪法》，要求对14—18岁青年实施义务职业技术教育。1938年颁布的《帝国学校义务教育法》从法律上明确了企业和学校合作的'双元制'形式。"③

德国职业教育校企合作治理的组织、监督和实施，主要依靠强有力的法律政策作为依据和保障。德国通过一套完善有序的政策法规指导职业教育校企合作治理，涉及联邦政府、16个联邦州。德国的立法体制主要是

---

① 邓志军，李艳兰. 论德国行业协会参与职业教育的途径和特点［J］. 中国职业技术教育，2010（19）.
② 李忠. 德国企业作为职业教育主体的法律保障及其启示——基于德国《联邦职业教育法》的文本分析［J］. 职教论坛，2017（4）.
③ 江奇. 德国职业教育校企合作机制研究［D］. 西安：陕西师范大学，2014.

联邦与 16 个州的分权，国家立法权主要集中在联邦，而行政权和司法权大部分主要由各州行使，联邦法律超越于各州法律之上。形成以基本法为准绳，以职业教育法为基础，章程、协议、表述等具有不同法律效力的文本体系。在联邦层面，2004 年 7 月，联邦政府决定将已颁布的《职业教育促进法》和《职业教育法》合并，制定新《职业教育法》。2005 年 1 月 27 日德国联邦议会、2005 年 2 月 18 日联邦参院先后通过了修订方案，新《职业教育法》于 2005 年 4 月 1 日生效，自此，"双元制"职业教育的地位以法律的形式被正式确立。该法在联邦层面规定了职业教育的所有重要方面，因此被称为职业教育的"基本法"。新《职业教育法》规定了从联邦到州、地方政府、各企业及社会团体对于职业教育校企合作治理的权限与义务。它是职业教育校企合作治理的法律基础，内容全面丰富，可操作性强。明确学校和企业权力边界的同时密切了校企关系，为校企合作拓展了合作疆域和合作参与者范围。

在地方层面，德国也制定了职业教育校企合作治理相关法律。"……德国 16 个州和州级市的学校法中关于校企合作的条文有以下特点：1. 多方共管合作事务（多位一体）：德国企业、行业、学校、政府，特别是学生、家长多方共同参与校企合作事务的监督、管理和落实，体现教育事务的公开公平。如石荷州学校法规定教师、家长参与探讨学校与教育企业的合作问题；莱茵兰法尔茨州家长对校企合作事务的基本原则有建议和咨询的权利等。合作学校类型集中在职业学校、职业预科、职业专科学校等……责任义务明确具体：各州学校法对双元教育体系中的学校责任及涉及学校事务的企业责任进行了明确具体的规范，可操作性强，较好地保障了学校、企业、学生三方的利益。如萨尔州、巴符州规定企业必须为没有完成义务教育的受教育者注册和取消学籍，还要监督其完成义务教育。如此，企业可以掌握受教育者的学校教育信息，同时促进学校教育的顺利完成。4. 凸显家长参与：受教育者的家长或监护人通过参与学校相关委员会或会议的形式，关注校企合作，参与议题讨论。布兰登堡州、巴符州、汉堡等多个州或州级市学校法就家长参与校务做出了明确的规定。如莱茵兰法尔茨州的政府部委要听取家长顾问委员会对校企合作原则的建议并给予必要咨询。学校法授予家长就校企合作事务的话语权，有助于家长和监护人配合校企合作的开展，监督受教育者履行教育义务，营造一个全方位的促学体系。"①

无论是联邦层面法律还是地方层面法律，德国职业教育校企合作的相关法律法规相互配套，细致入微，形成严密的法律体系。在法律法规的阐述方面，既有原则性的规定，也有操作性强的细化要求，易于贯彻执行。此外，德国还会不断根据新的情况，对已有法律法规进行修订和补充，明确规定各方权利与责任，各部门各行其是，共同参与到职业教育中来，注重用法律来明晰政府、学校、企业等主体各自的权限和责任。包括政府对职业教育干预的方式和内容，企业参与职业教育的条件、内容和形式，职业院校在职业教育中的角色和任务。例如，"企业教育由联邦《职业教育法》规范，学校教育由各联邦州《学校法》规范。企业是校企合作的决定性资源，联邦层面的《职业教育法》对企业相关教育事务的规范全面细化，辅以明确的惩罚条款并说明具体罚款金额。一方面保证了企业职业教育有法可依，另一方面保证了企业在教育事务中的独立性和决策权"②。

德国还建立了系列相关条例、协议、公告等。条例包括《青少年劳动保护法》《手工业条例》《培训师资格条例》《实训教师资格条例》等。《手工业条例》规范在手工业企业开展的校企合作活动，更多体现手工业行业的特色要求。《青少年劳动保护法》是规范青少年参与职业教育校企合作活动的法律，确保青少年在职业教育校企合作期间受到公平对待，享受应有待遇，保障其身心健康和安全。《企业教师资质条例》规定了企业教师的资质条件。"《培训师资格条例》（AEVO）对于所有从事职业培训

---

① 江奇. 德国职业教育校企合作机制研究［D］. 西安：陕西师范大学，2014.
② 江奇. 德国职业教育校企合作机制研究［D］. 西安：陕西师范大学，2014.

的培训师资格做出了明确的规定。照此规定，培训师必须具备职业教育方面的诸多知识和能力，比如涉及职业教育的法律法规、培训的计划和组织、与职业学校的沟通、促进学习过程以及帮助学徒准备考试等，且需要通过由笔试和实操测试组成的考试才能获得培训师的资格，从事职业培训。"[1]《联邦政府与州文化部长就职业教育领域教育条例和框架教学计划协商程序的协议》是以校企合作为规范对象的专项协议。"这一协议规范联邦政府和各州文化部长就培训条例和框架教学计划的协商过程，成为联邦和各州协商职业教育基本问题的重要手段。该协议是联邦劳动和社会福利部、经济和财政部、教育和科学部三部部长代表及各州文化部长或专员共同协商的结果。"[2] 2010 年，德国黑森州发布的《关于普通教育学校和职业教育学校领域校企合作的公告》，"规范了普通教育和职业教育学校与企业间的合作方式、合作目的、合作的组织管理以及合作的相关约束等内容。该公告征询了行业企业的广泛建议，具有极强的实践指导意义。如该公告允许职业学校校长自行决定在假期是否开展学生实习，而普通学校此类决策必须经过相关部门的同意"[3]。德国职业教育校企合作的法律体系得到不断丰富和发展，有利于职业教育校企合作治理的规范、系统、详细、清晰并具有很强的操作性，保证了开展职业教育校企合作治理有法可循、有法可依，为校企合作治理的顺利开展奠定了坚实的法律基础。

4.2 美国职业教育校企合作治理模式

校企合作在美国开始被称为合作教育（cooperation education），美国国家合作教育委员会是这样定义合作教育的："合作教育是把课堂学习与通过相关领域中生产性的工作经验学习结合起来的一种结构性教育策略，

---

[1] 李俊，王继平. 德国企业内职业培训的多维度探析——基于成本—收益、社会合作及质量保障的视角［J］. 德国研究，2014（2）.
[2] 江奇. 德国职业教育校企合作机制研究［D］. 西安：陕西师范大学，2014.
[3] 江奇. 德国职业教育校企合作机制研究［D］. 西安：陕西师范大学，2014.

学生工作的领域是与其学业或职业目标相关的,合作教育通过把理论与实践结合起来提供渐进的经验。"近年来合作教育又被称为生涯与技术教育,但是,不管名称如何变化,校企合作关系的本质没有改变,都是在尊重校企双方的主体地位和利益诉求的前提下建立起一种相互依存、相互包容、平等协商的合作伙伴关系。美国职业教育领域是校企合作的主要战场,"美国的职业教育可分为中等职业教育、中学后职业教育以及技术预备教育三种类型。职业教育的实施机构包括遍布全国各地的综合性高中、中等职业学校、中学后职业技术教育机构(如社区学院、技术学院)等。据统计,美国每年有近一半的中学生和约三分之一的大学生接受职业教育项目并将之作为学习生涯的重要组成部分,同时每年还有约四千万成年人参加各类短期中学后职业培训"[①]。美国校企之间大规模正式合作是从 20 世纪 70 年代开始的。为了双方共同的和各自的利益,学校与企业开始相互靠近,双方的努力使得校企合作不仅在数量上快速增加,而且合作的深度与广度也得以提高。美国校企合作办得最有特色、最成功的就是社区学院,美国的社区学院是实施高等职业教育校企合作的主要机构。社区学院和企业签订校企合作教育计划,依据培养目标,学生本人、雇主和教学人员共同签署合作训练计划。美国职业教育校企合作比较发达,与其颇有特色的治理模式有着密切的关系,研究其治理状况,归纳其治理特点,对于构建我国职业教育校企合作治理模式,提升我国职业教育校企合作水平有着重要的借鉴意义。

4.2.1 组织架构

美国职业教育不同层次主体之间形成了相互独立、彼此契合、相互制约的组织结构。美国联邦政府负责职业教育校企合作的宏观治理,主要是在宏观方面起到引导、促进、保障的作用。联邦政府引导各州向国家标准

---

① 王永林. 美国、欧盟职业教育评估的取向与特征评析——以评估体制与指标为基础 [J]. 高等教育研究,2015 (3).

看齐，从而实现对职业教育的宏观调控。微观具体事务的治理由州和地方负责，它们对本区域内的职业教育校企合作进行直接治理。中观上的行业组织在各级政府、企业、院校之间发挥着缓冲和中介作用。

在宏观层面，联邦政府、美国国家标准委员会、国家职教课程中心、联邦职业教育委员会、合作教育国家委员会等机构推行和监督职业教育校企合作的实施。联邦政府是治理的主体，联邦政府主要是通过教育部、劳工部以及技能委员会、职业信息协调委员会等机构研究有关规划与政策、拨付教育经费、开展绩效评估等多种手段实现对职业教育校企合作的引导。国家教育部下设职业与成人教育办公室（OVAE），负责联邦层面的职业教育校企合作治理活动。美国的合作教育委员会对校企合作的顺利开展起到了积极的推动作用。1962年，美国成立了国家合作教育委员会，委员会负责协调全美多所院校的合作教育工作。

在注重国家调控的同时，联邦政府将职业教育校企合作直接的治理权委托给州和地方，实现地方自治。对于构建职业教育校企合作体系，联邦政府只提出要求，具体标准的确定，各州和地方都有权，既给予地方很大的自主权，激发了地方办学的积极性，又强化了国家的引导和监督。"美国职业教育治理是非集权、分散式的，自主权主要掌握在州和地方当局。联邦的职业教育立法要求各州指定一个类似于职业技术教育委员会的机构负责计划和监督联邦资金的使用。……这类教育机构主要统筹、协调和规划全州职业教育，制定本州有关职业教育的政策、法规和确定发展规划；管理分配联邦政府和州政府用于职业教育的资金；审议、评估课程设置和培训项目等……"①

美国社区学院治理体系实行董事会领导下的校长负责制。董事会成员来自不同行业，比如制造业、商界、农业和社会公众，代表相关各方利

---

① 邓宏宝，吴寒飞. 美国职业教育外部治理：结构、特点与启示［J］. 职教论坛，2016（19）.

益。校长由董事会任命，并向董事会负责，在各个学校，指导委员会和咨询委员会为开展校企合作提供建议和咨询。社区学院专门设立一个机构，负责合作教育的管理工作，成员被称为协调员。"……协调员们的主要任务是在学校、学生、雇主、教师、社会等几个方面发挥联络、协调、组织作用，他们就像是合作教育中的一个枢纽。比如，他们要接受学生和雇主们的咨询并提供指导，他们要传达学校的要求和安排，他们要联系雇主、联系工作岗位、指导安排学生参加面试，他们要定期到工作岗位去了解、评估、帮助学生，他们还要协调雇主与学校、学生间的关系，等等。"[①]美国还设有全国性和地方性的社区学院协会，主要进行政策研究，开展调查研究和发布信息，为社区学院提供与教育相关的服务。

和学校类似，美国企业也设立专门的机构和人员负责对接校企合作治理工作。"而企业方面，也有专门的监督指导员负责合作教育在企业中的正常运转。监督指导员会提前制订工作计划，确定学生的具体工作内容和一些其他前期的准备，保证学生能适应企业制定的整体任务和目标。同时，他们深入合作计划中的学生之间，了解他们的背景和能力水平，使工作更具有针对性。当学生进入企业实习时，监督指导员负责向学生介绍所在部门的具体情况，包括认识工作伙伴、企业的规章制度等，帮助学生尽快熟悉自己将要学习和工作的内容。在学生工作学习期间，监督指导员隔一段时间就会与学生进行交流，交流的内容基本为学生在本阶段的学习情况，学生在学期初制订的计划完成情况，以及对学生以后的学习和最终的学习目标的具体调整。一个工作学期结束之后，监督指导员会与学生进行一次总结，评价学生在工作上取得的成绩，告知学生是否获得了本企业的永久雇佣，如果学生没有得到这份工作，指导员会分析其中的原因，并给予学生建议。最后，监督指导员会完成由学校合作教育办公室发出的学生工作学期评估评价表。同时，监督指导员向公司的高层主管汇报学生整个

---

① 郝志强. 美国促进职业教育校企合作的管理机制探析［J］. 职教通讯，2011（15）.

工作学期的成绩和表现,并对以后的合作教育计划提出建议。"①

4.2.2 行业参与

美国行业组织发展历史悠久,形式多样,各具特点,企业是否加入行业组织,或者加入哪个行业组织,一般采取自愿方式,多数企业都会加入一个或多个行业组织。"美国行业协会组织体系庞大。2012 年底,全美约有 3 万多个协会组织,其中贸易、工商业协会组织 8000 多个,农业、科技、工程类专业协会有 3000 个。……行业自律、多向协调、信息平台、扶植企业发展是目前美国行业协会的主要职能……"② 作为政府、企业和职业院校之间的中介,各类协会组织在职业教育校企合作治理的发展中发挥着重要的作用。它们包含了工商业组织、贸易、农业、科技、工程类专业协会,部分行业组织的影响力非常大,如零售业联合基金会、美国商会、制造业职业联盟等。这些组织利用自身的平台与优势,通过多种途径左右职业教育校企合作治理的发展。在促进联邦政府加强职业教育立法,增加职业教育拨款,调动企业参与校企合作的积极性方面,行业组织发挥重要作用。"……美国商会(U. S. Chamber of Commerce)——世界上最大的商业基金会,包括 3000 个成员、850 个商业协会、87 个美国海外商会……美国最大的州层面的商业服务组织康涅狄格州工商业联合会(Connecticut Business and Industry Association),该联合会包括 10000 个成员企业,多为中小企业。""在 2000 年,餐饮企业联合会(Catering Enterprises Association)提出的……目标之二便是每年吸引 5000 所学校、10 万名学生、5 万个工作场所、5 万名工作导师参与职业教育培训。"③ 这些组织的主要职能之一便是采取各种策略在学校和企业之间搭建桥梁。

---

① 郝志强. 美国促进职业教育校企合作的管理机制探析 [J]. 职教通讯, 2011 (15).
② 邓佳楠, 邓志军. 美国行业协会参与职业教育的模式及特点 [J]. 东华理工大学学报(社会科学版), 2014 (3).
③ 张凤娟, 陈龙根, 罗永彬. 美国企业参与职业教育的动机与障碍探析 [J]. 比较教育研究, 2008 (5).

美国行业协会体系庞大,"全美行业协会主要包括:全国性行业协会,在州层面和地方层面设有分支机构;州层面的行业协会是一种中介组织,覆盖面大,如康涅狄格州工商业联合会,中小企业成员达 10000 个;地方性的行业协会,此类组织成员遍布各行各业呈水平设置,如加利福尼亚首府萨克拉曼多的联系教育与经济发展组织。美国的行业协会能够在职业教育中发挥重要作用的主要原因是行业协会数量多、行业组织发展成熟、行业组织影响力大、社会认同度高等。美国行业协会不仅参与职业教育的宏观管理,也参与职业教育微观管理及一些外部组织的监控。比如,企业的负责人和技术人员组成顾问委员会,参与专业方向、课程设置以及教学改革等方面的决策"[①]。行业组织在美国职业教育校企合作治理中起到了不可替代的作用,美国行业组织通常借助行业协会力量,发挥行业组织在职业教育体系中沟通政府—职业院校—企业的桥梁作用,依靠行业组织自身影响力吸引利益相关者参与职业教育,吸引企业尽可能参与职业教育。"……通过中介组织尤其是行业协会、商会吸引企业参与,对推动美国职业教育的校企合作的进行来说,是一项尤为有效的策略。从层次上看,美国行业协会、商会等中介组织主要可以划分为三类:一是国家层面的中介组织。此类中介组织一般是垂直设置,即在全国范围内促进某一行业的联系,通常在地方层面和州层面有分支机构……。二是地方层面的中介组织。此类中介组织一般呈水平状态设置,即在一地区建立跨行业的教育—工作场所联系。三是在这两种模式之间的州层面的中介组织。州层面的中介组织试图将地方层面的和国家层面的中介组织联系起来。此外,美国的民间组织非常发达,而且有些组织影响力巨大,所以一些中介组织便发挥其自身影响力吸引企业参与职业教育。例如,制造业职业生涯联盟和全国零售业联合基金会之类的组织实力雄厚,能够吸引大量地方层面、州层面

---

① 邓佳楠,邓志军. 美国行业协会参与职业教育的模式及特点 [J]. 东华理工大学学报(社会科学版),2014 (3).

及国家层面的利益相关者参与职业教育，他们都是推进职业教育校企合作的不竭动力。"①

美国行业组织承担了不少职业教育校企合作治理职能，例如，参与校企合作政策制定，推动职业教育校企合作改革，促进校企合作公平与效率的统一。并且，行业组织对劳动力市场的信息掌握较为精准，能够避免职业教育与市场需求信息的不对称问题。"它们代表行业企业的利益，能够为职业教育提供服务，并形成规模效益，能有效补偿政府管理、监控职业教育力量不足所带来的缺陷，克服单个企业参与职业教育所导致的'点对点'式合作弊端。"② 部分行业组织直接参与职业院校的课程方案设计、教材编写、就业咨询等活动；间接参与职业教育的管理与决定，包括招生、学生实习、毕业等环节。有些行业组织还借助出台行业技能标准，引导职业教育的发展，行会组织与国家技能标准委员会合作，已经开发了制造业、信息通信业等一系列国家行业技能标准，这些标准往往成为学校课程开发、实践训练的重要指南。行业协会通过制定行业技能标准吸引企业参与职业教育，致力于校企合作平台搭建。如"美国国会成立了国家技能标准委员会（简称 NSSB），成员由商业、劳动力、雇员、教育部门和其他的社会团体的领导者组成。该委员会制定了由核心技能标准、群集技能标准和专业技能标准组成的国家技能标准体系"③。还有萨克拉曼多地区行业组织——联系教育与经济发展组织，通过制定国家行业标准并全部纳入合作学区的所有学校的职业生涯教育，用来指导课程开发。此举措吸引了该地区近两千家企业参与职业教育的项目培训，其中有四分之一企业提供了行业技能标准有关的实习与实践机会。

---

① 郝志强. 美国促进职业教育校企合作的管理机制探析 [J]. 职教通讯, 2011 (15).
② 邓宏宝, 吴寒飞. 美国职业教育外部治理：结构、特点与启示 [J]. 职教论坛, 2016 (19).
③ 邓佳楠, 邓志军. 美国行业协会参与职业教育的模式及特点 [J]. 东华理工大学学报（社会科学版），2014 (3).

4.2.3 利益驱动

美国企业参与校企合作，通常主要是为进行半工半读学习方式的学生提供实践场所，企业若是加入了校企合作计划，可以享受政府在税收、项目补贴、专项资金等方面给予的许多优惠政策。美国联邦政府对校企合作予以财政支持，1994年颁布《从学校到工作机会法》，联邦政府对企业参与合作教育项目给予大量的资金投入，单单纽约州的企业就从联邦政府得到6000多万美元的拨款。联邦政府综合运用减免税收、发放补贴及购买服务等方式推动企业参与职业教育校企合作，规定社区学院所有的校企合作项目有政府专项资金的支持，其合作的企业每年减免纳税额度。同时，各州政府为了尽可能地吸引企业的参与，依据各地特点，纷纷出台一系列政策，其中既包括直接性的经济优惠政策，比如一些州向参与职业教育的企业提供课税免除税收政策；也包括间接性的支持性政策，比如补偿参与企业培训成本，每位学生每年补偿2000美元，减少学生在工作场所受伤时企业应担负的经济责任，支持企业全力参与职业教育校企合作项目。

除了政府的激励之外，美国社区学院本身也为企业发展提供帮助，增加企业的竞争力，这本身也可以看成是一种利益驱动。例如，圣地亚哥社区学院的应用竞争技术中心帮助两个社区的制造商实现生产技术的现代化以提高竞争力，学院的技术孵化园产生了20多家研究和制造公司，社区学院为这些公司提供方便的空间管理支持、商业发展机会和技术训练。美国社区学院通过提供适应本地区大多数企业要求的合同培训，帮助企业通过继续教育和培训提升员工的素质，吸引和留住人才，提高企业的生产力。雄鹿郡社区学院的劳动力发展中心为企业提供高价值的训练。为满足不同企业的独特需要，社区学院与企业协同定制课程，在企业专家的支持下，使企业获得最有益的员工训练机会，以提高企业雇员的技能，改良企业的商业活动。梅塞社区学院的企业训练计划为企业提供低成本高质量的员工培训，社区学院专家为不同的企业单独制订计划，比如工作坊、系列的训练、证书课程等，确保雇员和企业对此满意。这些训练计划能够满足企业劳动力教育和发展的需求，提高企业雇员的生产力，增强雇员的满足感，解决他们的职业发展问题，从而为企业培养和保留人才。① 美国社区学院通过与企业形成良好的互惠合作关系，极大地激发了企业参与校企合作的兴趣和积极性。

4.2.4 评估监控

美国职业教育校企合作评估监控主要分为国家层面和州层面两个层次，国家层面职业教育评估由联邦教育部组织实施，州层面的职业教育评估由各州政府分别组织实施，还有一些行业组织通过制定认证标准对校企合作进行监督，它们出台评价指标，确定评价程序并实施评估和定期复查，这些机构作为外部治理的重要力量，进一步完善了美国职业教育校企合作评估与监控体系。

国家层面的评估过程为，联邦政府建立各种委员会对相关校企合作政策的执行情况进行检查和评价并总结经验。"由联邦教育部召集组建职业教育评估独立顾问小组（Independent Advisory Panel）。独立顾问小组的职责是：确定评估的政策方针和拟解决的关键问题；设计评估框架与方案；协助解读和分析评估结果等。……具体的评估工作由评估执行小组来实施，它根据独立顾问小组审定的评估标准和方案开展工作，形成不受官方政治倾向和相关政策导向影响的评估报告和结论。另外，根据《帕金斯法案》的要求，独立顾问小组还要在执行小组所形成的评估结果的基础上，单独撰写评估报告，分别向国会和联邦教育部长提供关于职业教育评估情况的独立见解、发现和建议。"② 在评估指标的选取上，主要考虑三个关键问题：职业教育应如何改进才能帮助受教育者获得更好出路；如何正确认识中等职业教育的性质与影响，它与国家正在实施的劳动力发展提升战

---

① 邵宁. 社会参与美国社区学院治理及对中国应用型本科高校治理的启示［J］. 职教论坛，2016（24）.

② 王永林. 美国、欧盟职业教育评估的取向与特征评析——以评估体制与指标为基础［J］. 高等教育研究，2015（3）.

略之间存在怎样的关系；教育政策的制定是否更加合理有效，以使教育质量得到不断改进、教育公平得以维护、教育问责被切实执行。①

除联邦政府职业教育评价外，州以及协会组织在评价上也各司其职。"以亚利桑那州为例，州教育部颁布了中等职业教育指导方针，为学区的职业教育管理者、地方评价小组以及职业教育师资开展质量评估提供参考。地方教育行政部门则承担本学区内职业教育项目的自我评价，其职责主要涵盖：制订本学区的评价计划、协调与其他部门的关系、制定具体的评价时间表、对职业学校的教学质量进行监督等。协会组织也参与各州职业教育评价系统，它们在制定评价标准、发挥主体作用、实施评价工作、研制教学计划和课程标准等方面扮演着重要角色。"② 州级职业教育校企合作评估将突出以下重点：要求各州使用统一的评估指标，要求地方联合体及各州把职业教育的各种数据分开上报，在统一评估标准下，各州奖励成效显著的职业教育校企合作项目，支持表现不佳的项目。同时，各州政府担负着对辖区内各类职业教育机构进行监督的职责，都制定了相应的评估机制。"以德克萨斯州为例。评估的依据是《帕金斯法案》和德州的教育法规。根据法律法规的规定，德州有责任对本州提供职业教育与培训的各类院校进行评估，是评估的组织者和发起者。具体实施者则是社区学院与技术学院教育质量标准常务咨询委员会（the Standing Community and Technical College Program Quality and Standards Advisory Committee）。在评估方式上，德州提供了两种方式供院校自由选择：一是现场同行评估，即由来自德州公立社区学院和技术学院的专家负责具体实施，由一名高等教育协调委员会的成员负责组织和领导；二是案头审查，即信息资料审核评估。后者由来自高等教育协调委员会的成员而非同行专家来实施，通过对

---

① 王永林. 美国、欧盟职业教育评估的取向与特征评析——以评估体制与指标为基础［J］. 高等教育研究，2015（3）.
② 邓宏宝，吴寒飞. 美国职业教育外部治理：结构、特点与启示［J］. 职教论坛，2016（19）.

院校提交的各项信息资料进行分析，侧重于对能反映学校教育和服务质量的一些关键因素的考察。接受评估的院校负责人要在评估前一年自主确定采用何种方式来接受评估。不管采取何种方式，评估中所需的信息资料主要来自三个方面：一是年度资料汇编、全州概况、院校基本情况总结，以及与州政府的发展目标和联邦政策法规要求相关的分析报告；二是通过现场评估和信息资料审核评估所采集的信息资料；三是院校年度自我评估报告。"[1]

4.2.5 政策法规

"作为典型的法治国家，美国联邦政府在教育领域推行'依法治教'的过程中，往往通过制定相关的法律政策推行其政府理念。正如美国学者凯波琳所言：'教育问题成为了法律问题。'"[2] 美国较为健全的职业教育校企合作法律法规对校企合作治理起到了保障作用，而且从实施和管理上促进了校企合作治理的发展，明确了各治理主体的主导地位，为校企合作治理营造了良好的外部政策环境，从而引领职业教育校企合作治理发挥最大效能。

美国职业教育校企合作的发展过程实际上是美国联邦政府通过运用立法的手段干预各州职业教育开展校企合作的发展历史。在美国，职业院校与企业合作是受到法律保护的。1914 年，美国国家辅助职业教育委员会（Commission on National Aid to Vocational Education）主席史密斯呼吁政府要重视职业教育并提出报告，该报告于 1917 年被正式通过并定为《史密斯—休斯法》。随后，1940 年的《国防职业教育法》、1958 年的《国防教育法》、1963 年的《职业教育法》、1974 年的《生计教育法》、1982 年的《职业训练协作法》、1990 年的《帕金斯职业教育法》、1994 年《学校到

---

[1] 王永林. 美国、欧盟职业教育评估的取向与特征评析——以评估体制与指标为基础 [J]. 高等教育研究, 2015 (3).

[2] 张艳蓓. 20 世纪 90 年代美国面向就业的职业教育改革研究 [D]. 长春: 东北师范大学, 2013.

工作机会法案》等相关法律均为职业教育校企合作发展提供了支持，奠定了美国职业教育校企合作改革与发展的法律基础。各个法案，不仅包含指导性的原则规定，而且包含具体实施的详尽条款，包括要解决的问题，要达到的目标，需采取的措施。

1982 年的《职业训练协作法》（简称 JTPA）"把职业教育发展与工商企业联结在一起，强调州、地方机构对职业教育的管理以及工商企业对职业培训的参与。这是美国历史上第一个由政府与私人和团体共同参与制定的成人职业训练法案。JTPA 法案强调了州政府在职业培训中的作用，明确规定职业训练计划由州和地方政府制订，政府和企业共同参与职业训练课程的设定、修改及实施。同时，鼓励私人企业参与联邦培训计划，赋予企业各种职能，如咨询、导向、参与、指导等，促使企业全面参与职业培训计划。JTPA 的实施使政府直接参与各州的职业培训，加强了政府、培训机构和企业间的合作关系"[①]。

1990 年的《帕金斯职业教育法》更加关注职业教育中学术与技能培训的结合，更加注重学校与企业的合作以确保职业教育的质量。该法案指出，职业教育不应仅仅停留在入门技术的培训上，而是应该更加关注企业发展以及学生的职业生涯发展。各级教育机构必须与企业以及经济发展机构共同开展职业教育项目，各州与经济发展部门共同确定快速发展行业以及紧缺岗位，在此基础上有针对性地开展职业教育项目。明确对于行业、企业及劳动力机构参与合作的要求。接受拨款的各州必须严格执行，没有上述机构参与的职业教育项目将不能申请拨款。

1994 年的《学校到工作机会法案》（简称 STWOA）。要求各州建立"从学校到工作机会"教育体系，建立了学校过渡到工作场所的支持保障体系，把美国企业与学校之间的合作以法律的形式固定下来。同时，联邦

---

① 邓艳玲. 美国有关职业教育校企合作的法案及启示 [J]. 长春教育学院学报，2015（4）.

政府拨出专项资金用以开展校企之间的合作。详尽提出下列三项核心组成部分,即以企业为基地的学习活动(注重实际工作经历、现场辅导、掌握技能、工作培训等)、以学校为基地的学习活动(注重学术性和实践性教学大纲及内容的融合)和连接性活动(把学生和雇主联系起来的各种活动,以及帮助学生获得附加训练的活动)。该项法案的签署及实施对规范、促进美国的校企合作起到了极大的指导作用。将校企合作置于职业教育改革与发展的核心地位,并在法律的保障下在全国推广,把美国的校企合作推到了一个新阶段。

美国职业教育校企合作政策法规的另一个特点是立法思想鲜明、目的明确,表现出鲜明的实用主义指导思想,政策法规与时俱进,变中求稳。根据社会经济情况变化及时调整政策法规的方向和内容。例如,1963年肯尼迪政府通过《职业教育法》,后来于1968年、1972年、1976年先后对其做过修正。1982年,又制定《职业训练协作法》,该法继承了联邦工作培训法《综合雇佣和培训法案》,1998年又被新的《劳动力投入法案》所替代。各项法案的制定与修改都是以现实需要的发展与变化而进行的,具有很强的时效性。

除了法律之外,美国还推动制定大量的校企合作契约,用于规范校企合作活动的开展。校企契约即政府教育部门、学校、企业、工商协会等组织与家长、学生经协商签订契约,约定学校、企业与学生之间建立互惠互利的合作关系。在美国,比较成功的校企契约模式有两种,即波士顿契约和底特律契约。波士顿契约(Boston Compact):1982年,波士顿地区近200家企业公司和波士顿公立学校签订了有名的波士顿契约。该契约宣称,到1986年,凡具有最起码阅读能力和数学水平的高中毕业生,都保证能在这一地区谋到一个合适职业。参与签订契约的除了当地的企业和学校之外,还有地方教育委员会、地方工商协会等组织。契约规定,凡是参加契约签订的地方企业和学校,都应该利用暑假开办职业培训班,向学生提供职业培训,企业中的技术人员和教育专家定期到学校指导学生,以完成协定所提出的目标。波士顿契约是一个大胆的尝试，它在全美引起了较大的反响，在一定程度上缓解了当地学生因就业困难而产生的厌学问题，并能够保障学校毕业生的顺利就业，避免了学生毕业即失业的现象。底特律契约（Detroit Compact）：1989 年 8 月，大底特律商会发起了底特律契约计划，旨在将底特律地区的公立中学与当地的主要企业联合起来。底特律契约的参与者除了企业、学校、学生、家长，还有社区团体、劳工组织、州及市的各级行政主管部门、密歇根州的 18 所大学、银行、电视台等。学生一旦签约，就能获得暑期工作、实习训练岗位、未来就业以及大学奖学金等多方面的机会及待遇。为了保证质量，契约对学生的教学、实习等每一个环节都制定了具体完整的细则，对上课迟到、早退、平时考核成绩、学科分数都做了明确的规定，只有达到各项考核标准，学生才能获得就业机会或大学奖学金。此举加强了对学生的严格管理，提高了教学与实习质量，因此签订契约的学生毕业后深受企业和大学的欢迎，使得契约的规模逐年扩大。1992 年有 1000 多名学生达到了契约要求的就业标准，被契约企业正式录用；1993—1994 年，有 21 万名学生及家长加入了契约行列；1993 年，仅 IBM 公司就为契约提供了总计约 50 万美元的仪器设备和各项服务。①

4.3　澳大利亚职业教育校企合作治理模式

澳大利亚是一个联邦制的发达资本主义国家，其职业教育源于一百多年前。"澳大利亚第一所专门的职业技术学校是 1827 年在霍巴特成立的机械学院，1833 年成立了悉尼机械技术学校。到 1840 年，纽卡斯尔、墨尔本、阿德莱德和布里斯班相继建立了类似的学校。这是澳大利亚第一批职业技术学校。"② 尽管澳大利亚职业教育发展历史较为短暂，但其发展却

---

① 苏俊玲. 美国职业教育校企合作实践的研究 [D]. 上海：华东师范大学，2008.
② 秦丽娟. 澳大利亚职业教育校企合作保障机制研究 [D]. 重庆：西南大学，2013.

颇具特色。20世纪70年代的《坎甘报告》出台,成为澳大利亚职业教育与培训的里程碑式转折点,该报告提出将职业教育纳入澳大利亚教育体系,并且要求行业企业参与职业教育的校企合作,提出了有关政府资助职业教育的提议。后来,随着技术与继续教育(TAFE)制度的建立,澳大利亚职业教育校企合作迅速发展起来,并以自身的特色在世界职业教育领域里声望卓著。因此,有必要从治理理论的视角,认真审视澳大利亚职业教育校企合作治理模式,提炼其中的特点和经验。

4.3.1 组织架构

澳大利亚宪法规定,各级政府对职业教育和培训负有主要责任。职业教育校企合作事务大多数是由联邦政府、州政府和地方政府负责,并对下级教育机构有直接的管理权。1992年之前,澳大利亚各州职业教育系统处于分离状态,各州决定自己职业教育的内容、方式及标准。为改变这种状态,1992年,澳大利亚成立了国家培训局(ANTA),建立了澳大利亚质量框架(AQTF),实现了通过职业院校与企业合作的形式实施职业教育,促进了澳大利亚职业教育的大发展。澳大利亚从中央到地方都设有职业教育校企合作的专门管理机构,各个机构各司其职,联邦政府和州政府、地方政府的分工很明确,权力下放得也很合理。部门的职能看似相冲突,其实是互相牵制、各尽其能。这种有统有分的治理机制给校企合作更多的灵活性。澳大利亚通过多层级的组织架构对职业教育校企合作进行治理,形成了独特而有效的治理网络,如表4.5所示。

表4.5 澳大利亚职业教育校企合作治理的组织机构及职能

组织机构名称	组织名称缩写	角色与职能
就业、教育、培训及青年事务内阁委员会	MCEETYA	为所有的就业、教育、培训及青年事务制定国家政策
职业教育与培训内阁委员会	MINCO	为职业教育与培训制定国家政策

续表

组织机构名称	组织名称缩写	角色与职能
教育、培训及青年事务部	DETYA	为教育、培训及青年事务进行国家政策、资金投入和战略规划的咨询
澳大利亚国家培训总局	ANTA	制定职业教育与培训的国家政策和规划,并进行整体管理
州及地方培训局和培训部门	各地不同	为各州及地方制定职业教育与培训的政策和规划,并进行整体管理
国家行业培训咨询委员会	National ITABs	在国家层面确定各个行业的培训需求,并为其提出相关建议
州及地方行业培训咨询委员会	State/Territory ITABs	在州及各地方层面确定各个行业的培训需求,并为其提出相关建议
行业技能委员会	Industry Skills Councils	2003年取代国家行业培训咨询委员会及相关机构的职能,承担"培训包"的开发工作
澳大利亚资格框架咨询委员会	AQFAB	执行和完善澳大利亚资格框架(AQF)
澳大利亚培训产品有限公司	ATP	开发并出版国家培训产品及相关材料
国家职业教育研究中心	NCVER	从各个层面进行职业教育与培训的研究、评估、信息收集及统计
教育服务部门	ESD	依据行业培训咨询委员会所开发的并经过国家培训总局批准的"培训包"或国家能力标准来进行课程开发

资料来源：李英英. 美国、澳大利亚、德国高等职业教育的启示[D]. 武汉：华中农业大学，2011.

在联邦层面，国家培训总局是澳大利亚联邦政府进行职业教育校企合作治理的政府机构，其理事会由7个行业代表组成，7名成员中有5名来自澳大利亚的支柱行业，其中包括理事会主席。理事会直接向联邦政府提供意见。2005年7月1日废止国家培训总局，把其功能转交给澳大利亚教育、科学与培训部（DEST）。2007年联邦教育、科学与培训部改名为教育、就业和劳资关系部（DEEWR），该部门设置职业技术教育部长委员会。在澳大利亚，对职业教育政策和计划负责的最高政府实体为职业技术教育部长委员会，由联邦职业技术教育部部长和各州（领地）培训部部长组成，由联邦职业技术教育部部长担任委员会主席。部长委员会职能主要涉及优先发展项目的确定、全国职业教育培训的实施、与工商业等有关部门保持联系、资金分配以及向联邦议会提交年度工作报告等。2006年，部长委员会下属的国家行业技能委员会成立，9名成员均为联邦政府及州和领地一级的行业和行业组织的代表。委员会代表由行业协会提名，经澳大利亚政府和部长委员会认可后上任。2005年，国家质量委员会宣布成立，它和国家行业技能委员会一样隶属于职业技术教育部长委员会，其成员由职业教育提供者、行业和工会的代表组成，负责监督和保证澳大利亚职业教育培训体系的质量。国家高级官员委员会由澳大利亚和各州政府培训部门的 CEO 组成，负责部长委员会的具体行政工作，涉及执行部长委员会的决策、指导研究和评估、设立和管理行动组、与国家工业技能委员会合作向部长委员会提供建议、推动培训有关事项的国家合作、监控培训系统的效力等。2008年澳大利亚成立了澳大利亚技能署，该机构为教育、就业和劳资关系部就目前或未来的劳动力技能和发展需求提供咨询。国家行业技能委员会是在国家层面充分发挥行业企业对职业教育促进作用的组织，它们为部长委员会提供行业企业建议，并且在培训包和培训框架的制定和认证方面发挥了巨大作用。[①] 如图4.3所示。

在地方层面，各州也在组织架构方面做出了调整和创新。以维多利亚州为例，长期以来，维多利亚州的职业教育行政管理一直由州教育部负责，为突出职业教育与培训的管理职能，该部后更名为教育与培训部，州政府成立创新、工业和地区发展部，由内阁成员、技能和劳工参与部部长担任首席部长，职业教育与培训的管理职能划归为该部门负责。"2008年

---

① 郝志强，米靖. 澳大利亚促进职业教育校企合作的管理机制探析［J］. 职教通讯，2011（9）.

4月，为加强对职业教育和培训的管理，提高民众的技能以保持经济竞争力，创新、工业和地区发展部设立维多利亚技能局（Skills Victoria），该部门主要负责定期分析全州的技能需求状况，进行技能开发战略研究并提供政策建议，统筹管理职业教育与培训，为其发展提供立法等政策支持，以及负责职业教育与培训机构规划与政府采购，对其所提供的服务进行监管。该局下设技能政策与协调处、技能资金与创新处、培训业务处三个部门。"①

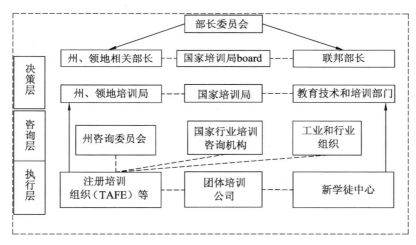

图 4.3　澳大利亚职业教育校企合作治理的国家层面组织框架

资料来源：郝志强. 美国促进职业教育校企合作的管理机制探析［J］. 职教通讯，2011（15）.

（1）技能政策与协调处：负责对全州民众的技能情况进行调查分析，进行宏观战略研究并提出政策建议，制定关于职业教育与培训政策及提供立法建议；开展职业教育与培训机构的运营情况调研以及劳动力市场分析。

（2）技能资金与创新处：负责对 TAFE 学院及私人注册培训机构的政

---

① 张磊. 澳大利亚职业教育改革新举措及其启示——以维多利亚州为例［J］. 外国教育研究，2010（7）.

府采购和拨款项目的管理，推动职业教育与培训系统运营能力和竞争力的提升。

（3）培训业务处：负责通过学徒和职业教育培训机构开展培训工作，并对培训进行全程监管；负责制定学徒制相关政策，以及学徒制培训人员的管理及质量监控。

州政府还于 2007 年 7 月在维多利亚州学习和技能委员会的基础上成立了州技能委员会，这是一个法定的联席会议机构，成员主要来自学历注册和管理委员会、成人和社区继续教育委员会以及创新、工业和地区发展部。该机构的主要职能包括提出培训和继续教育经费投入建议，规范学徒制和实习制度，对培训质量监控。该委员会的成立主要是为了统筹协调雇主、雇员、行业、企业与职业教育培训系统之间的关系，由政府根据劳动力市场及行业企业的需要，向企业和个人两方面提供与技能培训有关的信息和支持。① 如图 4.4 所示。

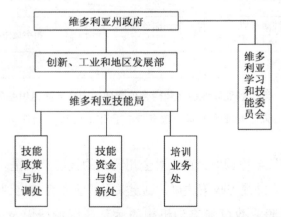

图 4.4　澳大利亚维多利亚州职业教育校企合作治理的组织框架

资料来源：张磊. 澳大利亚职业教育改革新举措及其启示——以维多利亚州为例［J］. 外国教育研究，2010（7）.

---

①　张磊. 澳大利亚职业教育改革新举措及其启示——以维多利亚州为例［J］. 外国教育研究，2010（7）.

除了联邦和地方层面的治理机构，在学校层面，也进行了组织架构的完善。澳大利亚 TAFE 学院在全国已经建立了 90 余所总校，1100 余所分校，在校生人数达到 130 余万人。在学院治理机构层面，澳大利亚所有 TAFE 学院都设有董事会，董事会主席和绝大部分成员都是来自企业一线的资深行业专家，由他们对学院校企合作方针，诸如校企合作规模、课程设置和开发、实训基地建设、师资培训等提出决策。"TAFE 学院的组织机构中设有组织计划部，其主要职能是确定学院发展的策略目标，制订教育运行的操作计划，作出效绩评估并反馈。具体工作内容是：每年的 10—11 月，收集学院所服务地区产业变化对就业市场影响的信息，以及各职业人力资源变化情况，并通报各系；2—4 月，根据各系提交的培训计划，重新进行教学资源配备，然后通知各系调整培训计划，报上级审议，最后在各项基础工作完成后，制订详细的学院年度教育计划，包括计划课时、经费预算和实施计划。在 TAFE 学院，一般都会专门设立就业指导部，负责与产业部门建立广泛的联系，以此实现学校与劳动力市场的无缝对接。"[①]

4.3.2 行业参与

澳大利亚对职业教育校企合作治理的改革历程中，一个显著的特点就是行业引领职业教育校企合作，行业渗透职业教育校企合作，不断强化行业组织在职业教育校企合作治理中的作用。行业组织在制定培训政策及整个职业教育与培训过程中扮演关键的角色，旨在确保所培养的人才能真正满足行业发展的需要。"正如澳大利亚 TAFE 学院院长委员会主席吉连·夏得威克指出的：澳大利亚的行业协会在确立国家职业教育与培训政策、制定不同行业培训包，以及在不同地区与技术与继续教育学院及其他注册培训机构合作开设职业教育与培训课程等诸方面发挥着领导作用。"[②] 澳

[①] 杨眣婧. 澳大利亚职业教育运行机制的基本特征及对我国的启示 [J]. 现代教育管理，2012（9）.

[②] 邓志军. 澳大利亚行业协会参与职业教育的主要举措 [J]. 职教通讯，2010（8）.

大利亚拥有多个大型行业组织,例如澳大利亚工商企业联合会(Australian Chamber of Commerce and Industry),这是澳大利亚商业协会的最高级理事会,其成员网络覆盖超过35万家;澳大利亚行业团体(Australian Industry Group),代表了制造业、建筑业、汽车业、电信业、信息技术业,包括呼叫中心、交通运输、雇佣工人及其他行业的约1万名雇主;澳大利亚商业理事会(Business Council of Australia),是100个澳大利亚领先企业的执行总裁协会,代表的劳动力超过100万(约占整个劳动力的10%);全国农业者联盟(National Farmers' Federation),是代表农业工作者和澳大利亚农业的最高级别机构。[①]

同时,澳大利亚联邦政府和州政府竭力维护行业主导的职业教育校企合作治理体系,2004年6月,由全国29个行业顾问委员会合并、组建成的10个行业技能委员会(Industry Skills Councils)是澳大利亚行业参与职业教育校企合作治理的主要机构。行业技能委员会从不同的行业背景出发,收集未来就业情报,向职业教育机构和政府提供有关行业技能和培训需求的信息,为职业教育校企合作的改革发展提供咨询意见。"其成员由来自联邦以及州和领地政府负责职业教育与培训事务的官员和行业、工会代表组成,他们从不同的行业背景出发,研究企事业单位对职业岗位技能的客观需要,为职业教育与培训的改革发展提供咨询意见。组建后的行业技能委员会在联系大小企业,协调政府与企业、企业与学院之间的关系,为政府和学院提供企业的需求信息,向企业宣传政府的政策,把学院的教育培训推荐给企业等方面发挥了行业领导的积极作用,在职业教育与培训适应就业形势、满足行业需求、争取经费投入以及真正为企业发展服务等重大问题的宏观决策上产生了重要影响,充分体现了行业的主导作用。"[②]这些行业组织在职业教育校企合作治理过程中居于关键性、核心性、基础

---

① 陈取江,顾海悦编译. 澳大利亚职业教育和培训政策的演变、制定与规划、挑战[J]. 职业技术教育,2012(19).
② 邓志军. 澳大利亚行业协会参与职业教育的主要举措[J]. 职教通讯,2010(8).

性的主导地位，具有不可替代的中枢作用。正如乔夫·霍克（Geoff Hawke）所说："行业代表存在于各个层次的技术与继续教育委员会和董事会。"①

具体来看，澳大利亚行业组织从以下几个方面参与职业教育校企合作治理活动。① 参与职业教育的国家能力标准的制定。联邦政府规定，由行业组织根据全国统一的框架体系负责制定本行业的具体能力标准，包括能力标准、资格证书、评估指南、评估材料。澳大利亚设有10个全国性行业组织，这些组织进行本行业的职业分析和就业预测，制定职业能力标准。关键能力标准一般是由某全国性行业协会制定，并且每三年修订一次，在全国范围内通用。② 参与职业教育的国家资格框架的构建。澳大利亚根据行业组织制定的能力标准体系，建立国家资格系统，统称为国家资格框架。该资格框架将所有学历教育、继续教育和多元化教育与培训，以及文凭和证书有机联系，并形成国家教育与培训统一的系统框架。每个具体的职业资格是以行业为基础，包括每个行业每个资格的能力单元组合。③ 参与职业教育的专业调整和课程开发。澳大利亚职业教育的专业建设是由行业组织和学校共同完成的，行业组织积极参与专业设置和课程开发。澳大利亚职业教育的专业设置完全根据市场需求，根据行业协会对人才数量及能力要求的预测，向 TAFE 学院和其他教育和培训机构提供专业设置的依据，由地方教育部门和行业组织审核确定开设专业。④ 参与职业教育的课程设置与开发。澳大利亚职业教育课程的设置是以行业组织制定的能力标准为依据，并根据劳动力市场变化来调整。澳大利亚职业教育课程的开发有明确要求，主要是以行业委员会制定的、经国家培训局批准后颁发的培训包为依据，行业组织对职业教育课程的广泛参与，促使澳大利亚职业教育的专业调整和课程开发更具灵活性、市场性。⑤ 参与职

---

① 黄日强，邓志军，张翌鸣. 战后澳大利亚职业教育研究 [M]. 北京：开明出版社，2004：90.

业教育教学过程的实施。澳大利亚行业组织参与职业院校的教学、实习过程。行业组织积极引导职业院校树立起企业本位的教学指导思想，教学专家和行业专家共同组成的教育专家委员会履行教学研究、评价教学效果的职能，教学内容则要求反映企业需求、联系企业实际。行业组织帮助学校建设实训基地，鼓励企业将先进的生产设备提供给学院使用，在行业组织支持下建立起全国范围的模拟实训公司网络，供所有 TAFE 学院使用。

4.3.3 利益驱动

澳大利亚政府知道经济利益刺激对于企业参与职业教育校企合作的重要性，因此，采取了多种财政扶持措施，通过不同的奖励和表彰，大大提高了公司和企业参与职业教育和技能培训的积极性。例如，澳大利亚国家培训奖、技能衔接基金、国家劳动力发展基金、重点技能投资基金等都极大地提升了企业的积极性。其中，澳大利亚国家培训奖奖励、表彰在产教结合方面有突出表现的职业教育与培训机构和个人。技能衔接基金提供给个体企业和商业组织，让其能够更为灵活地获得澳大利亚政府的资助，以满足劳动力培训的需求。政府与企业联合资助的方式可以从经济上扶助国家认可的职业培训。"国家劳动力发展基金使企业与政府培训共同投资让有技能鉴定需求地区的员工接受到培训、技能再培训和技能提高。……通过国家劳动力发展基金（NWDF），澳大利亚政府将在 5 年内向行业提供 7 亿澳元，以支持培训和劳动力发展，满足当前和未来的技术需求。在此资金扶持下，各企业或商业机构能够根据其当前和未来的发展需求，支持员工参加技能提高培训，并有机会加强技能紧缺领域的新员工培训。"[①] 这些基金支持极大地鼓舞了企业参与职业教育校企合作的积极性和热情，推动了一大批企业投身校企合作活动，完善了多元主体参与的治理体系。如

---

① 陈浩琛，吕红. 澳大利亚政府促进行业企业参与职业教育政策研究 [J]. 哈尔滨职业技术学院学报，2016（1）.

表 4.6 所示。

表 4.6　澳大利亚政府根据企业规模大小提供技能衔接基金的比例

企业规模/人	政府拨付资金占比/%	雇主承担资金占比/%
1—99	67	33
100—199	50	50
200 及以上	34	66

资料来源：陈浩琛，吕红. 澳大利亚政府促进行业企业参与职业教育政策研究[J]. 哈尔滨职业技术学院学报，2016（1）.

为了减少企业实际承担的培训费用，对录用职业资格证书持有者和实施职业教育有成效的企业，政府进行了一系列的经济刺激，包括提供交通和食宿津贴、资助购买基本工具和保护设备、免除企业所得税等。"为了鼓励企业接收和培养学徒和实习生，政府还设立雇主完成奖金、学徒奖金以及专项财政补贴。企业雇用 3 个以上的学徒或实习生，并完成了相应的培训计划后，除了获得政府培训补贴外，还有机会获取 4000 澳元/人的奖金。"[①] 同时，澳大利亚联邦政府为了吸引更多企业参与新学徒制，制订了一系列奖励方案。如表 4.7 所示。

表 4.7　澳大利亚新学徒制奖励方案

项　目	补助细节
学徒制启动金 Standard commencement incentives	企业为一名学徒提供二级证书培训，可获得 1250 美元的补助，提供三级、四级或更高级的证书培训，可获得 1500 美元的补助
学徒制完成奖励 Standard completion incentives	企业为一名学徒完成三级、四级或更高级的证书培训，有资格再获得 2500 美元补助金的 25%、50%、75% 和 100%

---

① 张磊. 澳大利亚职业教育改革新举措及其启示——以维多利亚州为例[J]. 外国教育研究，2010（7）.

续表

项 目	补助细节
创新激励 Innovation-special commencement	企业雇佣一名拥有合法的、创新的三级、四级培训包证书的学徒,可获得1100美元的创新奖励
以学校为本位的奖励 School-based apprenticeships-additional commencement and retention	雇主有资格获得额外的750美元用于支持学徒参加二级至四级的以学校为本位的学徒证书培训;若雇主继续雇佣该学生,当其完成12年级,并且拥有二级至四级学校本位的学徒证书,雇主可获得750美元

资料来源:李敏. 澳大利亚行业企业参与职业教育与培训的政策和机制[J]. 中国职业技术教育,2009(24).

除了直接的经济利益刺激之外,澳大利亚政府还进行了非经济利益刺激计划,也就是荣誉激励。"澳大利亚政府为了表彰和鼓励行业企业的参与,教育、就业与工作场所关系部设有部长杰出奖,用于表彰有突出贡献的组织和个人。部长杰出奖共设三个奖项:最佳雇主奖、最佳服务支持奖、最佳学徒协议奖。获得杰出部长奖有利于提高雇主个人名誉和公司的声誉,有利于消费者和同行获知公司的成就,可以在公司的包装上印上杰出部长奖的标志,彰显公司的声望和优点。"[1]

4.3.4 评估监控

评估监控是澳大利亚职业教育校企合作治理中必不可少的一环,校企合作过程受到政府、行业的双重监督。澳大利亚有一套科学化、规范化的职业教育校企合作评估体系。每年,国家、州、行业需要评估全国的教育培训院校和机构的校企合作质量,并且每年不定期检查已注册的教育培训机构,调查行业对职业教育和培训的满意程度,企业也愿意配合并提出对职业教育和培训的看法和建议。除了深入到TAFE院校和机构实地考察外,每年还要求教育与培训部门向评估委员会写出教育与培训工作年报。"澳大利亚质量体系分为外部监控和内部监控,在实际操作过程中这两个

---

[1] 李敏. 澳大利亚行业企业参与职业教育与培训的政策和机制[J]. 中国职业技术教育,2009(24).

体系是完全联通的。外部监控主要由政府设立的职业教育监管机构进行评价，TAFE 学院内部设有质量监控部门，每年要用调查问卷的形式调查 1000 余名学生及 1700 家企业对于培养质量的反馈，调查得出的数据必须毫无遗漏地上报给政府质量监管部门。同时，调查结果也全部公布在 TAFE 学院的网站上供全校参与讨论。内部质量监控部门采用风险管理的方法，及时发现阻碍学院达成培养目标的障碍。"[1]

在澳大利亚职业教育校企合作治理体系当中，资格框架和质量培训框架是两大关键评估体系。这两套标准对从培训计划、培训内容、资格认证到培训质量的一系列内容予以评价监控，框架规定了 TAFE 学院的办学标准和资格认证体系，量化了 TAFE 学院校企合作质量监控指标，确保了澳大利亚职业教育与培训体系的高效运行。"澳大利亚学历资格框架（Australian Qualifications Framework，简称 AQF），这是澳大利亚教育与培训资格认证的统一的国家政策。它将不同种类的教育和培训的资格认证合并到一个单一综合的国家资格认证框架中。这个框架是 1995 年推出的，它涵盖了高等教育、职业教育和培训学校，用以巩固支撑国家资格认证体系。2011 年澳大利亚资格认证框架提供了一套完备的政策和目标信息系统。在这套新的资格认证体系中，职业技术教育包含了高中部分、高中后和高等教育这三个阶段。这套体系将职业技术教育与普通教育进行了完美的衔接，在这套体系里资格认证的要素中加入了相关工作经历的要求，例如必须有工作经验才能获得资格认证，而对于应届学生来说工作经验主要来自校企合作中的实践课程；而对于那些已有相关工作经历的人来说，要获得相应的资格认证可以用相关工作经历来抵销部分课程。这使得校企合作成为备受青睐的职业教育发展途径，学生通过校企合作提供的实践机会增加相关专业的工作经历，为取得资格证书奠定基础。澳大利亚质量培训框架（Australian Quality Training Framework，简称 AQTF）顾名思义是为保障全

---

[1] 金向阳.澳大利亚系统化职业教育运行机制分析与借鉴［J］.教育与职业，2014（14）.

国职业教育教学质量而制定的政策,它包括对职业教育与培训提供者的认证框架和各州/领地培训机构课程的认定标准两部分。该框架是 2002 年首次发布,于 2005 年和 2007 年重新修订,最新的版本是 2010 年 6 月 1 日的。这个框架体系中所规定的提供培训的机构,必须达到拥有建立在全国行业培训包基础之上的课程体系的标准。在这个过程中行业企业共同参与完成指定培训框架……"[1] 同时,政府还针对不同行业发布各自的培训包,作为评估的标准。"校企合作取得成功与否,以被培训的学员所培训的行业培训包中能力标准是否完成为依据。在培训包中的评估指南,正是为在行业中测试能力而制定,可参照执行。评估指南告诉评估者、被测试者谁需要测试、如何测试、测试什么、什么时间和什么地点测试。对校企合作成效评估,正式的培训如认证行业会介入,行业介入的方式是通过加入评估委员会,作为评估成员为学员打分。通过校企合作培训,被培训学员掌握了目标技能,能够满足行业需求,经过相关的评估工具评估合格,取得资格证书,校企合作任务便完成。如果整个合作过程双方很愉快,就保证了再次合作的可能。一般地,建立良好的校企合作很不容易,一旦建立,是不愿更改合作伙伴进行同样的项目的合作的。"[2]

维多利亚州职业教育行业参与模型的三层次评价体系是澳大利亚职业教育校企合作评价监控中比较有特色的体系。[3] 行业参与模型新建的三层次评价体系,分别对职业教育培训机构自身进行评估,由行业对培训机构的培训效果进行评估,行业代表及评估者对行业的评估再进一步地提供反馈意见,更进一步地提高培训的准确度。[4]

质量度量(quality metrics)——职业教育培训机构自我评估。"所有

---

[1] 秦丽娟. 澳大利亚职业教育校企合作保障机制研究 [D]. 重庆:西南大学,2013.
[2] 冯梅. 澳大利亚 TAFE 学院校企合作实践的研究 [D]. 重庆:西南大学,2011.
[3] 王丹. 澳大利亚维多利亚州职业教育行业参与模型研究 [D]. 成都:四川师范大学,2016.
[4] 王丹. 澳大利亚维多利亚州职业教育行业参与模型研究 [D]. 成都:四川师范大学,2016.

的注册培训机构都需要提供关于在澳大利亚质量培训框架及职业教育研究国家中心下的质量是否达到相应职责的统计数据。这些报告将包含众多的质量测量，这些测量来自于个体学生以及雇主的观点。教学、评估、学习经历、一般的满意程度和其他对于培训很重要的因素都将被测量。"①

行业评级（industry ratings）——对职业教育培训机构培训效果有效评估。"教育质量主要是行业、雇主根据培训机构的教育质量是否满足其需求，对培训机构进行评级，其评级信息将对行业、未来的学生和培训市场及机构提供直接的目前的行业评估信息。评级信息反馈给培训市场对行业、培训提供者以及学生是非常有益的，在行业和培训提供者之间最佳的实践合作关系将会被识别和鼓励，学生将能通过由行业判断出的培训提供者的评级，使他们在面对教育提供者以及为未来工作投资方面做出更为清晰的选择。"②

行业适度评估（industry moderated assessment）——行业提供评估反馈，进一步提高培训准确度。"行业适度评估将会把行业代表和评估者召集在一起去回顾之前的一些评估以及提供行业的反馈。这将帮助提高在注册机构的决定和行业期望之间的准确度，并且通过这个方式实施的课程质量将被广泛地提高，通过此来建立行业、雇主信心。"③

"模型的监督评估体系，也对维多利亚州的培训市场起到了良好的导向作用，使得培训市场的所有利益相关者，从参与信息交流分享开始，就知道其需要达到一个什么样的标准，了解自身在培训市场应该怎样做，以及不能做什么。职业教育行业参与模型的监督、评价体系，全方位地引领各个利益相关者有序地参与信息交流分享。其行业对于职业教育机构的评

---

① 王丹. 澳大利亚维多利亚州职业教育行业参与模型研究 [D]. 成都：四川师范大学，2016.
② 王丹. 澳大利亚维多利亚州职业教育行业参与模型研究 [D]. 成都：四川师范大学，2016.
③ 王丹. 澳大利亚维多利亚州职业教育行业参与模型研究 [D]. 成都：四川师范大学，2016.

级,也具有很大的激励作用。维多利亚州的职业教育机构要想赢得更多的学生、雇主购买其培训,就必须通过良好的培训,满足其购买者的需求,不断地提高教育评级。而其对其自身的评价,也使得培训机构必须满足国家层面的发展标准,使培训机构的水平始终保持着一定的高标准。而评价体系中行业的反馈评价,使得培训机构能够根据行业的反馈,不断地调节其培训的准确度,使得维多利亚州的职业教育培训机构及其质量,不断地完善和提升。"①

4.3.5 政策法规

澳大利亚是一个法制观念极强的国家,颁布了许多职业教育校企合作法律法规。澳大利亚对职业教育的立法工作非常重视,把职业教育立法作为改革发展职业教育的基础,除了基本法以外,还会根据形势的变化,不断颁布配套的相关法案与计划。澳大利亚职业教育一切改革措施都有法律法规和政策支撑,有些就是专门针对校企合作的。澳大利亚完善的法律法规,使其企业真正融入了职业教育培训,在整个过程中满足了行业和企业的需要,大大提升了澳大利亚校企合作治理的深入程度。例如,"1987年联邦政府颁布《就业、教育与培训法》。1990年7月联邦政府开始实施《培训保障法》,它规定年收入在22.6万澳元以上的企业,应将工资预算的1.5%用于对其员工的资格培训。1992年颁布了《职业教育与培训资助法》和《澳大利亚国家培训局法》。《职业教育法》《职业培训法》《培训保障法》《澳大利亚劳动力技能开发法案》作为现代学徒制改革的保障,有效地保障了现代学徒制的管理和实施,也是澳大利亚推动职业教育改革与发展的重要措施。除了联邦法律之外,澳大利亚各州同时制定了有关职业教育校企合作的法律,保障本州职业教育校企合作的发展。例如,1975年南澳大利亚颁布了《技术与继续教育法》,1985年塔斯马尼亚州颁布了

---

① 王丹. 澳大利亚维多利亚州职业教育行业参与模型研究 [D]. 成都:四川师范大学,2016.

《工商业培训法》，1989 年首都地区颁布了《职业培训法》，1989 年新南威尔士州颁布了《工商业培训法》，1990 年维多利亚州颁布了《职业教育与培训法》，1991 年昆士兰州颁布了《职业教育、培训与就业法》，北方地区颁了《就业与培训法》"①。澳大利亚政府还时刻关注社会需求的变化和实践进展，不失时机地对立法加以修订和完善。"如 1991 年颁布的《职业教育、培训与就业法》根据实施过程中出现的问题以及社会需求的变化，分别在 1992 年、1993 年、2005 年和 2007 年（两次修订）颁布相关修订法加以完善。"②

除了正式的法律之外，澳大利亚还出台了一系列政策、计划和报告，例如《坎甘报告》《科尔比报告》《笛文森报告》等，这些政策、计划和报告也为职业教育校企合作治理定下了基调。下面以维多利亚州政府推出的两大计划为例。2006 年 2 月，维多利亚州政府制订了"保持优势：技能型的维多利亚人战略行动计划"，共投入 2.41 亿澳元改革职业教育与培训，帮助民众提高职业技能，计划主要分为以下四个部分③：

① 为年轻人接受职业教育与培训提供更多机会。具体措施包括增加青年学生在 TAFE 学院学习的名额、扩大青年人接受职业教育与培训的机会、建立技术教育中心、加快实施学徒制等。② 鼓励民众参加继续学习和培训，寻求更高的职业发展目标。具体措施包括优先培训适龄青年、增加行业技能顾问、构建现代化的职业资格体系、资助在岗的学徒和实习生等。③ 提供更高水平的职业教育与培训，为民众拓宽就业机会。主要措施包括帮助民众获得更高水平的技能、扩大专业培训中心和网络、加强 TAFE 学院基础设施及装备建设、加强质量保障体系建设等，使民众更便

---

① 黄立志. 澳大利亚 TAFE 产学合作对我国高职高专教育的启示 [J]. 职教通讯，2007（3）.
② 王丽. 澳大利亚职业教育发展中政府的介入及启示——治理的视角 [J]. 世界教育信息，2009（10）.
③ 张磊. 澳大利亚职业教育改革新举措及其启示——以维多利亚州为例 [J]. 外国教育研究，2010（7）.

捷地了解就业途径和培训机会。具体措施包括建立技能门店、发展面向未来的商业技能、促进制造业领域从业者的发展、为学徒和培训学院提供更多帮助、重新定义职业教育与培训、提供专门信息服务、改革国家培训包、加强职业教育培训信息服务等。

2008年8月,在原行动计划的基础上,政府又提出了"把握未来:技能化的维多利亚一揽子改革计划",分四年共投入3.61亿澳元,加大力度对职业教育与技能培训进行改革,其主要措施包括:

"①建立更加有效的职业教育与培训保障体制。具体措施包括:支持符合条件的学员根据自己的意愿接受培训,加强能力建设和项目实施保障体系建设,为个人和企业提供17.2万个受政府资助的培训名额。②进一步加强基础设施和信息化建设,以及教学和管理能力建设,打造世界级高水平的TAFE学院。具体措施包括:加强职业教育与培训机构的基础能力建设;加强TAFE学院宽带网络建设,为学员提供先进的信息化教学;加强成人和社区继续教育机构建设,为学员参加公共和社区教育机构培训提供条件,使学员获得更多的选择。帮助TAFE学院教职员工提高业务水平,计划为250个培训机构的900名教师和500名管理人员提供进修机会。③进一步完善以学员为中心的职业教育与培训体系。具体措施包括实施劳工发展计划,帮助企业提高员工的劳动力技能;设立学徒和实习完成奖,帮助学员取得TAFE学院或私人注册培训机构的资助;提高民众生活技能;加强行业培训咨询委员会建设,提高其决策水平;加强成人和社区继续教育资格证书培训;实施学徒制保证项目;加强各级培训,促进劳动力发展。④为个人、雇主和企业提供明确且易搜寻的就业趋势和技能需求等方面的信息,使职业教育与培训更加符合企业用工实际。具体措施包括:开发在线工具软件,为个人和企业提供一对一的信息交流;建立资格证书索引,便于用户查找资格证书和培训的信息;加强信息登记,提供明确和权威的职业资格信息、培训课程和经认证的培训机构信息(包括培训机构的业绩和质量）等。"①

4.4 国外经验的启示与借鉴

虽然德国、美国和澳大利亚发展职业教育校企合作的路径不同，文化、政治、经济背景也不同，德国形成了"双元制"模式、美国形成了"合作教育"模式、澳大利亚形成了 TAFE 模式等。但通过比较分析发现，成功的职业教育校企合作均是有一定的治理保障措施，主要原因在于各国在实施校企合作的过程中，都根据本国的特点与优势，推进具有本国特色的职业教育校企合作治理模式。将治理理念贯穿于整个校企合作活动，加强职业教育校企合作的组织架构、行业参与、利益驱动、评估监控和政策法规等五个环节，构建了职业教育校企合作治理模式，从而避免了主体的错位、权责利的失衡、协调互动的僵化等治理问题，实现治理主体由"一元"变为"多元"，治理责权利由"命令服从"的纵向关系转向"均衡"的横向关系，治理方式由"控制"转向"协调互动"，让各利益相关者的合理价值诉求与多元资源融入校企合作之中，进而提升了职业教育校企合作水平和效率。

4.4.1 组织架构完善

发达国家在校企合作治理过程中，都从上到下成立了专门的校企合作组织机构来负责管理校企合作的相关事宜，协调学校与企业之间的关系，保障校企合作的进行。联邦政府、州政府都在组织结构方面进行改革，设置了职业教育委员会，不但政府机构设置委员会，各类职业教育机构也设置委员会，甚至各个专业也设置委员会，吸纳了各行各业的人员参与治理，协调学校、企业、学生三方面的关系，并对校企合作的相关事宜进行监督，以促进职业院校与企业在职业教育上的合作。

---

① 张磊. 澳大利亚职业教育改革新举措及其启示——以维多利亚州为例[J]. 外国教育研究，2010（7）.

例如，美国政府成立各种负责协调组织的机构，如国家合作教育委员会、合作教育协会、技术准备项目合作委员会等，美国各州还成立了州职业教育委员会，任务是促进学校与企业在职业教育上的合作。

德国对校企合作治理有一套组织体系，设置了不同功能的治理机构来保障校企合作的顺利实施。联邦、州和地区，以及行业协会，构成了德国职业教育校企合作的三级治理体系。相关治理机构包括联邦教育研究部、联邦职业教育研究所、州文教部、州劳动与社会秩序部、州劳动局和州职业教育委员会。德国各个政府主体的定位和分工明确，部门之间协调统一，国家统一管理与地方自治管理有机结合，有效地解决了职业教育治理权限的集中和分散问题，在联邦统一宏观管理的基础上，州政府具有高度的自治权。联邦教育和科学部对职业教育政策方面问题具有决定权，负责协调超地区范围的合作等工作，州职业教育委员会针对本州职业教育相关问题向州政府提供建议。德国规定行业协会下设职业教育委员会，作为专业机构，负责组建职教机构、认定培训资格、制定规章制度、组织技能考试、审查培训合同、仲裁双方矛盾等。对于职业教育校企合作的相关重要事宜，行业协会需向职业教育委员会进行报告，同时听取其意见。

澳大利亚的相关治理机构包括职业技术教育部长委员会、国家行业技能委员会、国家质量委员会、国家高级官员委员会、行业技能委员会、行业培训咨询委员会等。在澳大利亚，职业技术教育部长委员会作为对职业教育政策和计划负责的最高政府组织，每年至少召开一次会议。国家质量委员会负责保证和监督培训包以及澳大利亚的职业培训框架落实及质量，其行政机构国家高级官员委员会（NSOC）、国家行业技能委员会负责提供决策咨询。"澳大利亚已经成立了 11 个国家行业技能委员会，包括农业食品行业技能委员会、社区服务及卫生行业技能委员会、建筑与物业服务行业技能委员会、电子与能源行业技能委员会、森林行业技能委员会、澳大利亚行政行业技能委员会、创新与商业行业技能委员会、制造行业技能委员会、服务行业技能委员会、资源与基础设施行业技能委员会和运输与物流行业技能委员会等。"① 澳大利亚国家质量委员会是在国家层面发挥企业对职业教育校企合作的管理和促进作用的组织，它们为部长委员会提供了企业的相关建议，并且在培训包和培训框架的开发和认证方面发挥了巨大作用。

总之，校企合作治理不仅仅是教育主管部门一家的事情，而是需要政府多个部门共同协调才能有效推进。我国政府应建立校企合作的协调治理机构统筹规划校企合作整体工作，搭建校企合作平台，实现校企之间的对接。

4.4.2 行业参与充分

以行业的需要作为发展的风向标是西方国家校企合作治理的典型模式。行业组织的作用从国家宏观决策渗透到院校的具体教学安排，行业需求决定了职业教育校企合作具有很强的实用性和现实可操作性，行业组织的主导作用贯穿于整个校企合作治理模式中。

德国是老牌资本主义国家，行业组织在其经济发展中起着重要作用。因此，在校企合作治理中，行业组织的地位比较突出。澳大利亚的职业教育校企合作也偏重于行业组织的作用，行业组织基本上贯穿于校企合作治理的整个过程中。澳大利亚行业组织参与职业教育校企合作治理的基本框架和国家认证框架的建构，参与国家资格标准的制定，还直接参与 TAFE 学院的管理。对学院的办学规模、基建计划、经费筹措等问题进行研究。参与教师队伍建设，吸纳教师成为行业协会的成员，邀请专家定期到学校进行专题技术讲座等。

因此，我国有必要确立行业组织的治理地位，明确行业组织对职业教育校企合作的责任和义务，从制度上、机制上使其能有效地介入职业教育校企合作治理，成为政府、企业、职业学校联系的"桥梁"。

---

① 中国教育国际交流协会编. 高职院校领导海外培训项目 2010 年论文集 [M]. 北京：商务印书馆，2011：163.

4.4.3 利益驱动强劲

校企合作是学校与企业之间的合作，它要求双方主体的积极参与。发达国家校企合作的成功与企业的积极参与分不开，企业的参与几乎贯穿于校企合作的全过程。之所以企业具有这么高的参与积极性，与发达国家多种多样的利益驱动举措是分不开的。例如，德国所有企业都须向德国政府缴纳固定数量的基金，这些基金通常是根据企业员工工资总额的百分比提取的。只有参加培训的组织才有资格获得这些培训方面的资助。并且，所获经费会因为培训职业、培训年限、区域和企业的不同而不同。国家负责对这些资金进行统一分配和发放，一般情况下，企业可获取占其净培训费用50%~80%的培训资金补助；如果所培训的相关专业符合社会的需要，企业即可获得全部培训资金的补助。另外，企业通过提供培训还可以获得德国政府规定的在税务方面的特惠。澳大利亚"规定年收入在22.6万澳元以上的雇主应将工资预算的1.5%用于对其员工进行资格培训，在各财政年度里，凡是这项费用未达到最低要求的雇主，必须依法向国家培训保障机构缴付其差额"[①]。强有力的利益驱动刺激了澳大利亚企业，使其参与职业教育的办学过程，参与教师队伍建设，参与职业教育的教学及学生的实习项目。

企业作为经济组织，不断获取利益是其生存发展的关键，我国想要企业持续参与职业教育校企合作并成为核心治理主体，必须使得企业通过参与职业教育校企合作获得利益。政府有必要采取免税、减免各项费用或者经费补贴等措施，给予企业深度参与校企合作的动力，激发企业参与职业教育校企合作的积极性。

4.4.4 评估监控规范

为了保证校企合作的质量，发达国家都建立了相关评估监督机制对其进行控制。立法监督、行政监督、司法监督、社会监督贯穿在德国职业教

---

① 耿洁. 职业教育校企合作体制机制研究[D]. 天津：天津大学，2011.

育校企合作的每一个环节里面,这是一个严谨的监督系统,从根本上为德国职业教育校企合作的可持续稳定发展提供了最可靠的保障。德国除了职业教育委员会来评估监督校企合作的相关事宜外,行业组织还加入职业教育校企合作多方面的监督、评价和考核中,以保证校企合作的正常实施。德国行业协会"对职业培训合同的审查、对于培训时间的规定、对于职业教育期限的修订和审批、对合同执行情况的定期审查等……。德国的各行业协会依然对企业内部职业教育的相关审核、咨询、考试及监督等负有主要职责,包括对承担培训的相关企业进行资格审查、认定及监督;对培训时间缩短或延长;对职业培训关系进行登记;制定有效可行的结业考试条例,对期中考试以及结业考试进行组织和实施;对职业培训进行监督,开展对职业培训的咨询和仲裁等"①。

美国职业教育校企合作一般不是由政府来评价,而是由民间专门机构来进行第三方认证。美国设有 85 个民间性质的行业性和专业性认证组织。例如,美国社区学院协会(AACC)定期对职业教育机构进行评价,评价将影响到该机构继续从事职业教育培训工作的资质。通过评估,推动职业教育校企合作治理进程的优化。

澳大利亚在全国范围内建立起一个规范、有序的职业教育校企合作评估监控机制。建立国家资格培训体系,确立一系列的国家标准,积极推行培训项目合作,促成国家各类行业培训包的形成,有效推动了校企合作的进行。在澳大利亚,其校企合作的质量主要由国家和州的行业培训顾问委员会进行评估。通过每年对企业的雇主进行职业教育和培训的满意度的调查,获取雇主对职业教育和培训的看法,以不断提高校企合作质量及改善校企合作的运行。澳大利亚政府采用比较权威的资格认证框架,有效地维系学校、教育部门和企业之间的关系。

职业教育校企合作治理的实质是多方协作和共赢发展,因此,我国想

---

① 郝志强. 职业教育校企合作的管理机制研究[D]. 天津:天津大学,2012 年.

要推动职业教育校企合作，关键是要构建相关评估监督体系，明确政府、职业院校、行业组织、企业等多元主体的权利和义务。

4.4.5 政策法规明确

政策法规是多元主体协作互动实现治理的主要规范和基本保障。国家层面的职业教育校企合作治理，必须在法治的框架下以合法性作为运行的基本考量。发达国家职业教育校企合作能够顺利进行，与其完备的法律法规体系分不开。从德国的双元制到美国的社区学院，以及澳大利亚的TAFE等，均有完善的法律体系在支撑着整个职业教育校企合作。各国的法律均有相当明确的条文，对于校企合作的职责、权力都有规定，处罚条文也很明确。

德国在1969年就制定了《联邦职业教育法》，对于职业训练的性质、内容、目的和时间安排，职业训练的开始时间和期限，训练场所以外的训练措施，日常正规训练的期限，试用期，劳动报酬的幅度都做出了详细的诠释和规定。在法律层面上确立了职业教育的地位，并明确了企业参与职业教育校企合作的法律责任。据统计，德国联邦政府、各州政府、行业协会共同制定了多达376个与职业教育有关的法律规定。"在此基础上，制定职业教育的单项法规制度，主要包括《培训者规格条例》《职业教育促进法》《改进青年培训的规章》《职业培训的个人促进法》《培训章程和考试规则》《企业章程法》《青年劳动保护法》《工商业联合会权利暂行规定》《手工业条例》《劳动资助法和社会补助法》等。此外，还有一些职业教育的相关法规如《职业教育基础阶段工业企业内实训时间与职业学校课时计划原则》《农业职业教育基础阶段实训与课堂教学时间计划原则》《家政职业教育基础阶段实训与课堂教学时间计划原则》《公职系统职业教育基础阶段实训与课堂教学时间计划原则》等。"①

早在20世纪60年代，美国就明确提出合作是职业教育的发展方向，

---

① 耿洁. 职业教育校企合作体制机制研究［D］. 天津：天津大学，2011.

并颁布了《职业教育法》。90年代中期，美国发布了《2000年目标：美国教育法》和《院校工作多途径法案》，这极大促进了职业教育校企合作的发展。二战后，崇尚法治的美国相继通过了一系列法案，并采取相关措施来促进和规范学校职业教育与企业的联系。美国相关法律具有很强的操作性，对职业教育校企合作提供了详细的法律条文。法律明文规定了实施校企合作的主体，明确了企业在参与职业教育过程中所承担的责任，以及对违反法律责任的追究等。具体如表4.8所示。

表4.8 二战后美国校企合作相关法律法规

颁布时间	法律法规
1963	职业教育法
1977	青年就业与示范教育计划法案
1982	职业训练协作法
1983	职业培训合作法
1984	帕金斯职业教育法
1990	帕金斯职业教育法案
1994	学校到工作机会法案
2006	卡尔·帕金斯生涯与技术改进法

按照治理模式构建的要求，当前，我国需要建立完善的校企合作政策法规体系，推动并支持职业教育校企合作工作。对校企合作问题有详尽的条款解释，内容明确具体，使职业教育校企合作的实施具有很强的可操作性。同时，法规要与时俱进。由于职业教育与经济联系最为紧密，校企合作法律的制定不仅要针对现实问题，还应该具有预见性，综合考虑经济发展趋势预测校企合作中的各种问题。法律的修订应该及时有效，体现出时代发展的要求，每一次的立法都是在之前立法的基础上进行，具有继承关系，不断进行修正，进而一步一步地解决问题。另外，在法律法规的内容上体现职业教育的发展规律，符合经济的发展要求。

5 国内职业教育校企合作治理模式案例——以江苏为例

实践证明，开展校企合作是职业教育培养技术技能型人才最有效的途径和方式。在 2014 年召开的全国职业教育大会上，习近平总书记就加快职业教育发展做出重要指示，强调职业教育肩负着培养多样化人才、传承技术技能、促进就业创业的重要职责，必须高度重视、加快发展。各地要坚持产教融合、校企合作，努力建设中国特色职业教育体系。作为我国职业教育发展的先进省份，江苏职业教育校企合作具有悠久的历史，改革开放后又与时俱进、开拓创新，取得了一个个新的突破，为江苏教育大省与经济大省地位的确立做出了贡献。江苏职业教育在校企合作的长期实践中，针对我国校企合作中普遍存在的难点问题——校企合作治理模式选择、校企合作治理机制建设等，积累了丰富的实践经验，探索形成了职业教育校企合作治理模式的江苏案例，为解决多年困扰职业教育质量的问题，引导多元治理主体深度参与职业教育校企合作全过程提供了江苏思路。

5.1 江苏职业教育校企合作概况

江苏地处沿海，经济发达，但自然资源短缺，产品市场在外。要想在激烈的市场竞争中争取主动，江苏最大的优势是教育优势，最重要的资源是人力资源。目前，江苏全省正处于率先全面建成小康社会、率先奋力开启基本实现现代化新征程的关键时期，"两个率先"目标的顺利实现，始终离不开人才的支撑，不仅要有一大批拔尖创新人才、经营管理人才和工程科技人才，还要有数以百万计的高素质技术技能型人才。因此，作为技术技能型人才培养重要主体的职业院校，如何培养出适应社会经济建设的人才，是迫切需要回答的时代课题，而强化职业教育校企合作是解决这一问题的重要手段和关键之举。职业教育校企合作是一种利用职业学校和行业、企业不同的教育资源和教育环境，以培养适合社会发展需要的技术技能型人才为主要目的的教育模式，即在产业部门和教育部门之间、实际生产经营过程和教育教学活动过程之间建立密切联系，利用职业学校与产业单位各自的优势，把以课堂传授间接知识为主的教育环境与以直接获取实际经验和能力为主的生产现实环境有机结合起来，最终达到理想目标人才培养的目的。只有深入开展职业教育校企合作，才能有效实现专业与岗位对接、专业课程内容与职业标准对接、教学过程与生产过程对接、学历证书与职业资格证书对接，培养出与时代发展相吻合的技术技能型人才和高素质劳动者，从而最大限度地提升职业教育服务社会经济发展、服务学生全面发展的贡献度。

江苏省半数以上的职业学校早在20世纪八九十年代就开始了校企合作的尝试。彼时的校企合作形式主要有学生进入企业进行生产实习和毕业实习，学校自建校办工厂，为企事业单位订单培养、委托培养人才以及企业为学校提供兼职教师等。值得注意的是，江苏有一所办学历史悠久的五年制医药卫生类高职校早在1958年就已经开展了校企合作，其合作形式是将学生送到当地的医院进行实习。还有2所学校分别于1978年和1979年开始了校企合作的征程。其中前者是作为当地技术工人的委培单位为当地企业培训员工，后者是企业派人到学校开展工学结合，为学校的实践教学提供师资。由此可知，校企合作作为一种人才培养的方式，实际上在江苏省基本上与职业学校的建立相伴而生，与职业学校的发展如影随形。换言之，开展校企合作是职业学校起初办学的自然选择和应然举措。

随着江苏职业教育的发展，目前江苏省职业教育校企合作的形式也在发生着变化：已经由过去相对单一的企业接受学生实习，学校为企业培养人才、输送毕业生的模式逐步发展到现在的不同形式、不同层次的合作。比较典型的合作形式有接受教师进单位实践锻炼、订单培养（含冠名班）、学校在校外设立基地、单位参与学校人才培养活动、单位委托学校开展职工培训、单位为学校提供兼职教师、企业设立在学校（引企入校）、学校与企业联合科技攻关、企业向学校捐赠实施设备等。校企合作领域日趋多元化也是江苏省职业教育校企合作的一个显著特点，即校企合作正在由过去较为简单的合作，逐步向多元化的合作领域发展。数据表明，现在江苏职业教育校企合作已经不再是单纯地在某一专业、某一行业的单方面合作，合作领域已经逐渐扩大。一方面，职业学校的大部分专业已经参与到校企合作进程中来；另一方面，江苏全省已经组建了商贸、农业、建筑、现代服务业、财会、信息、纺织、旅游、化工、交通、机电等十多个职业教育集团，参与的职业院校近三百所，加盟的行业企业近六百家，初步形成了校企融合、资源集成、产学结合的新局面。与此同时，在上述行业性职教集团之外，目前全省各地也成立了地区性职教集团。例如，扬州市政府牵头组建了扬州市职教集团，并以高职院校、部分办学条件较好的中职学校、技工院校为牵头单位，吸收相关学校和企业参与。不仅如此，该市还在职教集团内成立了八大专业中心，使校企合作集团化办学落到实处。

5.2 江苏职业教育校企合作治理模式分析

某种程度上看，江苏职业教育校企合作取得的成绩是与其治理模式密不可分的，本节将具体从组织架构、行业参与、利益驱动、评估监控和政策法规等五个方面，对照治理理念的要求，对江苏构建职业教育校企合作治理模式的举措进行深入分析，提炼经验。

5.2.1 组织架构

除了在省级层面优化组织架构之外，江苏省还大力推动地级市层面和职业院校层面的职业教育校企合作治理的组织优化。江苏省南通市建立职业教育校企合作工作指导委员会，并对委员会成员进行职责划分，协调互动,从市政府层面推进校企合作工作。"由市政府分管领导挂帅,市教育局、人力资源与社会保障局、经贸委、人事局、财政局、国税局、地税局、工商局等部门分管领导参加,每学期召开 2 次工作指导委员会例会。工作指导委员会办公室设在市教育局。工作指导委员会的主要职责是:制定出台校企合作办学的发展规划和政策措施,统筹协调职业院校与企业的联系,指导解决校企合作工作过程中的困难和问题等,对校企合作办学工作进行考核评估,对校企合作办学工作取得明显成效的单位和个人进行表彰,积极推广切实有效的校企合作办学模式。市教育局负责推进职业院校校企合作办学模式改革和研究,组织开展校企合作办学工作督导;市人力资源与社会保障局负责高技能人才培养、职业培训、提供职业标准、技能鉴定、提供就业信息等服务,加强人力资源市场管理;市经贸委负责推进企业积极参与职业教育与培训,指导企业开展职业教育的校企合作办学;市人事局负责对符合任职条件的企业能工巧匠担任职业院校专业教师进行政策指导,以及对职业院校毕业生进入人力资源市场进行相应的管理;市财政局负责制定落实校企合作办学及产学研结合的财政政策;市国税局、地税局负责落实校企合作办学中有关税费优惠政策;市工商局负责指导各类工商企业向职业院校推荐校企合作办学项目和接纳职业院校学生就业和实习。在南通市职业教育校企合作工作指导委员会指导下,建立由有关行政部门、行业协会、骨干企业、职业院校领导参加的校企合作办学专业委员会,校企合作办学专业委员会由教育部门会同行业组织牵头,负责本行业校企合作办学的推进工作。各县(市、区)也要建立相应的工作指导委员会,明确有关部门职责,做好校企合作的有关工作。"①

江苏常州科教城位于经济发达的江南历史文化名城常州,分为高教园区、科技园区,是国家高职教育发展综合改革实验区、国家大学科技园和

---

① 南通市教育局. 关于进一步加强职业教育校企合作办学的意见(征求意见稿) [Z]. 2010.

国家海外高层次人才创新创业基地。胡锦涛、江泽民、温家宝等党和国家领导人先后视察园区，对常州构筑产学研协同创新平台充分肯定。随着《国家中长期教育改革和发展规划纲要（2010—2020年）》的出台，为促进科教城全面协调可持续发展，常州市政府制订了一系列建设方案和行动计划，推动国家高职教育综合改革实验区建设实践。"加强组织领导，整合多方资源。按照政府统筹、学校主体、多方支持的思路，成立了试点工作领导小组，由市政府分管领导任组长，市各部委办局、各相关高校以及全市各行业协会、社会团体负责人担任小组成员，共同推进实验区建设。"[1] 建立高等职业教育理事会，"分管教育的副市长担任理事会理事长，市政府在高职院校与企业的校企合作中发挥了协调、保障和监督职能"[2]。

常州机电职业技术学院"四方三层"校企合作理事会，独具特色。在2010年开始的新一轮"国家骨干性高等职业院校建设计划"中，探索建立高职院校理事会的运行机制。[3]

"在常州机电职业技术学院校企合作理事会的'四方三层'中，'四方'指政府、行业、企业和学校四方代表成员，'三层'指理事会中规划、组织、实施三个层面。学校组建由四方代表成员参加的校企合作理事会、区域合作委员会和专门委员会、专业建设合作委员会，形成校企合作理事会组织架构。

校企合作理事会：规划层。理事会负责制定章程及有关制度，明确理事会职能、理事成员单位的推荐和选举办法、各方权利义务等事项。第一，政府。负责制定企业承担学生顶岗实习、校企合作科技项目、校企共

---

[1] 吴蕙卿. 常州市政府推进高职院校校企合作的现状、问题和对策 [D]. 苏州：苏州大学，2014.

[2] 吴蕙卿. 常州市政府推进高职院校校企合作的现状、问题和对策 [D]. 苏州：苏州大学，2014.

[3] 裴智民. 区域合作：高职院校二级校企合作理事会运行机械创新与实践——以常州机电职业技术学院为例 [J]. 职业教育研究，2013（12）.

建实训基地等方面的扶持政策，支持校企合作体制机制建设和各类平台建设，制定招生考试改革办法、教师专业技术职务评聘办法等相关制度，优化办学环境。第二，行业。制定行业规划和行业标准、通报行业发展情况、提供人才需求信息，指导学校相关专业建设。第三，企业。有合作往来的企业接收学生顶岗实习，提供就业岗位，在一定范围内开展科技合作，共建双师素质培养基地、兼职教师储备基地和实训基地，参与学校的人才培养模式改革、课程建设、师资队伍建设等。第四，学校。调整部门设置和职能，深化以岗位聘任为核心的学校内部人事管理制度改革，使教师参与企业生产实践与社会服务制度化、规范化和常态化；打造高技能人才创新创业平台，开展社会培训，提供技术支撑和咨询服务，输送高质量的人才，服务装备制造业转型升级和地方经济建设。

区域合作委员会和专门委员会：组织层。第一，区域合作委员会。在学生实习和就业相对集中的区域，依托各地高新园区，组建由政府、行业、企业和学校四方成员共同参加的区域合作委员会。负责推选并产生区域内的理事单位，加强与政府、行业、企业的联系，掌握校企合作情况，建设并管理校企合作工作站，推进'厂中校'和星级校外实训基地建设。第二，专门委员会。根据校企合作载体建设和人才培养的需要，成立政策与发展规划、人才培养模式改革等8个专门委员会，分别对应成立专项工作组，挂靠相关部门，搜集相关信息并开展专项工作。为专业建设合作委员会提供各种条件和保障。

专业建设合作委员会：实施层。由行业企业专家、能工巧匠（学校聘请）和各系教学骨干等组成专业建设合作委员会。主要职责为：负责组织专业人才需求调研，确定专业人才培养方案；负责专兼结合教学团队的建设，安排专任教师的培养与兼职教师的聘任等工作；负责校外实习实训条件的建设、学生的顶岗实习与就业等工作；负责组建科研团队，搭建社会服务平台，组织教师参与技术服务与社会培训；负责监控专业建设的进度和质量,以及整个专业建设过程中的质量保障。"①

"校企合作理事会的运行机制主要分校内、校外两部分。校内主要采取专项工作会议形式。在理事成员年度大会上,围绕学校的联合办学、联合人才培养、联合科技教育培训服务等方面展开,对学校的办学方向、培养规模和层次、教学改革、人才培养、专业设置和学校的中长期发展规划等重要问题,提出指导性建议。学校广泛听取意见,认真采纳理事单位的建议和意见,促使学校更好地为企业服务、为社会服务,学校用实际行动给予理事单位回报。

双向互动的信息交流。校企合作理事会是学校与行业企业之间的信息交换站。理事会通过秘书处、各理事单位的联络处和联络员之间交流、获取信息资源,分门别类后交由相关职能办公室公布、处理,为各自决策提供有效信息渠道。教研学互融的合作育人。根据学校制定的《'校中厂'建设与管理办法》等制度,推进校企合作育人。根据'校中厂'合作协议,学校为企业提供场地、设备技术、员工等,企业为学校提供生产性实习、顶岗实习和就业岗位、兼职教师等,建立利益共享动力机制;通过例会、座谈等形式,保证校企双方有效沟通,保证'校中厂'高效运行,建立沟通与反馈机制;通过实施'校中厂'在教学功能、师资培训、社会服务等方面的绩效考核,促进'校中厂'良性发展。"②

"学校依托区域合作委员会,在学生实习就业相对集中的区域,打造由政府、行业、企业共同参与的校外合作平台——校企合作工作站,实现人才共育、过程共管、信息共享、责任共担,促进校企深度合作。以'厂中校'建设为突破口,稳步建设校外实训基地。各区域合作委员会制订《'厂中校'建设与管理办法》,会同有关专业筹建若干个校外实训基地,

---

① 朱平,彭银年,蒋庆斌,等.常州机电职业技术学院"四方三层"校企合作理事会建设[J].职业教育研究,2012(18).
② 朱平,彭银年,蒋庆斌,等.常州机电职业技术学院"四方三层"校企合作理事会建设[J].职业教育研究,2012(18).

并根据教学进程,组织学生到校外实训基地顶岗实习,提高综合实践能力;专业教师依托校外实训基地参加企业锻炼,提高实践能力。制订《校外实训基地建设与管理办法》,以'工作站'为中心,稳步推进校外实训基地建设。根据合作企业的规模、效益、信誉度和校企合作紧密程度等要素,制定《星级校企合作基地建设标准》,分层建设'五星级、四星级、三星级',探索并形成校外实训基地分层建设机制。"① 常州机电职业技术学院校企合作组织运行机制如图 5.1 所示。

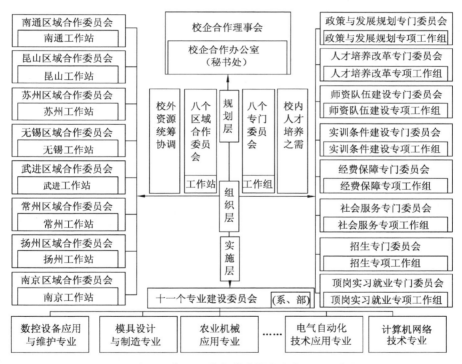

图 5.1 常州机电职业技术学院校企合作组织运行机制

资料来源:裴智民. 区域合作:高职院校二级校企合作理事会运行机制创新与实践——以常州机电职业技术学院为例[J]. 职业教育研究,2013(12).

---

① 朱平,彭银年,蒋庆斌,等. 常州机电职业技术学院"四方三层"校企合作理事会建设[J]. 职业教育研究,2012(18).

苏州工业职业技术学院从自身实际出发，突出职业院校办学特色，强化校企协同育人，探索建立校企合作办学平台，将企业全程融入师资培训、专业建设、学生学习等过程，为提高学校办学质量提供了保障。"建立'政府主导、四方合作'的理事会。在苏州市政府的主导下，学校成立由市政府分管领导担任理事长，政府有关部门参与，经济技术开发区、行业组织、企业和学校等多方组成的苏州工业职业技术学院理事会，制定《苏州工业职业技术学院理事会章程》，明确理事会权益、运行、保障机制，建立发展规划和重大投资等议事规则、制度，形成利益相关方合作办学、共同育人的长效机制。理事会下设5个专门工作委员会、7个系（院）校企合作中心和多个区域合作工作站（点），并成立各专业（群）建设委员会。建立'三三联动'的合作办学组织体系。学校构建校企合作办学的三个层次联动关系：理事会为第一层次，专门工作委员会、系（院）校企合作中心和区域合作工作站（点）为第二层次，专业（群）建设委员会为第三层次。构建三个方面联动关系：专门工作委员会、系（院）校企合作中心、区域合作工作站，形成'三三联动'组织运行体系。明确各组织的功能、职责和工作制度，制定合作办学组织体系运行机制和管理制度，确保合作办学组织机构之间和学校内部管理机构之间工作机制无缝对接。"[①]

无锡工艺职业技术学院旅游专业成立专业指导委员会进行战略决策，"委员会由旅游局局长、学院学工副院长、系主任担任负责人，委员会成员由地方旅游产业集团副总经理，地方多家旅行社和景区初、中级管理人员及一线重要人员组成。学院专业指导委员会成员的选择遵循以下原则：第一，要充分发挥地方政府的宏观调控功能，将校企合作纳入地方旅游局的常规工作；第二，要充分调动旅游行业集团的积极性，将地方行业经济

[①] 王震.校企合作办学平台建设探索——以苏州工业职业技术学院为例[J].职业技术教育，2014（32）.

与专业发展融为一体；第三，强调合作企业类型的多样和数量的够用，以满足学生实践需求；第四，企业委员的岗位类型要与专业学生就业岗位相吻合，且企业委员不仅要能把握相关岗位发展态势，更要能熟悉岗位职责、内容及操作流程"。如图5.2所示。

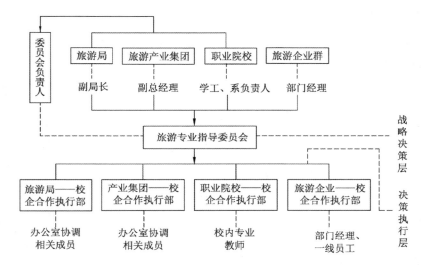

图 5.2　无锡工艺职业技术学院旅游专业校企合作组织机构

资料来源：陈丽荣，吴岳军. 职业院校校企合作治理结构的实践研究——以无锡工艺职业技术学院为例［J］. 南昌师范学院学报（综合），2015（6）.

5.2.2　行业参与

在江苏省各级政府部门的推动下，各行业组织（含行业协会、行业商会、同业公会与企业联合会等）发挥非营利性社团法人组织的桥梁和纽带作用，统筹、指导和推动本行业内的校企合作，增强企业参与校企合作的社会责任感和荣誉感。江苏省建筑安全与设备管理协会主动参与职业教育校企合作，推动实训基地建设、人才培养快速前进。协会邀请行业专家到学校进行指导，参与人才培养方案修订，出资100万元设立"博爱建筑安全"奖学金。同时，协会主动出面，推动南通华新建工集团、江苏中阳建筑集团、江苏武进建筑工程公司、苏州金螳螂建筑公司等知名企业进入职业院校开展校企合作活动。

江苏省由行业协会牵头,在国内率先实施职业教育集团化战略,形成了立足省情、兼顾职业教育发展规律的江苏模式。自 2003 年江苏成立首个省级职教集团——江苏商贸职教集团以来,相继成立了江苏农林职教集团(2004 年)、江苏建筑职教集团(2005 年)、江苏现代服务业职教集团(2005 年)、江苏旅游职教集团(2005 年)、江苏信息职教集团(2005 年)、江苏纺织服装职教集团(2006 年)、江苏化工职教集团(2006 年)、江苏汽车职教集团(2007 年)、江苏机电职教集团(2007 年)、江苏艺术设计职教集团(2008 年)、江苏艺术职教集团(2009 年)、江苏交通运输职教集团(2010 年)、江苏地质职教集团(2010 年)等十几个省级职教集团,实现了江苏省职业教育资源的有效整合、融通和共享,促进了职业教育的改革以及与行业企业的衔接与沟通,使校企合作更加紧密深入。在院校层面,行业组织也积极投身校企合作活动,例如,常州机电职业技术学院"充分利用行业资源,与江苏省模具工业协会为代表的 16 个行业协会建立密切联系,确保每个重点专业至少有一个行业协会支撑,学校和企业优势互补、资源共享,确保学生、企业、学校共同受益。近年来,建立了紧密型校企合作基地 135 个,顶岗实习信息库企业 4912 个,实现了高质量的顶岗实习,吸引企业投入教育基金 280 万元,为企业开发项目 62 个,开展订单培养 1152 人"[①]。

5.2.3 利益驱动

江苏省规定企业要依法履行职工教育培训和足额提取教育培训经费,一般企业按职工工资总额的一定比例足额提取教育培训经费,从业人员技能要求高、实训耗材多、培训任务重、经济效益较好的企业可增加比例提取。所提取的教育培训经费列入成本开支,并用于以下情形:举办职业院校或选送本企业员工到职业院校进行职业技能培训、继续教育和技能等级评价,接纳并指导职业院校学生顶岗实习,开展职业教育校企合作及其他

---

① 朱平,彭银年,蒋庆斌,等. 常州机电职业技术学院"四方三层"校企合作理事会建设[J]. 职业教育研究,2012(18).

相关培养培训活动，对未能继续升学的初中、高中毕业生进行职业教育和职业技能培训。江苏省人民政府及其有关部门依据国家有关规定，给予职业院校享受有关税费的优惠政策。省财政厅、省税务局认真贯彻财政部、国家税务总局有关规定，对职业院校教育劳务、技术研发、技术转让、技术咨询、技术服务、举办培训班等方面收入，免征营业税和企业所得税；对教学等自用的房产、土地，免征房产税、城镇土地使用税；对用于教学的进口设备免征进口关税和进口环节的增值税、消费税。

按照有利于激发校企双方参与职业教育校企合作的思路，常州地方财政创新加大经费投入力度。"一是拨付教育奖励经费。每年专门设立500万元专项经费，对教育科研、师资培训、技能大赛、办学成果等项目实行奖励。二是投入产业引导和财税奖励资金。在园区内对需要资金扶持的科研项目、合作研发平台、产业孵化基地等开展年均超过3000万元的奖励资助。同时，地方税务部门还将园区企业所缴纳的税金地方留成部分的50%返还园区，进行评审奖励，年均超过100万元。"①常州市《促进高职改革发展综合试验区试点方案》指出，按生均年补贴500～800元标准，对接收学生参加生产性实训、顶岗实习的企业，实行顶岗实习工伤保险、兼职教师课时费、实训耗损等经费补贴制度。常州市《关于加强职业教育校企合作办学的指导意见》指出，对企业资助和捐赠职业院校用于教学和技能训练活动的资金和设备费用可按规定列入企业所得税税前扣除项目。对职业院校开展"四技"服务取得的收入，按规定免征营业税、企业所得税。对实习学生按有关规定和实习合作协议提供合理报酬，支付实习期间的意外伤害保险费用，准予在计算缴纳企业所得税税前扣除。市国税局、地税局负责落实校企合作办学中有关税费优惠政策。

为了更好地推动校企主体参与校企合作，2010年，南通市教育局出台

---

① 吴蕙卿. 常州市政府推进高职院校校企合作的现状、问题和对策[D]. 苏州：苏州大学，2014.

《关于进一步加强职业教育校企合作办学的意见》，指出"各类企业要根据财政部等十一个部委联合印发的《关于企业职工教育经费提取与使用管理的意见》（财建〔2006〕317号）文件规定，提取并合理使用职工教育与培训经费，用于本企业职工培训与高技能人才培养，其中高技能人才培养经费不低于50%。对企业与职业院校合作开展订单式人才培养，企业承担部分的支出从企业自留职工教育经费中列支；对企业资助和捐赠职业院校用于教学和技能训练活动的资金和设备费用按《财政部、国家税务总局关于教育税收政策的通知》（财税〔2004〕39号）、《财政部、国家税务总局关于公益救济性捐赠税前扣除政策及相关管理问题的通知》（财税〔2007〕6号）的有关规定执行；对企业按与职业院校签订的实习合作协议，支付职业院校学生在企业实习的报酬、意外伤害保险费等费用按《财政部、国家税务总局关于企业支付学生实习报酬有关所得税政策问题的通知》（财税〔2006〕107号）、《国家税务总局关于印发〈企业支付学生实习报酬税前扣除管理办法〉的通知》（国税发〔2007〕42号）规定执行；对职业院校开展技术开发、技术转让、技术咨询、技术服务取得的收入，按《财政部、国家税务总局关于教育税收政策的通知》（财税〔2004〕39号）规定免征营业税、企业所得税；对企业与职业院校共同开展产学研合作，研究开发新产品、新技术、新工艺所发生的技术开发费，按《财政部、国家税务总局关于企业技术创新有关企业所得税优惠政策的通知》（财税〔2006〕88号）规定，予以税前扣除；建立校企合作发展专项资金。市和各县（市、区）财政要分别设立不少于200万元和50万元的校企合作专项资金，各职业院校要将当年培养费总额的2%作为校企合作专项经费。职业教育校企合作发展专项资金应当随着经济和社会的发展逐步增长。校企合作发展专项资金应当用于：资助职业院校和企业联合设立职业教育实习实训基地、合作建设实验室或生产车间等校企合作项目，资助职业院校为学生在实习期间统一办理意外伤害保险。对企业接纳职业院校学生实习发生的物耗能耗给予适当资助，对与职业院校合作开展职工教育和培训并取得显著成绩的企业给予奖励、表彰，对职业院校参与企业技术改造、产品研发、科技攻关和促进科技成果转化给予资助或奖励。奖励、表彰其他在促进职业教育校企合作中做出显著成绩的单位和个人。其他有关促进职业教育校企合作的经费支出。县（市、区）人民政府应当对校企合作发展专项资金的使用情况进行绩效评价，并根据评价结果对资金使用进行调整。校企合作发展专项资金使用和管理的细则，由县（市、区）人民政府另行制定"[①]。

5.2.4 评估监控

江苏省高度重视对职业教育校企合作的评估和监控，不断通过体制机制改革，优化评估体系，推动职业教育校企合作质量的提升。江苏省南通市发布文件强化对校企合作工作的考核评估，指出"各级教育行政部门要加强对职业院校校企合作办学模式的指导，将校企合作办学紧密程度和水平作为职业院校办学业绩和水平评价、工作目标考评的重要内容，作为职业学校可持续发展能力的重要方面，作为高水平示范性学校、示范专业评审考核的重要条件。经济主管部门，要加强对企业校企合作工作的指导，将企业开展校企合作的水平作为企业科技进步、实绩评价的重要内容。教育和经济主管部门要联合制订职业院校校企合作办学评估考核办法，组织开展对职业院校校企合作办学工作的评估督导，共同对校企合作办学工作取得明显成效的单位和个人进行表彰，积极推广切实有效的校企合作办学模式，并在全市树立一批校企合作的先进典型，采取更大的扶持政策，推动全市职业院校校企合作工作"[②]。

江苏省无锡立信中等专业学校在校系二级管理体制的深入实施和不断完善的前提下，建立校系二级校企合作工作考核评估制度，形成校系二级校企合作工作量化考核细则。如表5.1所示。

---

① 南通市教育局. 关于进一步加强职业教育校企合作办学的意见（征求意见稿）[Z]. 2010.
② 南通市教育局. 关于进一步加强职业教育校企合作办学的意见（征求意见稿）[Z]. 2010.

表5.1 无锡立信中等专业学校校企合作工作考核评估细则

序号	考核项目	考核内容	自评分	考评分
一	组织领导及实施	系主任为校企合作工作目标责任人，得5分；统筹安排校企合作工作，得5分	院系二级目标责任书及量化考核表，校企合作工作计划及总结	10
		建立和完善本系三级校企合作目标责任制，工作落实到人并组织实施，得5分；积极配合校企合作部执行校企合作各项活动，得5分；及时制订校企合作工作计划并积极组织实施，按要求及时上报校企合作工作情况，得5份；积极举办校企联谊会、专业研讨会等，得5分	系三级校企合作工作目标责任书及考核表，校企合作情况安排表，校企联谊会、专业研讨会等会议记录及纪要	20
二	工作条件	指定校企合作工作专职负责人并签定本系三级目标责任书，得5分；建立校企合作企业档案，得5分；制定本系校企合作工作计划并实施，得10分	系三级工作目标责任书，企业档案，本系校企合作工作计划实施工作记录	20
		严格执行学校关于校企合作工作经费的管理办法，得5分；有专人管理并有符合管理规定的经费使用记录，得5分	校企合作工作记录，经费使用记录	10
三	制度建设及配套改革	认真执行学校校企合作工作制度，得5分；日常管理工作科学规范，工作有检查有督促，得5分	相关工作记录，相关检查记录	10
		学校发展规划、专业设置、师资培训、招生规模调整、学科建设、培养模式改革等方面工作与校企合作、企业调研状况紧密挂钩，有计划及配套措施，得10分	具体改革措施，相关工作记录	10
四	研究与创新	开展校企合作有关课题研究，得10分；创新校企合作工作机制，工作有特色、有成效，得10分	相关研究课题，创新工作机制的相关文件	20

资料来源：章凌燕. 基于职教集团的校企合作体制机制建设新举措——以江苏省无锡立信中等专业学校为例［J］. 无锡商业职业技术学院学报，2011（1）.

无锡商业职业技术学院出台《校企合作工作考核办法》，"明确校企合作考核指标体系，构建促进校企合作的保障机制，正确引导和促进二级学院将校企合作工作融入高职人才培养的全过程，努力实践并逐步实现学院合作办学、合作育人、合作就业与合作发展的高职人才培养模式。校企合作考核采用奖惩计分办法，根据考核对象和考核内容的不同，分解各项指标的分值，通过考核计算得分。校企工作考核内容分为校企合作组织领导、校企合作单位、校企合作成效三部分，总分为 100 分。若能按要求如期保质完成则该项得满分，若不能则根据考核标准相应扣分。每年度考核一次，一般安排在一月初实施；考核分为二级学院自评和学院考评两部分。各二级学院按考核指标和考核点收集、整理原始材料，结合考核标准进行自评，并完成书面总结与汇报材料；学院校企合作中心组织考评会，由考评组听取各二级学院汇报，查阅原始材料和自评得分，确定各二级学院的考核得分。校企合作考核结果与领导班子、中层干部目标责任考核统一。校企合作考核结果 75 分为合格。在考核合格的二级学院中根据情况给予表彰和奖励"[①]。如表 5.2 所示。

表5.2　无锡商业职业技术学院校企合作评估指标体系

一级指标	二级指标	三级指标	指标解读	主要观测点与评分标准
一、校企合作的组织领导（8分）	1.校企合作负责人（2分）	二级学院有校企合作工作负责人	该考核内容要求二级学院领导把校企合作为凸现高职教育特色和水平的根本途径，贯穿在整个办学过程中，组织机构健全，保障校企合作落到实处	二级学院有校企合作工作负责人，其中负责人为分院党政领导与合作企业领导共同担任的得满分；党政共同负责的得 1.5 分；只有行政正职领导负责的得 1 分；只有副职领导负责的得 0.5 分

---

① 无锡商业职业技术学院.校企合作工作考核办法［EB/OL］.http：//www.wxic.edu.cn.

续表

一级指标	二级指标	三级指标	指标解读	主要观测点与评分标准
一、校企合作的组织领导（8分）	2. 校企合作专（兼）职工作人员（2分）	二级学院有校企合作专（兼）职工作人员	该考核内容要求二级学院配备校企合作专职或兼职工作人员，具体负责开发、落实和推进本分院各级各类校企合作项目，与学院校企合作中心保持紧密联系，及时传达学院相关文件精神，定期汇报分院校企合作工作情况	二级学院有校企合作专（兼）职工作人员，其中配有专职人员的得满分，配备兼职人员的得1分，没有的不得分
	3. 校企合作管理制度（2分）	二级学院有校企合作管理制度	该考核内容要求二级学院制定符合本分院特色与实际情况的科学完善的管理制度	二级学院有校企合作管理制度，其中制度科学完善的得满分，有制度但不够完善的得1分，没有的不得分
	4. 校企合作计划总结（2分）	二级学院有推进和深化校企合作的规划，在专业发展规划中将校企合作办学作为重要内容；有校企合作年度、学期工作计划，实施有成效	该考核内容要求二级学院对校企合作工作进行长远规划，并按年度、学期实施，不断拓展和深化校企合作的内涵	二级学院有校企合作长期规划，年度、学期工作计划和总结。其中二级学院事业发展规划中充分体现校企合作工作，计划科学合理，总结全面具体的得满分；有规划、计划、总结，但思路不是很清晰，重点不突出的得1.5分；规划、计划、总结不齐全的根据情况得0.5—1分；没有的不得分
二、校企合作单位（12分）	1. 政府（3分）	二级学院校企合作单位中有地方政府或政府职能机关	该考核内容要求二级学院校企合作工作中与地方政府机关有一定联系与合作	二级学院与地方政府要有一定的合作，二级学院自己联系，与市级政府有合作的得满分；与市级政府职能机关或县区级政府有合作的得2分；与县区级政府职能机关或乡镇街道有合作的得1分；没有的不得分

续表

一级指标	二级指标	三级指标	指标解读	主要观测点与评分标准
二、校企合作单位（12分）	2. 行业（3分）	二级学院校企合作单位中有行业协（学）会等	该考核内容要求二级学院校企合作工作中与行业协（学）会等组织有一定联系与合作	二级学院与行业协（学）会等组织有一定的合作，二级学院自己联系，与国家级行业协（学）会有合作的得满分；与省级行业协（学）会有合作的得2分；与市区级行业协（学）会有合作的得1分；没有的不得分
	3. 企业（3分）	二级学院校企合作单位中企业单位数量与层次	该考核内容要求二级学院校企合作企业单位在数量与质量上具有一定的规模与层次	二级学院校企合作企业单位按照大型企业占60%、中型企业占30%、小型企业占10%的比重，分别乘以数量，得出最后得分，排名前两位的得满分，3—5位的得2分，其余的得1分
	4. 院校（3分）	二级学院校企合作单位中院校单位数量与层次	该考核内容要求二级学院校企合作院校单位在数量与质量上具有一定的规模与层次	二级学院校企合作院校单位按照本科院校占10%、高职院校占20%、中职学校占70%的比重，分别乘以数量，得出最后得分，排名前两位的得满分，3—5位的得2分，其余的得1分
三、校企合作成效（80分）	1. 专业建设（4分）	专业建设指导委员会（4分）	该考核内容要求各专业建立有紧密合作企业有关专家参加的专业建设指导委员会，制定专业建设委员会章程。发挥行业、企业专家对专业建设的指导作用，保证教学工作的适需性、有效性、针对性	二级学院各专业建设指导委员会成员名单。各专业建设指导委员会工作职责文本。每缺一个专业按照该二级学院专业数量的比例相应扣分

续表

一级指标	二级指标	三级指标	指标解读	主要观测点与评分标准
三、校企合作成效（80分）	2. 课程建设（4分）	课程开发（4分）	该考核内容要求每年定期召开课程建设会议，与企业共同制定课程标准、教学大纲	二级学院当年研讨课程体系的会议记录、纪要及会议材料。每学期召开一次会议以上的得满分，每年召开一次以上的得3分，没召开的不得分
	3. 外聘教师（6分）	数量（6分）	该考核内容要求各专业要聘请一定数量的企业兼职教师。建有相对稳定的来自企业等有实践经验的高技能人才等兼职教师库。聘请企业等有实践经验的高技能人才和技术、经营、管理人才任兼职教师	二级学院按照当年专业课聘请外聘教师任课20%以上的得满分，15%～20%得5分，10%～15%得3分，5%～10%得1分，没有的不得分
	4. 教师下企业锻炼（6分）	一师一企（3分）	该考核内容要求二级学院鼓励专业教师深入联系企业，与企业建立合作关系，不定期走访企业。备有考核资料	二级学院按照当年一师一企的100%得满分，80%得2分，60%得1分，但没有的不得分
		挂职锻炼人数（3分）	该考核内容要求二级学院鼓励教师到企事业单位实践锻炼，提升教师包括实践操作能力、专业技术开发能力、课程开发能力、企业工作经历等在内的"高等职业教育关键能力"，适应高等职业教育技能型人才培养的需要	二级学院按当年下企业锻炼教师数量占专任教师数比例高低进行排名，前两名得满分，3—5名得3分，其余的得1分，但没有的不得分

续表

一级指标	二级指标	三级指标	指标解读	主要观测点与评分标准
三、校企合作成效（80分）	5. 校内实训基地建设（6分）	校企共建校内生产性实训基地数量（3分）	该考核内容要求二级学院校企合作专业校内实训基地设计布局与行业企业共同完成，设备安排、工作流程科学合理、与企业接轨，实训环境体现企业真实情境和教学训练环境的结合和统一	二级学院各专业都建有校企共建校内实训基地，少一个扣1分，没有的不得分
		企业投入资金（3分）	该考核内容要求二级学院在校企共建校内生产性实训基地时，要努力争取更多的企业资金投入	二级学院校企共建校内实训基地企业投入资金与设备总值，每投入5万元得1分，最高得满分
	6. 校外实训就业基地建设（6分）	校外实训就业基地数量（6分）	该考核内容要求二级学院要加强校外实训就业基地建设，强化实践教学环节	二级学院各专业校外实训就业基地数量与专业学生比，达到30名学生一个基地的得满分，40名学生的得5分，50名学生的得4分，60名学生的得2分
	7. 订单培养（32分）	订单专业数量（12分）	该考核内容要求二级学院各专业都要积极开展校企合作订单培养	订单班级每涉及一个专业得4分，最高得满分
		订单班级与学生数（20分）	该考核内容要求二级学院开展更多的订单班级，惠及更多的学生	20人以上订单班级每新增一个得5分，40人以上订单班级每新增一个得10分，最高得满分
	8. 社会服务（8分）	项目数量（2分）	该考核内容要求二级学院在各种合作形式的数量上要有所突破。为企业的生产经营服务，为学院的教学服务	社会培训完成计划得1分，科技服务有项目得1分

续表

一级指标	二级指标	三级指标	指标解读	主要观测点与评分标准
三、校企合作成效（80分）	8. 社会服务（8分）	经济效益（3分）	该考核内容要求二级学院在进行企业服务时要适当注意经济效益的指标	按照经济效益多少排名，20万元以上得满分，10万元以上得2分，5万元以上得1分，没有的不得分
		项目级别（3分）	该考核内容要求二级学院加大校企合作研究，积极申报各级各类项目，提升合作质量	将社会服务项目分为国家级、省部级、市厅级和院级，国家级得3分，省级得2分，市厅级得1分，院级得0.5分
	9. 企业奖（助）学金（4分）	额度（4分）	该考核内容要求二级学院能够争取到更多的企业奖助学金	当年企业设立的奖助学金在10万元以上的得满分，5万~10万元的得3分，1万~5万元的得2分，1万元以下的得1分，没有的不得分。
	10.（准）捐赠（4分）	（准）捐赠金额（4分）	该考核内容要求二级学院在校企合作过程中要积极争取合作企业更多的（准）捐赠金额	按照当年捐赠金额20万元以上的得满分，10万~19.9万元得3分，5万~9.9万元得2分，5万元以下得1分，没有的不得分。准捐赠按照捐赠金额的一半折算后计算

资料来源：无锡商业职业技术学院. 校企合作工作考核办法 [EB/OL]. http://www.wxic.edu.cn.

常州市出台《职业学校校企合作办学工作督导评估细则》，共分为三级指标，并对每个指标进行解读，明确每个指标的观测点。如表5.3所示。

表5.3 常州市职业学校校企合作办学工作督导评估细则

一级指标	二级指标	三级指标	指标解读	主要观测点
一、校企合作办学组织领导（10分）	1. 校企合作办学领导（3分）	（1）学校领导班子具有校企合作办学的先进理念，思路清晰，工作扎实有效。学校具有推进和深化校企合作办学的政策措施，且实施效果较好（3分）	该考核内容要求学校领导特别是校长把校企合作为凸现职业教育特色和水平的根本途径，贯穿于整个办学过程中，落实到思想和行动上，采取积极可行的措施，保障校企合作办学落到实处。（考核年限为近三年，重点为近一年。下同）	1）学校"十一五"发展规划、三年主动发展规划 2）近三年学校年度工作计划和总结 3）省、市教育及主管部门认定或确定交流的典型案例，如在省市调研检查等活动中对办学特色的评价，在市及以上会议交流的经验材料等 4）校长有关学校办学方面的论文、报告 5）学校有关推进校企合作办学的政策措施文本
	2. 校企合作办学规划（5分）	（2）学校具有推进和深化校企合作办学的规划，在学校发展规划中将校企合作办学作为重要内容。学校具有校企合作办学年度工作计划，实施有成效（3分）	该考核内容要求学校对校企合作办学工作进行长远规划，并按年度实施，不断拓展和深化校企合作办学内涵	1）学校校企合作办学的规划文本 2）近三年学校年度工作计划和工作总结 3）年度工作中校企合作办学进展的主要亮点，如经验总结、成果实例、完成项目
		（3）学校积极开展校企合作办学研究，取得一定研究成果，对深化校企合作办学产生促进作用（2分）	该考核内容要求学校开展校企合作办学研究，指导办学实践，提高校企合作办学水平	1）学校有关校企合作办学方面的课题研究成果 2）学校部门或教师团队或骨干教师有关校企合作办学方面的论文

续表

一级指标	二级指标	三级指标	指标解读	主要观测点
一、校企合作办学组织领导（10分）	3. 校企合作办学管理机构（2分）	（4）学校建立有紧密合作企业有关负责人参加的校企合作办学工作委员会，有校企合作办学管理机构和相应的管理人员、管理制度。每年定期召开校企合作办学工作委员会会议，研究实习就业基地建设和校企合作办学发展（2分）	该考核内容要求学校与企业建立沟通与合作平台，落实有关管理机构，为校企合作办学提供组织体制保障，并切实发挥校企合作办学工作委员会作用，解决校企合作办学实际问题	1）校企合作办学工作委员会名单 2）校企合作办学工作委员会章程 3）校企合作办学管理机构及管理人员名单（可挂靠学校有关职能部门） 4）校企合作办学管理制度 5）近三年校企合作办学工作委员会工作计划 6）近三年校企合作办学工作委员会会议记录、纪要及会议材料
二、共同建立实习就业基地（26分）	1. 实习就业基地建设（11分）	（5）建立相对稳定的学生实习和就业基地（近三年），学校与企业签订实习基地协议，在企业挂牌。近三年每年安排实习学生人数一半以上，有一定数量的实习生在实习基地就业（4分）	该考核内容要求学校按规范建立实习就业基地，并充分发挥基地在实习就业方面的骨干作用	1）校企双方签订的实习基地协议 2）实习基地企业牌额照片 3）近三年学生实习安排汇总表、实习计划和实施的原始材料 4）近三年学生就业情况汇总表（原始名单）

续表

一级指标	二级指标	三级指标	指标解读	主要观测点
二、共同建立实习就业基地（26分）	1. 实习就业基地建设（11分）	（6）合作企业有一定科技水平或技术档次，诚信经营，遵守教育部、财政部"五不得"规定，切实保护实习生权益（4分）	该考核内容要求学校选择有一定科技水平和职业教育条件、发展前景好的企业作为学生实习基地，主动开拓与科技水平高、职业教育条件好的大型企业、跨国企业、世界500强企业开展校企合作办学。有一定科技水平是指生产的产品运用技术和设备先进、工艺要求较高、成品精致。一定技术档次是指服务类企业资质或星级较高。诚信经营，遵守教育部、财政部"五不得"规定是指企业不把实习学生作为简单劳动力使用，或实习学生待遇低下，企业违反《教育部、财政部关于印发〈中等职业学校学生实习管理办法〉的通知》（教职成〔2007〕4号）有关规定	1）实习企业名录及政府部门、行业组织授予的各类先进称号 2）学生实习工作场所的照片 3）实习企业实习生工作计划或安排及待遇方面的材料

续表

一级指标	二级指标	三级指标	指标解读	主要观测点
二、共同建立实习就业基地（26分）	1. 实习就业基地建设（11分）	（7）每年定期邀请企业参加职业信息发布活动，举办校内就业市场，营造校园就业氛围（3分）	该考核内容要求学校坚持职业学校就业为导向的办学方针，突出职业学校职业性特色，切实重视学生就业服务工作。职业信息发布是指企业通过学校所发布的招聘信息。校内就业市场是指学校组织相关企业在校园内开展的企业与学生双向洽谈招聘活动	1）近三年学校发布的就业信息 2）校内就业市场情况
	2. 实习管理（15分）	（8）学校、企业和学生签订学生实习协议。实习岗位基本专业对口（3分）	该考核内容要求学校、企业和学生三方签订学生实习协议，明确三方职责和权利以及学校、企业、学生家长管理要求。实习岗位基本专业对口是指实习工作与所学专业大类一致，且需运用所学主要专业知识。如经历多个实习岗位，则大多数工作与所学专业大类一致	1）学校、企业和学生签订的实习协议文本 2）近一年学生实习安排汇总表，汇总表应包括学生实习单位、实习岗位或工种、联系电话等

续表

一级指标	二级指标	三级指标	指标解读	主要观测点
二、共同建立实习就业基地（26分）	2. 实习管理（15分）	（9）制订符合技能训练要求的实习计划，将实习纳入教育教学全过程中。建立实习生实习管理档案与情况反馈和考核制度（4分）	该考核内容要求学校充分重视实习阶段的教学管理，避免"放羊式"的实习，造成管理缺位。实习管理档案是指学生学籍卡对学生实习管理的记录，或学校专门印制的实习管理手册等管理形式。情况反馈和考核制度是指学校和企业制定的学生实习的表现、工作业绩的评价方面的记录形式	1）近三年实习计划 2）近三年实习情况反馈信息或企业的评价（如学生实习考核、鉴定的情况等），或实习工作总结 3）实习学生学籍卡或实习管理手册（随机抽取）
		（10）安排教师带队实习或定期到企业巡查指导实习。学校配合企业确定带教师傅和实习专题，实习专题符合技能发展需要，实习生政治思想和职业道德教育、职业行为规范和职业技能培养成效明显（4分）	该考核内容要求学校充分重视实习阶段的教学管理，避免"放羊式"的实习，造成管理缺位。安排教师定期到企业巡查指导实习是指有计划地到企业去了解指导实习情况，时间长短因需而定	1）近三年学校安排教师带队实习或定期到企业巡查指导实习的原始材料 2）实习企业带教师傅名单、各实习专题材料 3）实习企业实习管理、考评等材料

续表

一级指标	二级指标	三级指标	指标解读	主要观测点
二、共同建立实习就业基地（26分）	2. 实习管理（15分）	（11）实习生劳动保护、安全教育措施到位。企业按规定支付实习生报酬和意外伤害保险费用（4分）	该考核内容要求学校加强实习学生安全教育，并与实习企业协调，使企业按《教育部、财政部关于印发〈中等职业学校学生实习管理办法〉的通知》（教职成〔2007〕4号）有关规定，做好实习学生劳动保护和安全保障工作。在落实或指导学生实习安排过程中，加强与实习企业协调，使企业按《财政部、国家税务总局关于企业支付学生实习报酬有关所得税政策问题的通知》（财税〔2006〕107号）精神，执行支付实习生报酬和意外伤害保险费用的规定	1）实习企业和学生签订的实习协议是否体现劳动保护、安全保障条款 2）近一年学生实习安排汇总表，汇总表应包括学生实习单位、实习岗位或工种、联系电话等 3）学校实习管理部门所掌握的有关信息（如工作环境、待遇等）

续表

一级指标	二级指标	三级指标	指标解读	主要观测点
三、共同参与职教办学（19分）	1. 专业和课程建设（11分）	（12）各主干专业建立有紧密合作企业有关专家参加的专业和课程建设指导委员会（4分）	该考核内容要求学校发挥行业企业专家对职业学校专业和课程建设指导作用，保证教学工作的适需性、有效性、针对性。主干专业是指学校确定的长期办好的专业（含办学时间较长并将继续办好的专业、新设置的按规划长期办好的专业以及省市示范专业。下同）	1) 各主干专业的专业和课程建设指导委员会成员名单 2) 各主干专业的专业和课程建设指导委员会工作职责文本
		（13）每年定期召开专业和课程建设指导委员会会议，有企业专业技术和高技能人才参与专业设置、专业建设、课程建设和专业教学工作（4分）	该考核内容要求学校发挥专业和课程建设指导委员会作用，保证人才培养的职业性特色	1) 近三年专业和课程建设指导委员会工作计划与总结 2) 近三年专业和课程建设指导委员会会议记录、纪要及会议材料
		（14）学校文化、专业文化与企业文化有机融合（3分）	专业文化是指学校主干专业的专业建设理念，专业发展过程、专业特色和职业氛围、与企业联系的状况，具有显性和隐性两种形式。职业学校里企业文化主要是指企业的生产环境、操作流程和规范要求、员工素质培养要求等的融入和呈现	1) 显性的学校文化、专业文化与企业文化因素，如环境、氛围等 2) 隐性的学校文化、专业文化与企业文化因素，如制度、典型工作等

续表

一级指标	二级指标	三级指标	指标解读	主要观测点
三、共同参与职教办学（19分）	2. 教育教学与教师培养（8分）	（15）建立教师到企事业单位实践锻炼制度，所有专业教师每年定期到企事业单位进行专业实践和到企事业单位调研访问。所有专业教师每两年到企事业单位专业实践达2个月以上，课题明确，并实行考核（4分）	该考核内容要求学校通过教师到企事业单位实践锻炼制度建设，提升教师包括实践操作能力、专业技术开发能力、课程开发能力、企业工作经历等在内的"职业教育关键能力"，适应职业教育技能型人才培养的需要。教师到企事业单位实践锻炼主要是指专业教师有计划的实践活动，实践活动可按计划分阶段实施，总时间要求两年内达到2个月以上，基数为学校专业类教师总数。文化课等其他教师到企事业单位实践锻炼、教师带领学生到企事业单位实习，教师参与职业技能培训也可算作到企事业单位实践锻炼。教师到企事业单位短时的调研、访问、指导学生实习不算作到企事业单位实践锻炼	1）学校关于教师到企事业单位实践锻炼的制度，或实施《省教育厅、省财政厅关于实施中等职业学校教师素质提高计划的意见》（苏教职〔2007〕29号）和《常州市职业学校专业教师专业技术能力建设意见》（常教人〔2006〕48号）的办法或细则 2）近三年学校安排教师到企事业单位实践锻炼的计划和名单 3）近三年教师到企事业单位实践锻炼记录卡或其他考核资料

续表

一级指标	二级指标	三级指标	指标解读	主要观测点
三、共同参与职教办学（19分）	2. 教育教学与教师培养（8分）	（16）建有相对稳定的来自企业等有实践经验的高技能人才等兼职教师库和相应的管理制度。聘请企业等有实践经验的高技能人才和技术、经营、管理人才任兼职教师的比例达20%～30%。每年定期邀请合作企业技术、经营、管理人员为学生作成才讲座（4分）	该考核内容要求学校加强兼职教师队伍的管理，形成专兼职教师结构合理互补、适应技能型人才培养需要的教师队伍。兼职教师是指从行业企业、科研院所聘请担任专业课教学、实习指导、职业道德与就业创业指导教育教学的教师，必须有聘用手续，在校有效教学工作量大于40学时/年。高技能人才是指高级工及以上人员，技术、经营、管理人才是指企业等工程技术人员、经管管理领导或部门负责人	1）近三年兼职教师情况汇总表，其中应包括兼职教师学历、职务、专业技术职称、国家职业资格等级、技能证书等级和兼课情况 2）兼职教师聘任资料 3）企业技术、经营、管理人员为学生作成才讲座的有关资料 4）兼职教师管理制度

续表

一级指标	二级指标	三级指标	指标解读	主要观测点
四、共同培养技能人才（14分）	1. 人才培养（10分）	（17）主干专业和企业专家共同制订人才培养方案和专业课程标准。企业开展联合办学或"订单式"人才培养，开办"企业冠名班"，与企业共同开发专业标准和课程，订单培养经费由企业支付（6分）	该考核内容要求与企业合作开展"订单式"人才培养时，应根据人才培养和企业实际需要，与企业共同制订专门的培养方案、课程标准和课程体系，实现人才培养与企业需求的对接。企业支付订单培养经费是指支付费用达到规定学费的80%。"企业冠名班"指以合作企业名称命名的班级，也可以是企业确定的专门为本企业品牌连锁企业培养人才的课程项目	1）企业专家参与制订人才培养方案和专业课程标准 2）学校与企业"订单式"培养方案、"企业冠名班"协议。企业支付培养经费
		（18）有效利用企业设备、场地，实行"工学结合"或"半工半读"，模式管理规范。建立企业资助的奖学助学基金（4分）	该考核内容鼓励学校利用企业资源，推进职业教育培养模式改革。"工学结合"或"半工半读"是指学校与企业具有"工学结合"或"半工半读"的合作协议，在某个班级或专业开展的试点形式。企业资助的奖学助学基金是指由企业出资的达10万元左右或以上专门用于学生资助和奖励的基金	1）实行"工学结合"或"半工半读"企业和班级名单 2）"工学结合"或"半工半读"管理办法 3）企业资助的奖学助学基金办法

续表

一级指标	二级指标	三级指标	指标解读	主要观测点
四、共同培养技能人才（14分）	2. 职工培训（4分）	（19）为合作企业举办职工文化科技教育、岗位技能培训，或在紧密合作企业建立分校，开展职工培训，每年累计培训300人次以上（4分）	该考核内容指学校与合作企业开展的职工培训工作，合作企业指学校与其签订合作办学协议的企业或单位。面向社会未有合作办学协议的其他职工培训不在此列	1）近三年为合作企业举办职工培训的培训计划（包括项目、地点、时间、学时等）和学员名单 2）在紧密合作企业建立培训基地的协议和培训实习材料
五、共同建设校内实训基地（16分）	1. 实训基地建设（8分）	（20）各主干专业实训基地设计布局与行业企业共同完成，设备安排、工作流程科学合理并与企业接轨，实训环境体现企业真实情境和教学训练环境的结合和统一（4分）	与企业专业技术、高技能人才共同完成实训基地设计布局，是为了保证实训场地尽可能地与企业真实场景接轨，避免盲目失误。企业各主干专业实训基地是指校内大类专业的综合实训场地和专项实验实训室	1）实训基地设计布局方案、参与完成人员 2）实地考察基地
		（21）接受企业先进设备赠送、推介或入股建设实训基地。企业设备占总设备值的20%以上（4分）	企业先进设备赠送是指企业无偿支持学校用于实训的设备，推介是指企业将设备配置在学校实训场地用于实训的设备，设备仍属企业所有。入股是指企业将设备以股份形式投入学校实训基地用于实训，企业可优先获取毕业生、为自己培训职工，以及以利用设备为自己提供加工、服务等形式取得股份回报	1）企业设备清单及价值 2）捐赠或入股建设协议

续表

一级指标	二级指标	三级指标	指标解读	主要观测点
五、共同建设校内实训基地（16分）	2. 实训基地管理运行（8分）	（22）利用实训基地开展社会培训，每年500人次以上（4分）	该考核内容要求学校发挥实训基地的作用，提高设备的使用效益。利用实训基地开展社会培训是指涉及技能操作的培训。每年培训人次是指近三年培训的平均数	近三年社会培训的计划（包括项目、地点、时间、学时等）和学员名单
		（23）引进企业产品、资金、生产线或生产车间、社会服务机构，进行产教结合。实训基地成为行业、地方职业技能竞赛或技能鉴定场所（4分）	该考核内容的产教结合是指引进企业产品、资金、生产线或生产车间进行产品生产时，或者引进社会服务机构（如服务企业、会计事务机构等）开展服务业务时，要保证学生的实习需要（如生产实习、实务操作等）	现场实际情况
六、共同开展技术研发（15分）	1. 产学研基地建设和政策（7分）	（24）学校建立产学研基地、开发团队和相应的管理机构（3分）	该考核内容要求学校将产学研开发作为体现职业教育水平特色、提升教师专业技术能力水平、提高人才培养水平和服务社会能力的重要途径。产学研基地是指校内基地或合作企业内的技术研发中心、车间等，开发团队是指学校参与开发的教师达3人以上	1）有相应的管理机构和开发团队 2）产学研基地现场实际情况

续表

一级指标	二级指标	三级指标	指标解读	主要观测点
六、共同开展技术研发（15分）	1. 产学研基地建设和政策（7分）	（25）学校制定产学研规划和政策措施。企业在学校建立研发基地和新产品、新技术培育孵化基地（4分）	企业在学校建立研发基地和新产品、新技术培育孵化基地是指企业在职业学校利用学校教师技术资源和条件装备资源的优势开展的研发过程	1）学校产学研规划和政策措施文本 2）现场实际情况
	2. 技术研发（8分）	（26）教师在企业帮助下或自主开发具有一定科技水平的实训设备、实训平台或实训软件。教师开发的实训设备和实训平台在教学实训中得到应用，开展产业化经营服务（4分）	该考核内容要求学校开展技术研发要将职业学校人才培养必需的实验实训设备的开发作为重要内容，提高技术研发的实用性，使技术研发成为直接为教学服务的手段。一定科技水平的实训设备、实训平台或实训软件是指成果水平基本达到或接近同类产品水平	学校技术研发项目和成果
		（27）教师参加企业技术研发工作或自主开发工作，成果在生产、服务领域得到应用或获得专利（4分）	该考核内容要求学校将教师参加企业技术研发工作或自主开发工作作为提升教师专业技术水平和实践能力，提高服务社会能力的重要途径。教师参加企业技术研发工作是指教师为研发主要人员之一	学校技术研发（或承担）项目和成果，相关的证明材料或专利证书等

备注：每条评估指标均设 ABCD 4 个考核等级。如不达 A 级但超过 C 级，则评定为 B 级，如不达 C 级，则为 D 级。A、B、C 考核的得分分别按该项标准分值乘系数 1、0.8、0.6 计算，D 级为 0 分。

5.2.5　政策法规

职业教育校企合作的有效实施离不开政策法规的保障，尤其是当前校企合作遭遇困境时，更需要政策的激励和法规的支持。江苏省省市有关部门一直积极做着这方面的努力，先后出台了一系列措施，力图推动江苏职业教育校企合作治理的进程。例如，2012年12月11日，江苏省政府办公厅转发了省教育厅《关于进一步提高职业教育教学质量意见的通知》（以下简称《通知》），《通知》中提出要积极"推进校企深入合作。坚持以市场和社会需求为导向，完善政府主导、行业指导、企业参与、学校主动的校企合作运行机制"，为此要"建立校企合作办学激励机制，表彰奖励校企合作优秀典型，重点培育200个左右校企合作示范组合"。江苏省教育厅职教处相关领导也多次表示，"今后要更加注重创新校企合作形式，支持行业企业举办或参与职业教育，探索引企入校、办校进厂、企业办校、校办企业等多种形式的校企合作"。

在市县地方政府层面，有关部门也不断认识到校企合作的重要性，陆续加强了政策建设和法规保障。2007年，江苏省常州市制定了《常州市加强职业教育校企合作办学指导意见》，规定："① 职业院校通过与企业签订协议、在企业挂牌等形式，建立相对稳定的学生生产实习和就业基地，积极实行实习就业一体化；企业则积极接受职业院校学生到企业相应岗位实习，安排对口专业的实习岗位，按有关规定和实习合作协议提供合理报酬。② 职业院校聘请有实践经验的企业专家担任专业教学和技能训练的兼职教师，建立兼职教师库，颁发兼职教师证书，专业教师每两年到企业实习锻炼学习两个月以上。③ 职业院校与企业共同制订订单式人才培养方案，开展校企联合办学，培养技能人才，建立企业资助的奖学助学基金，开办'企业冠名'班，在企业建立分校或将职业学校办在企业。④ 职业院校可采用接受企业设备赠送、设备推介、为企业提供设备场地、与企业合股等形式，积极引进企业先进生产设备、产品、资金、生产线、生产车间用于实训和生产，将学校实训中心建成企业的生产基地和学校的教学工厂及技能考核鉴定场所。⑤ 职业院校积极组织教师开展应用技术研究、技术革新与攻关,与新课程相配套的实训设备、实训平台的研发制作,并积极推进产业化经营服务,参与企业研发工作,为企业和学校解决实际问题,推进成果在生产服务和教学实训领域的应用;企业则可充分利用职业院校场地、设备、教师资源,在职业院校建立企业研发基地,通过企校合作,建成新产品、新技术的培育孵化基地。"① 2010年10月,常州市被国务院确定为开展地方政府促进高等职业教育发展综合改革试点城市,将职业教育校企合作工作纳入全市发展战略,列入《常州市国民经济和社会发展第十二个五年规划纲要》《常州市十二五教育发展规划》,作为科教与人才强市战略和创新驱动战略的重要内容。

南通市在2010年10月28日出台了《关于进一步加强职业教育校企合作办学的意见》(通政办发〔2010〕193号),指出"加强校企合作是构建现代职业教育体系的必然要求,是推进职业院校与企业互利、共赢、共同发展的内在需求。校企合作办学,不仅可以为企业的发展提供优质的人才资源,还可以帮助职业院校解决实验实训设备不足、专业师资培训渠道不畅、学生实习就业缺少稳定基地等方面的问题,能有力推动和促进职业院校彻底改变以学校为中心、以课堂为中心的传统人才培养模式,加快推进职业院校课程改革,立足以岗位技能为核心,提升专业建设水平和人才培养质量。教育主管部门和广大职业院校要进一步转变观念,抢抓发展机遇,采取有力措施,建立稳定的校企合作伙伴,有效利用企业资源,大力推进校企合作;要将合作办学作为职业教育专业建设、课程建设、办学模式改革和教师素质提高的有效途径,作为职业院校新一轮发展的重要内容,作为培养高技能人才的基本模式,促进职业教育进一步办出特色和水平,更好地为企业培养所需人才,服务社会经济发展。明确校企合作办学的目标和任务。校企合作办学目标是加强校企合作,集聚校企优质资源,

---

① 常州市政府. 常州市加强职业教育校企合作办学指导意见 [Z]. 2007.

采取学校教育与企业生产实践相结合的方式，全面提升培养对象的综合素质、实践能力和就业竞争力，培养、造就一批较高职业素质的技能型人才，逐步建立以市场和社会需求为导向、政府指导、行业引导、校企互助、企业参与、社会联动的校企合作运行机制，加快形成具有鲜明特色的南通新型职业教育人才培养模式和现代职业教育体系。校企合作办学任务是增加合作体量，省级以上重点职业学校至少与20家以上企业合作办学，高职院校至少与30家以上企业合作办学；全市职业院校合作企业不少于400家。大中型企业至少要联系2家职业院校作为合作办学伙伴。提高合作质量。省级以上重点职业学校和高职院校至少引进2家大中型企业在校内建立实训实习基地，至少确立4家大中型企业作为校外实训教学基地，至少要有4家大中型企业成为合作的核心层伙伴。激发合作能量。根据南通市主导产业、特色产业发展需要，立足南通船舶制造、机械电子、纺织服装、精细化工、旅游服务等重点大类专业，不断提升职业教育专业结构与产业结构的吻合度，大力发展特色专业，探索校企在更广领域的紧密合作，打造由重点职业院校牵头，行业协会、企事业单位参与，以提高劳动者素质和技能水平为目标的校企合作联盟，激发校企双方更大的合作能量。完善校企合作办学的途径和模式。开展校企合作办学，不断探索和完善校企合作办学的途径和模式，以校企共赢为合作基础，在人才合育、教学合作、研发合创、产业合建、资金合股等方面实现新突破。合作参与学习过程，实现学生实习就业一体化。校企双方要积极探索工学结合、半工半读、学校学习和企业实习分阶段交替式学习等模式，制定切实可行的制度和计划，保证学生企业实践的时间。校企双方共同加强对实习学生政治思想和职业道德教育、职业行为规范和职业技能培养，做好学生实习中的劳动保护、安全等工作。企业要对实习学生按有关规定和实习合作协议提供合理报酬，支付实习期间的意外伤害保险费用；对半工半读的学生可实行免费培养，所需费用经企业和学校协商，由企业合理分担。要重视和加强学生顶岗实习管理，建立实习学生的跟踪服务和管理制度，探索建立学生实习保险制度，建立健全学生实习、活动管理档案；合作建设实训基地，实现内外技能培训一体化。职业院校要按照互惠互利原则，采用接受企业设备捐赠、设备推介、为企业提供设备展示场地、与企业合股等形式，积极引进企业先进生产设备、产品、资金、生产线、生产车间用于实训和生产，建设与企业生产现场对接的实训中心，将实训、培训和生产有机结合起来，把学校的实训中心建成企业的生产基地、学校的教学工厂、面向社会的培训中心及技能考核鉴定场所。合作企业要积极支持职业院校在企业建立校外实训基地，为学生半工半读、工学结合或集中实训提供条件；合作推进内涵建设，实现校企一体化同步发展。试行校企互派人员挂职制度，相互选派领导挂职，深入了解宏观经济政策、产业发展走向和市场用人需求，优化专业设置，把企业文化带进校园。企业可选派技术人员担任职业院校专业教学和技能训练的兼职教师，帮助解决专业教学的不足。学校可派专业教师到企业锻炼，确保职业院校教师每2年必须有2个月到企业实践锻炼。联合推进职业教育课程改革，建立有企业负责人、行业专家和对口科研院校专家参加的校企合作指导委员会和有企业专家参加的课程建设和专业教学指导委员会。联手培养'双师型'教师，各职业院校要制订教师能力发展计划，有针对性地安排教师到相关企业学习先进专业技术，提高教师实践能力；合作开拓办学路径，实现人才需求培养一体化。校企双方要针对企业岗位要求，共同开发制定专业标准，有效利用企业技术、设备、场地等条件、情境，做好订单式课程开发工作。合作企业要发挥主体作用，积极参与和支持校企合作人才培养，并将其作为建立现代企业职工培训制度的重要内容，更多地通过校企联合办学、订单式培养、录用新员工，满足生产、经营、服务对人才的需求。开展多形式联合办班，校企双方共同协商，建立企业资助的奖学、助学基金，在校内开办'企业冠名'班；在紧密合作企业建立分校，直接将职业学校办在企业；采用校内办班、在企业办班等多种形式，为企业举办职工文化科技教育、岗位技能培训，将院校建成企业职工教育培训基地。积极推动联合办学校,在政府的统筹下,紧密联系南通沿海开发、苏通科技产业园建设的优势,鼓励知名企业与学校共同协商,共建专业性强、人才结构合理的职业学校、培训中心;合作联动政产学研,实现技术研发推广一体化。以政府为主导,围绕地方支柱产业,适应经济发展方式转变的要求,整合集成本市研发机构、高科技企业和高职院校科技创新资源,政产学研合作开展技术攻关,建设产业化孵化基地,汇聚、转化、转移技术成果,提升高职院校服务地方经济社会发展的能力。职业院校要制定政策措施,确定研发项目,积极培养和推动骨干专业教师与企业共同开展技术研发,组织教师开展应用技术研究、技术革新与攻关,开展实训设备、实训平台的研发制作,并积极推进产业化经营服务,努力推进成果在生产实际和教学实训领域的应用。企业可充分利用职业院校场地、设备、教师资源,在职业院校建立产品研发基地,把研发基地建成新产品、新技术的培育孵化、应用推广基地"[1]。

苏州市于 2013 年制订了《苏州市职业教育校企合作促进办法》,提出市和县(市)、区人民政府应当设立职业教育校企合作发展专项资金,并明确了专项资金的使用范围,同时建立了由教育局牵头,经信委、发改委、人社局、财政局等部门以及行业协会、大型企业和骨干学校参加的苏州市职业教育经教联席会议制度。扬州市政府也于 2014 年 3 月 21 日出台了《关于组建扬州市职业教育集团促进技术技能型人才培养的意见》(扬府发〔2014〕37 号),提出今后每年在教育费附加中安排 1000 万元,市财政安排部分资金,设立职业教育发展基金。同时积极探索机制,鼓励社会组织、公民个人捐资,扩大发展基金规模。职业教育发展基金主要用于校企合作、师资资源库建设和职教集团专业中心建设项目等方面。上述市级层面政策的及时发布除了规约本市区域职业学校校企合作的开展之外,

---

[1] 南通市教育局. 关于进一步加强职业教育校企合作办学的意见(征求意见稿)[Z]. 2010.

还起到了良好的示范效应，带动了区县层面相关政策的出台。如泰州市下辖的泰兴市出台了《泰兴市校企合作管理办法》，成立了泰兴市校企合作管理委员会，在全市工业企业30强中推进校企合作。同市的姜堰区也建立了校企合作联席会议制度，筹集专项资金对优秀校外实习基地实行奖励，并给予参与校企合作的企业以政策优惠。上述举措一定程度上调动了社会各界参与校企合作的积极性，推动了校企合作的进程。

在院校层面，苏州工业职业技术学院"进一步完善校企合作决策制度和程序，实施校企合作项目目标管理，完善促进校企合作的配套制度与措施，出台《校企合作工作管理办法》《校企合作工作考核办法》《校企合作'十百千'工程》《一师两企校企合作制度》等，把岗位待遇、职称评聘、评优评先、薪酬奖励与校企合作业绩紧密联系起来，落实全校干部、教师校企合作的责任，构建干部、管理人员和教师主动服务企业的长效机制"[①]。盐城纺织职业技术学院为加强校企合作的规范管理，2008年以来，学院先后制定了《合作办学管理暂行条例》《专业指导委员会章程》，形成了院、系、专业团队三级管理的校企合作运行机制。南京交通职业技术学院"积极探索学院与企业紧密合作的长效机制，提高对交通行业后备人才培养的能力，拓宽对交通行业和企业服务渠道，创新人才培养模式，提高学生综合职业能力，学院出台了《关于加强校企合作工作的若干意见》《校企合作管理办法》《校企合作考核奖励办法》《学生顶岗实习管理办法》《教师下企业锻炼暂行规定》等相关制度，明确各有关部门、二级院系、教师、学生和学生家长的责任……"[②]

根据江苏案例发现，江苏省职业教育几十年来虽然发展迅猛、成效卓著，但职业教育校企合作依然存在很多问题。为此，江苏省将职业教育产

---

① 王震. 校企合作办学平台建设探索——以苏州工业职业技术学院为例[J]. 职业技术教育，2014（32）.

② 王平. 高职院校校企合作机制的研究与实践——以南京交通职业技术学院为例[J]. 科技创业，2014（9）.

教融合和校企合作放在非常重要的位置，积极采纳运用治理理论核心精神，从组织架构、行业参与、利益驱动、评估监控和政策法规等五个方面，联合政府、行业组织、企业和学校多方主体，共同推动职业教育校企合作政策法规制定、发展规划设计、人才培养模式改革、人才培养方案修订、课程体系优化、师资队伍建设、实训体系完善、经费保障等环节，解决了治理主体多元性、责权利均衡性和协调互动性等治理问题，初步构建了具有江苏特点的职业教育校企合作治理模式，其具体举措值得兄弟省份借鉴和学习。

6 治理视域下我国职业教育校企合作模式构建

职业教育校企合作作为一种典型的网络化社会活动，需要按照治理理念推进合作进程，这既是校企合作治理实践演进过程的必然趋势，也是治理形式和治理路径选择，也就是治理模式的选择。模式是指构成系统的各要素之间相互联系、相互作用的关系及推动系统保持正常运行的各种功能的总称，是可以照着做的标准样式或标准程序，大体包括制度、组织机构、评价监督、保障体系等环节。校企合作治理模式使校企合作治理主体，包括职业院校、政府、企业及行业组织在一定的合作治理规范下有效运作，形成较为稳定、系统、配套的治理体系。面对日益复杂的合作内外部发展环境和日益多样化的社会需求，在推进校企合作的过程中，需要加快校企合作治理体制改革，以治理理念创新校企合作模式，并且明确模式构建目标和原则，从而提升校企合作绩效。

6.1 模式构建目标和原则

治理强调的是不同的个人、机构和组织之间的互动，它决定权力如何行使、决策如何做出。治理结构中权力配置、角色关系和规则运作具有多层性和多样性，治理主要通过合作、协商等方式实施，治理鼓励自由、平等的参与，强调权力主体多中心化、非等级化。治理作为一种全方位的制度整合和创新，为职业教育校企合作模式构建提供了具有参考价值的行动坐标。治理是治理主体互动关系的行为、过程、结构的结合，能使政府、企业、学校、行业组织等治理主体的积极性被充分调动起来，使得校企合作的利益相关各方都能为建立宽松的治理关系而开始协商、讨论和沟通。当前，治理视域下推进职业教育校企合作模式构建最为关键的一步就是需要明确模式构建的目标。

6.1.1 治理模式构建目标

与西方发达国家不同，中国职业教育校企合作道路有其特殊性，实现职业教育校企合作治理的任务也更为艰巨。中国拥有世界上规模最大的职业教育体系，由于经济社会发展程度的不同，中国各地区的职业教育校企合作水平参差不齐，这带来的困难是巨大的。尽管我国职业教育校企合作已有了诸多创新性实践探索，但合作的层次还有待进一步提升，合作的内容还有待进一步丰富，合作的程度还有待进一步深化，合作的方式还有待进一步完善。这就要求必须尽快加大职业教育校企合作改革力度，推进治理模式构建。对校企合作而言，从管理走向治理，正是推进职业教育校企合作现代化的必由之路，是新时代提出的新命题。传统意义上的校企合作往往是线性合作，具有层级特性，而当前的校企合作不再是一对一、点对点的合作，主体的多元化造成了合作呈现出相互依赖的趋势，校企合作实践也更具灵活性、积极性和适应性。面对校企合作的多样化、复杂化，校企合作治理问题已经不在于选择何种治理工具，而要考虑如何将各类主体纳入治理过程，实现多元治理主体之间复杂博弈过程的相对平衡。也就是如何更好地将分散化的多元治理主体联合起来，在治理的过程中实现校企合作"善治"目标。

基于治理理念推进职业教育校企合作模式构建主要考虑以下四个因素。第一，分析不同利益相关者在职业教育校企合作治理中国家层面和地方层面的参与情况，注重不同政府部门和机构之间的协同，在纵向和横向层面形成有效的协调机制，同时在这两个层面引入行业组织，通过强调行业组织的参与促使校企合作治理过程能够充分考虑劳动力市场。第二，主要强调利益相关者的角色和责任，考虑参与治理的主体各自承担的职责以及各自的权力。明确职业教育校企合作治理实施以及进程中的职责分配，诸如由谁负责、负什么责、向谁问责等。第三，分析不同利益相关者在职业教育校企合作周期各个阶段的参与情况，也就是从校企合作合同签订开始，到校企合作执行，最后到校企合作评估，各类利益相关者之间的实践模式，不同层次和水平的利益相关者共同参与和相互影响。这些问题的解决依赖于治理的推进，而治理功能的发挥有赖于目标的明确。有必要充分发挥各治理主体的优势，规避各自的弱点和缺陷，以形成协同效应，从而解决日益复杂的校企合作问题。随着社会经济的发展，国家在公共事务方面的管理模式已不再单纯依靠权力，政府不再被视为唯一的权力主体，转而向政府与非政府组织之间的合作、公共管理机构和私人部门之间的合作演化。治理活动是嵌入复杂社会关系之中的，并以问题导向形成了由多治理主体构成的社会网络，从而产生了复杂的多中心治理。校企合作必然涉及不同治理主体之间价值观念、行为方式、利益分配等的协调，从总体上考虑各方、各层之间的关系及其影响，努力做到各方、各层之间的有效衔接，实现多元治理主体的力量汇聚和整合产生聚合效应。多元治理主体的力量指向同一个主题，形成一种相互依存、利益共享、风险共担的局面。第四，强调多元治理主体间资源、能力、方式等要素的互补性、针对性和契合性，防止治理中的碎片化、无序化、片面化。因此，在校企合作治理进程中，应以善治为导向，从我国社会经济发展与区域经济客观需求出发，构建特色鲜明的校企合作治理模式，不断深化职业教育校企合作发展改革，共同探索职业教育校企合作的作用机制以及策略，通过治理来明确职业教育校企合作的模式。

因此，职业教育校企合作治理模式构建需要将善治作为终极目标。善治从更好地服务人才培养目标出发，既是让主体归位、理顺关系、完善结构的过程，更是权力重新调整、制度再造的过程。在治理视域下，推进职业教育校企合作现代化，就是对传统的职业教育管理进行一种根本性重构，其核心在于对治理实现民主化的重构，而其终极目标就在于将善治发展为一种常态治理。善治的本质特征就在于通过协作的方式促成共同利益的最大化，它不仅有利于实现职业教育校企合作治理的民主化，而且有利于为社会提供更好的职业教育服务，大大加快我国职业教育校企合作治理体系现代化的进程，进而提升我国职业教育的整体实力，缩短与西方发达国家职业教育发展水平之间的差距。从治理与善治的关系来看，治理只代表着善治的初级阶段，治理只有经由一定的过程才有可能转化为善治，治理主体利益也才能够得以最大化地实现。因此，校企合作治理必须走向校企合作善治，治理才能是有价值的。可见，校企合作治理走向善治是校企合作实现现代化的本质和逻辑。善治是治理目标范畴中良好的治理，是我国推进职业教育校企合作治理体系现代化的理想目标。职业教育校企合作善治就是政府、企业、学校和行业组织之间建立起最佳合作关系，合作主体在治理中实现良好合作，并促成共同利益的最大化。善治的主体依据所承担的职务职责而积极履行相应义务，做出负责任的回应，最大限度地协调治理主体之间各种利益矛盾，取得治理主体最大限度的认可。在善治环境下，各治理主体通向利益的共享不仅仅是依法治理的结果，校企合作治理主体之间的关系不再是单向的支配关系，而是成为彼此资源的提供者、支持者及利用者，这样就具备了各治理主体通过协商达成利益契约的基础。善治是校企合作治理体系和模式的目标逻辑与应然追求，从自治到管治再到善治，校企合作形成了内在逻辑—制度逻辑—结构逻辑的历史脉络，展现出职业教育校企合作治理的逻辑线索。每一种治理模式的形成又都是对校企合作治理内涵与外延历史发展的丰富与拓展，在这个过程中，无论是治理理念、治理主体还是治理客体，都发生了目的性变化。在校企合作治理过程中，政策法律环境的创设、权责边界的划分、主体关系的建立、核心诉求的形成与利益的共享等一系列要素的获得，标志着校企合作治理实现了向善治的转化。

  满足善治要素标准以及善治过程之中基本价值目标能够实现职业教育校企合作公共利益最大化。我国职业教育校企合作办学经过了一个比较长时期的探索，现在需要进入善治的发展时期。善治需要规范化的模式保驾护航，包括：宏观调控职业教育的规模、结构、布局，为职业教育校企合作发展创设良好的环境；明确职业教育校企合作的方向和思路，完善组织机构，统筹不同相关主体；建立以职业教育部门、产业部门、财政部门、工信部门等多部门共同参与协作的职业教育校企合作组织，并通过该组织充分协商各参与主体的利益和意见，从而推动校企合作系统协调运行；按照合作办学、合作育人、合作发展原则形成的深度合作模式；按照校企合作的要求，完善立法，建立较为完善的规范体系，过程控制和标准控制软硬结合，细化操作规则，保证校企合作的质量；进一步落实科学发展观，推进职业院校办学体制和理念创新，逐步建立以市场和社会需求为导向的，政府指导、行业引导、校企互助、行业参与、社会联动的校企合作运行模式；集聚校企优质资源，采取学校教育与企业生产实践相结合的方式，全面提升培养对象的综合素质、实践能力和就业竞争力，加快技术技能型人才培养步伐，培养一批具备较强实际动手能力和较高职业素质的技术技能型人才，形成校企紧密结合、具有鲜明特色的职业教育人才培养模式。同时，职业教育的"跨界属性"决定善治的价值取向，职业教育的跨界性和紧贴市场办学的特性，即校企合作培养生产、服务、管理一线的技术技能型专门人才的办学宗旨，决定了必须充分发挥政府、行业组织、企业、职业院校等主体各自的资源、能力等优势，各治理主体紧密结合，资源互通，共同构建技术技能型人才培养共同体，打造合作办学、合作发展体系，从而提高校企合作培养技术技能型人才的针对性和前瞻性，提升合作项目和合作内容供给的有效性。通过各治理主体的协同努力、共同治理，方能提高职业教育人才培养质量，并实现职业教育的可持续发展，推动职业教育校企合作治理从"无序"混沌向有序"善治"的飞跃。

《国家中长期教育改革和发展规划纲要（2010—2020年）》指出：要"建立健全政府主导、行业指导、企业参与的办学机制，制定促进校企合作办学法规，推进校企合作制度化"。在职业教育校企合作政策的制定上，有必要切实发挥政府的主体作用。政府要合理利用其公共权力，在遵循教育法律的前提下，制定推动职业教育校企合作治理模式建设的政策制度。同时，政策制度必须要保持明确、规范、操作性强，更好地引领职业教育校企合作治理能力现代化。要不断强化政府在职业教育校企合作治理中顶层设计上的职责，发挥其在职业教育校企合作治理中的领导能力、宏观调控能力，着力破解在职业教育校企合作治理模式建设层所遇到的问题。同时，从"全能型"政府向"服务型"政府转变，政府是一个重要的参与者、组织者、统筹者，而不再是一个传统的大包大揽者。转变政府职能的关键在于处理好政府与职业院校、企业、行业组织在职业教育校企合作中的关系，科学划定各治理主体的权力向度。政府是校企合作的引导者，体现在职业教育校企合作的发展方向和政策制定上，政府切实做好自身的工作，履行起应有职责，在职业教育校企合作治理中争取做到"不越位""不缺位""不错位"。行业组织是校企合作的协调者。职业院校和企业是校企合作的直接参与者和实施主体，共同承担技术技能型人才培养的核心任务。这些治理主体在校企合作中的作用不同、定位不同、利益诉求不同，因此，有效的校企合作需要挖掘所有参与要素的利益诉求及利益均衡点，促使各方主动合作，建构相互促进、多方联动、有机协调的运作机制，形成共同的合作愿景和行动框架，以充分发挥各方力量，实现职业教育校企合作治理模式的目标。在政府、学校、行业、企业等多元治理主体之间形成治理合力，使得成员之间达成基于职业教育校企合作治理的价值共识，树立起善治的共同目标，最终在职业教育校企合作治理主体之间形成一种和谐有序的"善治"状态。另外，通过运用政府的"有形之手"联合市场主体的"无形之手"共同对职业教育校企合作治理活动进行调节，这就意味着许多治理主体要共同参与到治理过程中来，围绕着实现相互之间的目标价值和合作愿景而协同开展联合行动，形成"社会参与、多元协同、多方共赢"的多元善治的新格局，切实提升职业教育校企合作实践及活动的绩效水平。

当然，基于治理理念构建职业教育校企合作模式的目标并非仅局限于提升善治效益上,其更加现实的目标是为我国培养大批高素质技术技能型人才,符合我国社会经济转型与产业升级的期望,从而助推经济社会发展。一方面,伴随着"中国制造2025""一带一路"倡议的实施,经济社会的发展对技术技能型人才的要求越来越高,对技术技能型人才培养的需求越来越多元,职业教育的根本目标是为社会培养一大批适用的技术技能型人才,而人才的培养必须遵循教育规律,必须贴近社会经济发展实际。校企合作治理是一项模式创新,为校企合作注入了新的动力,成为经济发展与科技进步的助推器,其主要功能是把职业教育的人才培养和输送进行制度化设计。校企合作作为人才培养的重要方式,可充分利用校企双方的资源,优势互补,培养区域经济发展所需要的对口人才,提高人才培养质量。新常态下的经济社会发展对劳动者的差异化需求日渐显现,职业院校应树立起创新发展理念,在市场引导下,积极探索多样化的人才培养模式,通过治理模式创新,激发职业教育人才培养活力,推动职业教育人才培养现代化发展。职业院校要坚持特色办学,围绕地方特色产业做文章,着力提升特色技术技能型人才培养与产业的对接度,并能够根据产业变化趋势的要求,有针对性地调整教学内容。职业院校应努力改善人才供给,提升职业教育的人才培养质量,培养出适应市场需求的技术技能型劳动者。要能够善于发现市场,立足于不同地区、不同领域、不同行业、不同企业的实际,提供个性化人才培养服务,做到专业性与实用性人才供给相统一,努力形成人才培养的市场针对性。职业教育校企合作要聚焦技术技能型人才培养,要体现在生产与教育的一体化上,要改变现有的教育模式,培养学以致用的人才。要改革办学体制,创新人才培养机制,加强对学生职业素养和职业道德的培养。在生产的真实环境中实施教学,在教学中实现生产,联合改革人才培养模式,校企共同评价教学质量和人才培养质量,共同打造课程体系,共同开发系列教材。将学校的教学业务融入企业的生产经营过程,让人才培养过程和生产过程相互吻合,将企业的生产经营活动融入学校的育人过程。职业院校选择合作行业企业时,要基于人才培养的需要，站在长远的角度考虑企业的能力、资源、规模等要素，以便从自身的专业群及优势专业出发，围绕相关产业的一体化开展高素质技术技能型人力资源开发与培养。

另一方面，基于治理理念构建职业教育校企合作模式需要回归跨界的本质，在满足学生需求的同时满足社会的需求，在推进学生进步的同时推进社会的发展，这一目标，仅凭职业院校之力无以实现，需要包括企业在内的多方利益相关者共同努力达成。实现多方治理主体及优势资源的凝聚与整合，治理主体积极主动地参与校企合作，推动职业教育校企合作治理的高效运转；完善职业教育校企合作治理框架，形成社会主体广泛参与的职业教育校企合作治理结构，并且通过建立完备的运行模式，加快完善职业教育校企合作治理的内容体系，推进职业教育校企合作治理能力现代化。与社会产业发展需求相对接，是职业教育校企合作工作的目标内容，也是实现职业教育校企合作现代化的关键之一。要求职业教育面向我国现代化的发展需求，紧密围绕国家或区域的发展战略部署，通过调整职业教育的办学方向和专业结构，形成完备的产业支撑体系。职业院校与企业的深度融合，将校企双方置于经济社会的中心地带，发挥校企双方的主观能动性，为经济发展提供足够的人才支撑。促成区域资源一体化、产学研一体化和整体效益最优化。促进合作企业的技术创新，推动地方经济发展，培养社会所需的一线人才，提高区域创新水平。

6.1.2 治理模式构建原则

6.1.2.1 互动性原则

近年来，我国经济正从劳动密集型的粗放式增长方式逐渐向知识及技术密集型的内涵式增长方式转变。伴随着我国经济结构调整和产业转型升级步伐的加快，我国职业教育也经历了飞速发展，不仅办学规模急剧扩张，支撑了我国经济社会发展对技术技能型人才的多层次需要，而且人才培养质量也逐年提升。可以说，我国职业教育的发展已经向纵深推进，更主要的是校企合作已经成为职业教育人才培养的主要途径。然而，要想更好地推动职业教育校企合作快速发展,就要构建起多元治理主体互动的校企合作治理模式。

在经济新常态下,随着社会关系日益复杂化,职业教育校企合作治理更多地呈现出网络化的特征。经济社会发展对技术技能型人才培养的多元需求使得校企合作治理主体之间越来越多的资源需要交换,越来越多的利益需要共享,从而互动越来越密切。校企合作之间存在着信息的相互交换、资源的相互依赖、知识的相互分享、行动的彼此互动等,换句话说,在校企合作治理中,不仅存在自上而下的传统纵向行动线,还必然存在着多样化的横向互动伙伴关系,这种互动性是指多元治理主体的多层、多维、多域、多样的互动,互动涵盖院校、政府、行业组织、企业等主体间的相互沟通交流。通过互动增进了解和共识,从而建立起深层次有机合作关系,其权力向度是相互的,主要通过合作、协商、伙伴关系确立共同的目标等方式实施治理。

互动是社会资本的重要组成部分,是合作产生的基础,也是治理的保证。作为一类复杂的社会关系网络系统,校企合作从最简单的人际信任逐渐延展到合作过程互动,从而演变成一个基于互动机制的多边合作框架。因此,治理模式构建的重点是围绕校企合作治理的落实、流程和网络等。因为不是层级制的集权式管理,尤其要注重治理流程的制定与落实,通过职能互动、层次互动、多方联动等流程,健全决策—执行—监督的闭环机制,实现院校部门、系、专业与企业的无缝对接,形成强大合力。校企合作之所以达成,就是因为参与者认同彼此为了交换资源、共享知识、实现共同目标而愿意选取相互协同、相互依存的合作路径并采取集体行动。这是一个合作的过程,更是各治理主体之间形成动态的互动关系的过程。通过治理保证互惠互利,鼓励通过资源交换以换取彼此的资源、协调彼此的行动,满足各自独立的个性化要求。校企合作治理网络内的互动关系强弱和互动的维度不是一成不变的,是随着合作项目的变化和治理主体的变化以及时间变化而动态变化的。美籍奥地利人贝塔朗菲创立系统论,将系统定义为"由若干要素以一定结构形式联结构成的具有某种功能的有机整体"。系统论认为,任何系统都是一个有机的整体,它不是各个部分的机械组合或简单相加,而是整体大于部分之和。根据系统论的观点,职业教育校企合作治理模式也是一个由多因素组成的有机整体,各构成要素又自成系统,相互之间形成一种交叉耦合关系。职业教育校企合作治理缺失的破解往往需要依靠治理主体之间的互动来保障治理执行的畅通无阻,借助市场机制来解决治理主体遭遇的利益冲突,通过治理主体间的协商合作来实现校企合作 1+1>2 的效果,激发院校、政府、行业组织、企业等主体参与职业教育校企合作治理。

从具体实践来看,基于治理的职业教育校企合作模式所追求的价值应该是互动的,其中应该涵盖信任合作、共赢共生等关键词。互动性是校企合作治理的基点,校企合作治理是利益相关方为共同解决治理问题的群体性活动。为避免治理中的利益方厚此薄彼现象的发生,使治理绩效大打折扣,治理的良性运作应以互动性为其基点。校企合作治理主体的相互沟通是校企合作治理的条件,治理主体只有在相互沟通的环境中才能够各自敞开心扉表述想法,主体之间的默契度才能够逐渐累增。因此,治理主体间互动程度决定其融合度,进而决定校企合作的进度。若希望利益相关方形成合力推动校企合作可持续发展,这就需要利益相关方精诚合作,要想实现治理效果最优化则需要利益相关方的通力合作,需要将利益相关方的相互协调沟通贯彻于校企合作全过程。面对日益复杂的内外部环境,职业教育校企合作越来越呈现出网络化态势,应该采取互动性治理,这是基于多元合作伙伴关系建立起来的横纵交织权力线和行动线的互动。校企合作治理要进行整体推进,通盘考虑,统筹运作,治理主体通力合作,紧密配合,达成优势互补,共同促进目标,使办学诸要素之间有机结合、相互作用,构成一个具有特定功能的整体,最优化地实现办学目标和预期效果。职业院校、政府、行业组织、企业等主体在专业设置、培养目标、培养方案、实践课程教学、校企人员互兼互聘等方面进行广泛的合作,做到专业课程共定、教学过程共管、师资队伍共优、实训基地共建、教育资源共享、校企文化共融。也就是基于优势互补、互惠互利的原则，自愿组合，就某个或相关几个专业的建设由多方治理主体共同参与，这是一种互动共同体，致力于实现多方的相互依存、相互促进，有利于深化产教深度融合，激发职业教育校企合作活力。

6.1.2.2 明晰性原则

明晰性原则主要指的是责权利明晰。治理视域下职业教育校企合作模式构建核心是明确划分治理主体的责权利范围，处理好利益相关者的责权利关系，明确权力边界，实现权责对等。目前，职业教育校企合作治理存在的最大问题是治理主体的责权利错位。治理主体中职业院校和企业并没有在校企合作中定位好自己的主体责权利，没有认识到在治理中自己的责权利划分定位与组织目标。在实践中，校企合作治理主体各自打着自己的小算盘，不能够从校企合作整体利益出发，导致校企合作"同床异梦"。因此，有必要明晰治理主体责权利，在此基础上各负其责、各司其职，避免因职责不清、分工不明而导致合作上的混乱。否则，极有可能出现效率低下、推诿责任、争夺权力等传统管理弊端。如果责权利界定不清，也可能使一些治理主体参与校企合作流于形式。职业教育校企合作治理主体只有明确划分好各自的责权利范围，才能扮演好自己的角色，才能担当起自己的责任和义务。正像特里·L.库珀所指出的，"我们在各种角色的名义下让自己承担着义务。那些没有被明确规定好的角色，扮演起来很容易产生问题"①。治理视域下职业教育校企合作模式是多元治理主体共同作用形成的，各治理主体在利益关系的基础上形成了责权利关系。不同责权利应该有边界，要明晰政府、职业院校、行业组织、企业等多元治理主体在职业教育校企合作中的责权利。责权利平衡是校企合作治理结构稳定的表

---

① 特里·L.库珀. 行政伦理学——实现行政责任的途径 [M]. 张秀琴，译. 北京：中国人民大学出版社，2001：11.

现，校企合作治理结构能准确地体现系统中各治理主体力量的强弱和对比，并由相对强大的主体选择和行为所培育。校企合作治理结构的责权利分配与平衡，不仅由相对能力所决定，还由政策、法律、制度框架所界定。校企合作治理主体之间的责权利平衡，主要通过创建新的治理制度，重构规范、规则及其决策程序，通过立法等方式明确各治理主体的责权利，为各治理主体责权利的落实制定系统的、可操作的法规制度和政策措施，改变权力分配，最终构建相互联结、相互制约的责权利平衡体系。

需要指出的是，责权利明晰有助于突破目前我国职业教育校企合作治理的瓶颈。例如，在校企合作治理过程中，政府权限过大，会导致校企合作的束缚太多；权限过小，则会导致校企合作流于形式，落不到实处。所以政府手中的权力到底有多大，需要明晰化。当前政府各部门职责分工不明确，管理权限不清，存在多头管理的混乱现象。要推进校企合作治理进程，必须明确政府各管理部门的职能范围，明确职责划分。鉴于政府管理中存在的职能"缺位""错位""越位"等责任不清的问题，应明确各部门各自管理的权限范围，实行"归口管理"。厘清各自的职能，明确分工协作，做到该管的有人管，有人管的管得好。要明确政府的权力限度和责任范围，在履职过程中必须明确哪些由政府统筹管理，哪些由市场调节。必须要避免政府的过度干预，在发挥政府主导作用的前提下充分保障市场对于校企合作的调节作用，处理好政府主导与市场调节、政府主导与企业参与、政府主导与学校自主之间的关系。同时，企业作为职业教育校企合作的重要参与主体，也是职业教育校企合作治理的核心主体，企业的本质属性和直接目的就是实现自身利益最大化。要想从根本上调动企业参与职业教育校企合作的积极性，就要对企业的利益进行划分。对于企业来讲，必须明晰各类利益，包括能够给企业带来的税收、土地、财政、贷款等优惠政策。企业缺乏参与校企合作的积极性，主要原因是其利益得不到保障，企业作为社会经济活动的个体，盈利性是其本质特征，是否能盈利是其参不参与校企合作的根本因素。激发企业参与办学的积极性，明晰企业的责权利，是校企合作走向成功的关键。明晰性原则可望改变校企合作中动力性问题，在推动政府出台相关政策法规保护企业经济利益前提下，鼓励企业参与合作，在利益明晰的基础上，赢得企业深度参与。另外，职业院校是办学行为体，是办学活动的基本单位，也是关键的治理主体，职业院校必须能够独立参与办学，并能独立行使办学权利、承担办学责任。随着职业教育校企合作活动日益推进，职业院校在合作办学中也暴露出缺陷与漏洞，迫切需要其他利益相关者参与校企合作。然而，要想推动其他利益相关者高效率参与，必须明确职业院校的责权利范畴，确保职业院校与外部各利益相关者关系的有序规约，明确职业院校与政府、企业、行业组织在校企合作治理中的权责范畴边界。

总之，治理视域下职业教育校企合作模式构建对参与其中的治理主体都会提出责任要求。清晰的责权利界定是开展合作的前提和基础，只有清晰界定治理主体的责权利关系，建立一种具有稳定性强、良性互动的校企合作治理结构，形成纵向制衡与横向制衡的责权利治理体系机制，才能在校企合作治理过程中正确处理多方治理主体的责权利边界问题，规范多方治理主体的校企合作行为。

6.1.2.3 多元性原则

职业教育校企合作治理是一种复杂的具有外部公共性且关联多方利益的综合活动，在实践中不仅呈现出多维性和系统性，在内涵上还具有开放性。为了使人才培养活动顺利达成，应将所有的利益相关方都引入这一体系，围绕技术技能型人才培养共同开展全领域、多角度、全产业链的校企合作。因此，职业教育校企合作治理具有典型的利益相关者网络结构，校企合作治理必须真正搭建并协调处理好更加广泛的合作伙伴关系。传统单向线性的校企合作管理方式必然走进死胡同，职业教育校企合作治理应该向多元化发展，发展更多的合作伙伴关系。在理念、目标、文化和价值取向等方面促进彼此的融合，形成相对稳定的合作关系，促进各方互惠共赢，获取更大的竞争优势，进一步增强校企合作强度和力度。

当前，职业教育校企合作发展趋势与多元化治理理念非常吻合，有必要以多元化治理对职业教育校企合作进行指导。多元化治理以其治理空间上的多元化、治理主体的多元化、治理手段的多元化和权力向度的多元化为特征，打破了传统单中心束缚，为复杂性问题的治理提供了新的视角和方法。多元化治理允许相对独立平等主体采取民主与多中心等手段，推动治理的创新，即多元化治理并非是对命令、利益、协商合作以及公众参与等相关机制的否定，多元化治理需要对上述机制进行有效的整合，通过对多元权力的有效分配，在制衡机制的作用下实现多元主体之间的多元共治。首先，职业教育校企合作治理主体多元化。校企合作治理中存在多个权力中心。治理的主体是多元化的复合主体，包括政府部门、社会组织、企业等多个主体。政府不再是唯一的治理中心，其他主体也拥有权力通过不同的形式参与治理，打破政府在职业教育校企合作治理中过度集权的现状，形成多主体共同参与的治理格局。其次，治理空间多元化。治理需要在一定的空间中进行，治理主体多中心导致存在多个利益空间、决策空间和行为空间。各治理主体必然需要不断对其利益空间、行为空间做出适当的调适与整合。再次，治理方式多元化。传统管理模式下，管理方式比较单一，往往采用的是自上而下的行政命令，常用手段是指挥和控制，在多元化治理模式下，往往通过多元主体的对话、协商等手段，相互理解、相互妥协，交流信息、减少分歧、增进合作。最后，权力向度多元化。多元化治理更多的是强调分权和放权，其权力结构是一种上下互动、多元参与的开放系统，其实质是对权力的重新规划和赋权的过程，强调职业教育校企合作治理权的分配，政府在做好统筹的基础上，适度向各治理主体下放权限，改变传统的自上而下的模式，形成上下互动、多元交流的权力运行模式和格局。

治理视域下职业教育校企合作模式的实质在于它是一种不同于单纯的官僚层级体制或纯粹的市场化体制的新型组织治理，是通过校企合作而使得政府、职业院校、企业及行业组织等多元治理主体在一个惯例化的框架中，为了实现合作愿景和目标价值而协同开展的联合行动，克服了传统以政府为"单中心"的管理模式所带来的"政府失灵"问题，和单纯以市场为中心的"市场失灵"带来的弊端。校企合作治理并非是单机制治理，它应该是多元机制治理。由此相对应的是，我国职业教育校企合作治理也是多元的，毕竟在经济全球化的今天，不同时期的社会经济以及不同区域中，治理主体相应的利益需求各式各样，而影响治理的因素也形式各异，治理过程自然也各具特色，需要综合考虑多方因素，实现多方主体间利益的共赢。多元性反映了一种强烈的参与意识，在校企合作治理过程中，政府、行业组织、企业等不再是单纯的旁观者，而是主权者，是决策的制定者、参与者与监督者。职业教育横跨职业与教育、工作与学习、企业与学校的界域，校企合作是职业教育"跨界属性"的现实要求，要保障我国职业教育校企合作取得现实成效，需要建立多元主体参与的职业教育治理模式，充分发挥政府、职业院校、企业、行业组织等不同治理主体在职业教育校企合作中的作用。不同于职业院校和企业这两个主体，政府的职能是规范与监控、引导和协调，政府通过政策法规，通过扶持引导校企合作，在人才培养中实现制度创新，成为治理模式建设的纽带和指挥系统。而行业组织通过建设服务性网络信息平台，对校企合作办学提供帮助和支持，不断协调和解决校企合作办学过程中的矛盾。只有这样，各治理主体方能够基于彼此之间的不同诉求，形成共同的基础。而合作的基础越多元化，合作的稳定性就越突出，合作的长期性就越明显。

当前我国正在加快推进和完善职业教育校企合作体系，对校企合作治理提出了新要求。我国在职业教育校企合作中均明确了要建立"政府主导、行业指导、学校主体、企业参与"的校企合作治理机制，这就决定了职业教育校企合作治理具有多元利益相关者的典型性，要求构建包括政府、行业组织、企业、学校等多元主体在内的校企合作治理的价值体系、组织体系、制度体系和行动体系，满足和实现不同利益相关者对自身价值的主张。同时，完善多元化治理模式，为落实多元治理主体参与的决策权、执行权与监督权提供组织、制度和机制保障，进而通过统筹协调、多元互动和权利平衡，发挥多元治理主体的作用。在多元治理主体参与基础上建立起组织架构、议事规则、行为约束和运行制度，真正激发出多元治理主体参与校企合作治理的活力。

6.1.2.4 开放性原则

职业教育是面向人人的教育，是与经济社会联系最直接的教育，职业教育的特征赋予了职业教育校企合作组织边界的开放性。随着产业结构的调整、升级和优化，职业教育校企合作过程越来越凸显其高度开放性的特质。作为一种兼具"教育属性"和"职业属性"的教育类型，在产业转型升级加速的背景下，职业教育的开放性非常突出，这就决定了职业教育校企合作必然涉及越来越多的治理主体，职业教育校企合作要坚持向社会开放，使培养目标、教学计划、教学内容更贴近企业和社会。同时，开放性是职业教育对国家倡导构建现代教育治理体系的一种现实回应。随着社会分工的愈发细密，任何主体都无法独立承担起适应社会需要的人才培养的任务，也就无法独立承担起校企合作的治理任务，必须充分发挥各自的能力、资源和优势，吸引多元社会主体进入校企合作治理场域，共同参与人才培养事务，形成开放性的治理模式，架构更大的治理网络，形成更多的治理中心，构建出全新的校企合作治理路径。

校企合作的前提必然是校企合作主体加强自身与其他主体联结，保持自身的开放性。任何主体的封闭只可能带来落后和孤立，封闭阻碍了资源、信息、观念等的输入和输出，那么，其无法适应新的时代发展和新的时代环境，也就必然无法发展，只有治理主体保持自身的开放性才可能实现彼此间的合作。针对当前职业教育校企合作治理中封闭问题，各个治理主体必须对传统的办学理念进行变革，要深刻认识校企合作治理的意义所在，对治理主体进行科学有效的引导，深入挖掘各方的利益交叉点，积极吸纳各方主体参与到职业教育校企合作治理中来。职业院校必须树立起服务于行业产业发展的办学理念，主动担负起人才培养的职责，确保教学活动与行业企业的需求有机结合，树立并落实开放的校企合作治理理念，与行业企业展开合作，充分彰显自身的行业产业要素。同时，在教学过程中，面向行业，充分融入具体岗位的技能标准，以技术技能型人才培养为核心，将技能训练融入学生培养中，促进职业教育校企合作治理由封闭管理走向开放。

校企合作是现代职业教育发展的基本要求，也是未来职业教育发展的永恒主题，更是实现职业教育人才培养目标的根本途径。由于职业院校教学过程的特殊性，专业、课程、教学、教师等教学要素方面必须开放，导致职业教育校企合作治理模式呈现出高度的开放性特征。以职业院校为例，开放性体现在几个方面。一是专业设置的开放性。职业教育与区域经济的需求对接以专业为纽带，这要求职业教育在专业设置和调整上需要具备高度的开放性，与产业需求保持联动，适应产业结构调整的需求，紧跟、伴随甚至引领产业发展。二是课程设置的开放性。课程作为职业院校人才培养的核心载体，承担着将产业技术技能知识向学校传送的责任，要将生产性要素融入课程。课程体系应该是一个动态适应经济发展、产业升级和技术进步的开放式系统，而要实现课程资源的产教融合，则必须开放课程体系。三是教学过程的开放性。职业教育按照真学真做的要求开展教学活动，需要积极推行开放性的教学方式，实行开放性的教学管理，从而实现教学过程与生产过程的对接。四是师资队伍的开放性。现有的教师队伍不能封闭，采用校企互动交流的方式，一方面将教师送到企业去，参与企业生产研发活动；另一方面从行业企业广泛聘请兼职教师，使得教学团队具有高度开放性和融合性。五是决策过程的开放性。能够及时将决策的过程和程序公开，广泛征求相关专家和各治理主体的意见和建议，是科学决策和民主决策的有效保障。职业教育校企合作主管部门在做出重大决策之前，应该广泛听取各利益群体的意见和建议，可以招集各治理主体的代表进行商议，使校企合作决策在诸多治理主体之间形成一种平衡。

总之，随着时代的发展，职业教育不再是以往封闭的针对某一领域的阶段性教育，而是一个动态开放的面向人人、面向职业生涯的终身教育。这种开放的教育形式赋予了职业教育校企合作治理的开放性，需要职业教育打破自身与环境间的界限，根据经济发展需求，自主调节合作的结构和功能。从某种程度上说，职业教育校企合作并不具有明确、固定的组织成员和由此形成的明确组织边界，它更像松散结合的系统，允许成员自由进入和退出。具备合作成员资格的职业院校和企业，只要愿意参与合作过程，都可以随时随地加入合作，也可以随时随地退出合作。合作主体的每一次进入和退出都会进一步推动校企合作的发展和深入，促进校企合作共有信念和理念的建立，促进校企合作成员在相互了解、相互认同中形成信任。因为开放的组织边界有利于合作组织间物质、能量和信息的交换，为组织成员创造性活动提供机会。组织成员通过开放性的沟通对校企合作目标和任务产生集体认同感，将一种共有观念完全内化为自我的一部分。作为一个开放的办学系统，职业教育自身的生存和发展离不开外部资源的有效供给，校企合作治理应该是一个开放式模式，随着职业教育校企合作治理向纵深推进，开放性程度越来越高。职业教育必须打开大门办学，遵循市场规律，密切联系企业，主动深入了解行业的发展动态、人才的需求状况等，在改善自身人才培养质量的基础上，争取提高企业参与职业教育校企合作的积极性和主动性，承担更多的校企合作任务和职责。职业院校应在与企业展开合作的同时，对行业组织、政府等相关部门的优势资源加以利用，尽可能地增加治理主体。例如，可以借助行业组织分析劳动力市场人才需求情况、人才与市场需求间匹配情况，预测未来人才需求情况，等等，最大限度地提升校企合作水平和质量。

6.1.2.5 主动性原则

主动性原则包括两个方面，一方面是增加企业主动性，使得企业能够积极主动地增强参与动力。《国家中长期教育改革和发展规划纲要（2010—2020年）》明确将调动企业参与职业教育的积极性作为职业教育发展的重要任务。通常来讲，企业参与职业院校校企合作治理的经济动力来源于两个方面，一个是经济成本，另一个是经济收益。经济成本是企业在参与职业教育校企合作中直接或间接所投入的经济费用，经济收益是指企业在参与职业教育校企合作中所获得的直接或间接经济收入。经济动力直接受到成本和收益的影响，企业投入的经济成本越小，企业参与的经济动力越大；或者企业得到的经济收益越大，企业参与的经济动力就越大。随着职业教育体制的改革，校企合作已成为技术技能型人才培养的重要途径。企业参与职业教育校企合作治理的动力是校企达成有效合作的决定性因素，只有职业院校单方面的合作诉求不可能真正促进校企合作，仅依靠企业自觉自愿参与职业教育校企合作治理也是远远不够的，必须要有相关的措施激发企业参与动力，并给予扶持和鼓励。经济动力是驱动企业参与职业教育校企合作治理的重要因素，因此，成本与收益是企业参与职业教育校企合作治理首先必须考虑的问题，也就是预期收益与预期成本影响了企业参与校企合作治理的决策。根据成本最小化和利益最大化的原则，预期收益越大于预期成本，净收益越大，企业的经济动力越高。因此，只要满足企业"投入回报"的双向性利益诉求，企业参与校企合作治理的动力将大大提高。在激励企业参与职业教育校企合作治理过程中，建立企业参与职业教育校企合作治理的成本利益补偿机制，形成具有中国特色的成本收益补偿体系。树立起为企业补偿的意识，满足企业利益需求，采取行之有效的措施消除企业的后顾之忧，引导、激励、控制企业的校企合作治理行为，使得企业参与从自发变为自主，由被动变为主动。

另一方面是职业院校能够积极主动提升自身参与校企合作的能力，更好地融入校企合作治理活动中去。职业院校要变过去的被动适应为主动出击，充分运用好当下供给侧结构性改革所释放出的制度红利，以开放的姿态拓展职业教育校企合作空间。职业院校校企合作能力是一个由若干能力组合而成的集合体，要想真正提升校企合作能力，必须采取措施同时从信息能力（寻找校企合作机会的能力）、资源能力（增强校企合作绩效的能力）和协调能力（维持校企合作关系的能力）入手，从根本上优化能力要素，完善能力结构，激发能力功能，从而推动职业教育校企合作模式的构建。

第一，主动强化职业院校信息能力。首先，强化职业院校信息意识。对于职业院校来讲，只有意识到信息能力对于校企合作的重要性，才能够在思想上重视信息能力，为信息能力提升创造条件，进而在行动上进行有效实施。职业院校领导层必须意识到，校企合作信息是校企合作后续活动开展的前提和基础，任何成功的校企合作活动都是建立在充分掌握校企合作信息的基础上的，而获得校企合作信息的核心就是需要具备校企合作信息意识。因此，信息意识是职业院校信息能力提升的关键，应该提升职业院校对于校企合作信息的敏感度，有针对性地瞄准专业领域，主动搜寻校企合作信息，积极检索信息、识别信息，改变过去那种被动等待的状态。其次，建立信息机构。传统上，尽管职业院校都设立科技处，承担部分信息职能，然而，由于校企合作信息量巨大，不同专业之间跨度很大，科技处难以完全胜任。因此，职业院校在参与校企合作治理实际过程中，相关校企合作信息大多由教师自己联系收集，不同来源的合作信息比较零散，而且信息之间共享很少，导致信息使用效率不高。因此，除了在学校层面继续强化科技处信息职能之外，更为迫切的是，有必要在职业院校各个二级院系建立信息员制度，指定专门人员负责校企合作信息的收集、整理和发布。同时，架构信息网络，使得不同专业之间的信息能够共享，从而提高校企合作的整体运行效率。最后，优化信息机制和战略。一方面，职业院校可以借助行业协会的力量，建立信息交流制度，让第三方机构介入职业院校校企合作的运行，促进合作双方一系列信息交流，防范校企合作中信息不对称带来的相关风险。另一方面，从职业院校校企合作治理未来发展出发，从战略的高度保证信息能力建设的实施。职业院校应该从战略高度对信息能力建设进行整体规划，分阶段、分步骤地实施信息能力战略，明确信息能力战略目标、路径和方向。

第二，主动优化职业院校资源能力。优化职业院校资源能力需要职业院校持续改革办学模式以及优化人才培养机制，创新管理模式，挖掘资源的潜力。职业院校必须增加对于资源的取得、整合和使用的掌控能力，充分使用已经获得的资源，进行整合，优化资源配置，提高现有资源的使用效率，使得职业院校能够源源不断从企业获取资源、整合资源和利用资源，从而改善办学条件、提升职教师资队伍素质，产生良好的校企合作绩效，最终推动校企合作持续开展。首先，以办学模式改革为核心提升获取资源能力。当前，企业往往出于自身利益考虑，其校企合作停留在浅层次合作方面，对于职业院校的资源投入比较有限。因此，职业院校需要积极探索有效的办学模式，进行多层面、多方位的办学模式改革，规范校企合作外部运行机制，不断地挖掘企业潜力，拓宽合作的渠道。具体来讲，职业院校需要进一步增强获取资源能力，吸引企业增加资源投入，深度参与办学，形成职业教育的多元化校企合作办学模式。职业院校必须广开门路，突破传统封闭的办学边界，积极主动对接企业需求，完善企业资源的引入机制，吸引行业地区内实力强、影响广的大型企业，采取项目建设的形式，投入一定的资源用于校企合作项目建设。同时，规定好项目实施的管理机制，使得企业能够通过校企合作项目真正获益，从而激发企业主动增加资源投入的积极性，推动企业持续不断地投入资金。其次，以优化人才培养机制为目标提升使用资源能力。企业资源在校企合作过程中究竟作用如何，资源使用绩效怎样，这些都与人才培养过程相关。职业院校要从技术技能型人才培养的规律出发，根据自身以及企业的实际，按照专业与产业对接的原则，进行广泛的调研，找准办学方向，了解企业所需人才的情况，修改人才培养方案，制定出校企合作人才培养战略规划。从整体上细化人才培养的框架，并配套具体的制度，主动加强与企业的合作，充分利用企业的设备、实习场所等资源，创新人才培养机制，吸引企业参与制定专业课程标准和人才培养方案，共同参与实训计划、技能培养方案及考核办法等的制订和执行，从而增强使用资源能力。最后，以实训基地建设为抓手提升资源整合能力。实训基地既是校企合作中资源高度集中的场所，也是校企合作的主战场。职业院校要想提升整合资源能力，必须以实训基地建设为抓手，合理组织配置实训基地资源，充分激发实训基地的人财物等资源的活力，有机地组合调配企业技术人员、教师、实训设备机械等相关资源，校企共建共享校内生产性实训基地和校外实习基地。同时，职业院校必须完善基地管理制度，构建校企双方沟通协商机制，当人财物等资源在使用中发生冲突时，能够及时介入协调矛盾、化解冲突。另外，设置专门的基地管理机构，成立基地工作领导小组，由主管教学工作的院级领导、教务处长、各专业系主任组成，负责基地相关具体事务的管理，发挥资源的最大化效用。

第三，主动提升职业院校协调能力。能否协调好学生和企业的关系、教师与企业的关系以及理论教学与实践教学的关系是影响职业院校校企合作治理的重要因素，也是职业院校协调能力具体体现的三个方面。首先，以教学改革为途径协调理论教学与实践教学的关系。当前，职业院校教学体系人为割裂了理论教学和实践教学，不利于学生综合职业能力和素质的发展。职业院校必须借鉴德国的"双元制"教学模式，以理论与实践一体化为目标，协调理论教学与实践教学的关系。在理论教学中，应当紧扣实践、结合实践，做到理论教学的具体化，让学生对于理论的认知更加形象，使得教学内容能够解决实际问题。同时，在实践教学中紧密结合理论，让学生对于理论的运用在实践中更加深入，不断探索并实行理论教学与实践教学的有机结合。同时，在教学过程中强调充分发挥教师的主导作用和学生的主体作用，以培养职业能力为核心，突出教学内容和教学方法的应用性，通过项目教学任务的完成使学生获取知识、习得技能。彻底打破以知识性为核心的课程体系，横向打通课程设置体系内在链接，最大限度地促进课程之间的渗透和融合，促进理论知识在实践中最大化地释放效能。另外，注重对职业技能教学的制度引导，完善技能导向的激励制度。积极鼓励学生参加各类技能大赛、创新大赛，最大化推动理论教学与实践教学的融合，从而为校企合作的持续推进打下基础。其次，以完善教师企业实践制度为方法协调教师和企业关系。当前，职业院校教师与企业双方建立的是自发、松散的短期关系，而不是长远的亲密伙伴关系。教师作为校企合作的参与者与推动者，有必要与企业形成良好的关系，强化服务企业的意识和使命感，建立稳定的校企合作关系。所以，职业院校要高度重视教师到企业顶岗工作，有计划地派送教师到企业挂职锻炼，通过教师企业实践强化校企合作，探索"紧密型"合作办学。应该出台鼓励教师参加企业实践的政策和措施，切实将专业教师到企业实践列入教师培养的整体计划。注重教师企业实践的过程质量控制，强化过程管理和考核，明确教师在企业实践过程中的权利和义务。通过上述举措，为教师顶岗锻炼搭建沟通的桥梁，也对教师与企业的深度融合起到推动作用。最后，以校企文化融合为手段协调学生和企业的关系。当前，由于职业院校学生与企业之间存在一定程度的隔阂，影响了校企合作的深入开展，因此，职业院校必须采取措施，协调好学生与企业的关系，使得学生能够更好地融入企业中。职业院校可以加大校企文化对接力度，构建多层次、多方位协调联动、师生全员参与的校企文化对接体系，推动学生更好地融入企业；职业院校可以采取文化融合战略，对学生进行企业文化熏陶，要在校园文化与企业文化上实现"零距离"，以校企文化融合为目标进行校园文化建设，研究制订校企在物质文化、制度文化、精神文化和行为文化方面的对接方案，将企业文化融合到讲座、技能大赛、社团活动主题报告、先进事迹报告中。把企业文化素质教育纳入教育教学计划之中，在文化课教学中结合企业文化，开设企业文化课程和文化专题讲座，引导学生了解职业、了解企业，帮助学生树立远大的职业理想和职业观，熟知企业使命愿景、核心价值观、企业精神，提高学生对于企业文化的认同感与职业适应能力。

6.2 模式构建路径

6.2.1 理顺组织架构

治理视域下职业教育校企合作模式构建是一个涉及职业教育全局的战

略性工程，这一战略性工程的规划和实施需要强有力的组织架构支撑。依据组织管理理论，高效运行的组织管理架构有共同的目标，有规范的执行标准，以及围绕执行标准所形成的各层次、各部门的明确分工。组织结构设计要考虑合理设置管理部门，按照统一指导、分工协作的原则，科学划分各自的责权利。因此，校企合作治理模式中的组织架构要适应职业教育外部环境的动态变化，组织结构具有一定的灵活性和适应性，能够对校企合作治理过程中的任务、权力和责任进行有效协调，并以职业教育校企合作治理目标的实现作为判断组织架构有效性的基准。从国外经验来看，无论如何创新组织架构，强有力的组织机构设置是必不可少的。1962年美国就成立了国家合作教育委员会（National Commission for Cooperation Education），协调全美社区学院的合作教育工作；英国政府专门成立了国家学徒制培训服务中心，为学徒项目提供协调和资助等方面的服务。这些在国家层面设立的校企合作机构增强了职业教育校企合作的治理能力。相对于发达国家，我国现行的职业教育校企合作组织架构存在着条块分割、部门分割等诸多问题，政府相关部门缺乏有效和顺畅的沟通衔接。因此，我国也要完善组织架构，加强对职业教育校企合作治理的宏观调控。

从纵向来说，从中央到地方，都应当建立相应的专门化职业教育治理机构；从横向来说，建立决策机构、执行机构、监督机构、咨询机构和研究机构，形成从上到下的校企合作治理体系。机构的成员组成多元，即在校企合作的相关治理机构中，应该包含来自各个利益相关者的代表，从而使得各方力量能够充分地参与，各方积极性得到充分调动。各级政府机构都应该建立常设机构和专职人员，管理与研究校企合作工作。建立由政府牵头、有关部门参加的职业教育联席会议制度，负责制定职业教育校企合作重大方针政策和议决重大职业教育校企合作事项。联席会议制度就校企合作相关问题以会议形式进行探讨并形成最终解决方案，在此基础上，各级教育职能部门成立校企合作办公室，负责制定相关政策法规、实施方案和细则，牵头做好区域校企合作建设与管理工作，统一组织、领导、协调校企合作治理的进展情况。在该制度框架下，针对校企合作的审批、备案和监管，与校企合作相关的多个部门都能够参与其中，共同商议制定措施，出台规范，推动改革，逐渐形成政府统筹、分层管理、社会参与的新型职业教育校企合作治理的组织架构。另外，在校企合作治理组织架构推进过程中，应当明确相关组织机构的职能与权限，区分开政策职能与管理职能，赋予其足够的权利对校企合作进行治理，防止机构形同虚设。

在中央政府层面，有必要借鉴其他国家的相关做法和经验，突破职业教育只归教育部门管的传统思维方式，真正打破部门之间界限，建立一个权威的、具有统筹协调能力的全国性治理组织体系，在中央层面上建立专门的校企合作统筹治理机构，实现对职业教育校企合作治理的统一领导。中央政府应该成立校企合作治理委员会，成员主要由教育、工信、发改、人社、财政、税务等相关政府部门、行业企业专家以及职业教育研究领域的学者组成，重新分配不同政府部门在职业教育校企合作中的治理职能，将职业教育校企合作治理权力统筹到委员会。委员会负责职业教育校企合作政策框架体系的设计，负责制定校企合作的发展规划以及校企合作检查督导，为中央政府制定校企合作政策提供建议。同时，在中央层面按专业大类将相关行业主管部门确定为校企合作主管机构，专业内部的校企合作治理工作都交由相关行业主管部门设立校企合作治理办公室来实施，办公室有权审定参与校企合作项目的企业资格，并有资格审定接受政府免税政策或补贴政策的企业资格。另外，完善现有行业教指委工作机制，深入调研分析行业技术发展和人才需求趋势，及时发布技术技能型人才需求报告，制定各个专业大类的顶岗实习标准和企业学徒标准，有效指导院校动态调整专业和课程，满足企业创新发展的要求。

与此同时，在中央政府校企合作治理组织架构建立过程中，治理的重心应当下移，给予省市等地方层面的治理机构更多权限。各地方政府应该参照中央政府校企合作治理机构的组成人员成立地方校企合作治理机构，负责执行本地区校企合作的发展规划及校企合作中的资源配置、条件保障的落实等，同时也负责对本地区的校企合作进行检查督导。省级教育部门承担着发展和管理职业教育校企合作的主要责任，可在中央机构的宏观指导下，根据地区经济特点及对职业教育的要求，对本省职业教育校企合作的规模、计划、模式等进行统筹规划，并可根据区域发展特点，建构具有指导性和可操作性的省级治理组织体系。市县级政府是各类职业院校最为直接的管理机构，中央与省级职业教育的决策，一般须由市县级政府进行贯彻与实施，而职业院校在校企合作过程中所遇到的问题，一般也只有在市县一级才能得到实际解决。因此，要加强市县级政府对职业教育校企合作的治理，既便于校企合作的统筹协调，又方便调动行业、企业参与校企合作的积极性，符合职业教育发展规律。

另外，推动职业院校组织机构改革。在校企合作过程中，职业院校是一个开放的系统，它一方面要与政府和社会之间保持密切的互动关系，另一方面要与企业发生资源和信息交换、相互作用、相互渗透的关系。这些校企合作活动都属于专业性活动，应该有专业性机构专门进行运作和推动。建立校企合作专门机构有利于提高部门工作的专业性，有利于拓展更为广阔的合作空间，有利于及时收集校企双方的需求信息，更好地掌握双方校企合作项目的开展情况，实现双方利益最大化，对提升校企合作项目的有效性有很大帮助。但是，目前我国职业院校大都沿袭着计划经济体制下传统机构设置，基本没有建立专业化的校企合作机构。由于缺少相应的组织机构来实施，在开展校企合作的时候，职业院校大多采用临时组队或者由教师与企业点对点接触的办法开展工作，这种形式往往效率很低，各方主体之间的约束较少，存在松散的碎片化思维和单边的个体主义，过程缺乏凝聚力，容易出现断档，使得校企合作流于形式。同时，校企合作以过程的开放性和实践性为特征，不仅使得教学资源具有很大的随机性、灵活性和易变性，而且使得校企合作管理的任务大量增加。

因此，职业院校必须专门设置校企合作机构，建立稳定的组织架构，全面负责本校的校企合作工作。重新设定岗位，拟定岗位职责，明确任务分工，制定工作流程，实现管理职责和管理流程再造。通过改革，形成精干的治理机构和管理队伍，提高管理人员的执行力度，实现从"管理行政化"到"治理现代化"的转变。在多方参与、充分讨论的基础上，搭建联席协商对话平台，加强校企合作治理主体在人才培养、招生就业、顶岗实习、专业建设等方面的联系与沟通，研究解决校企合作发展及具体工作中遇到的新问题和新情况，从而确保校企合作决策程序合理、结论科学，形成具有约束力的意见，用以指导工作。具体来讲，分为以下三个层面。

首先，成立校企合作理事会和委员会，重大校企合作事项的最高决定权在校企合作理事会和委员会。构建以党委为核心的校企合作理事会的治理体制，对校企合作行为进行监督和指导，对职业教育校企合作治理活动提出相关建议。建立健全理事会工作机制，形成校企合作重大决策和事项经由理事会研究讨论的工作流程。行业知名专家、企业代表、职教研究专家等共同参与学校理事会，制定《理事会章程》，明确理事会工作职责、议事决策形式、工作机制及各方的权利和义务，并使之成为校企合作改革发展的智囊团。各方治理主体独立享有法律权利，履行法律义务，各自对自身负责；健全以校长为核心的校企合作委员会的执行机制，成员包括校领导，教务处、学生处、人事处、招生就业处、实训中心等部门及各院系负责人，校外行业、企业等相关人员，主要承担职业教育校企合作的组织、计划、协调和控制工作，负责研究校企合作工作的机制和方向，对学校校企合作工作提出指导意见。审定学校校企合作工作政策、有关制度、实施方案和计划，负责对学校校企合作工作全过程实施领导、指导、协调和监督，使职业教育校企合作治理活动科学有序地进行。

其次，成立校企合作处。校企合作处是学校的直属职能部门，由专职人员组成。校企合作处的职能包括：负责起草制定学院校企合作的发展规划和实施计划，协调和管理学院校企合作工作。洞察行业产业发展趋势，了解企业工作岗位需求，为院系专业设置与调整提供信息。寻找校企合作目标企业，拟定校企合作协议，促进校企深度融合的管理平台和长效机制建设。负责对院系的订单培养工作进行管理,积极寻求合作企业,协助人事部门、教务部门和院系开展教师顶岗实践工作。协助组建院系专业指导委员会,并负责管理;协助院系与企业共同开发人才培养方案和课程等教学资源;协助院系和实训中心引入企业资金共建校内实训实习基地;协助院系开发校外顶岗实习实训基地,拟定基地共建协议,负责对校企共建基地的管理。积极开展与企业在员工职业培训、应用研究、技术开发和技术服务等领域的合作,负责学校社会服务工作的协调和管理。

最后,成立校企合作工作组。由学校院系和企业车间负责人组成的"校企合作工作组",作为一般决策及实施机构。主要研究和布置具体工作任务和合作项目,这种组织机制保证了在校企横向层面的有效沟通与交流,同时在学校和企业纵向的组织体系中也能够顺利实现。

作为校企合作治理的另一个主体,企业也承担了治理的重要责任。对于企业来讲,企业一般没有专门的校企合作负责机构,一般情况下由人力资源部门兼管,这种情况必须改变。企业应设立校企合作的专门管理机构,鼓励企业,特别是大型企业设置独立的校企合作部门,管理校企合作中的相关事宜。负责制定合作规划、制度建设、资源协调等,将合作规划纳入企业的发展规划,将合作工作纳入人员考核、经费预算、资产管理、生产调度与教学运行等制度体系中。推动企业参与职业院校的专业设置、课程改革,为职业院校出谋划策并加以指导,推动企业内的技术专家到学校兼职,推进和整体调控校企合作治理,使其不断深入。

6.2.2 推动行业参与

6.2.2.1 行业组织参与现状

行业组织是以同行业企业为主体,为增进共同利益而联合起来的,"由独立的经营单位组成,保护和增进全体成员既定利益的非营利组织"[1]。行

---

[1] 斯坦利·海曼. 协会管理 [M]. 尉晓欧,徐京生,于晓丹,译. 北京:中国经济出版社,1985:125.

业组织是同一行业中企业利益的代表，行业组织作为一种中介组织，是连接企业和职业院校的桥梁，扮演协调者的角色，是兼顾教育利益与行业利益的最佳平台。在当前教育体制下，积极发挥行业组织的作用能够有效解决职业院校校企合作中的问题。2010 年 12 月，全国 43 个行业职业教育教学指导委员会召开成立大会，时任教育部副部长鲁昕出席会议并讲话。鲁昕认为：在职业教育发展过程中，要坚持政府主导、行业指导、企业参与的办学机制，行业组织最了解本行业领域的技术前沿、内在运作规律、人才需求等情况，在职业教育发展过程中起着不可替代的作用。[①] 行业组织作为独立于职业院校和企业的第三方机构，能够有效地整合校内外资源，构建信息交流平台、人才交流平台与资源交流平台，实现校企之间的信息、人才、技术资源与物质资源共享；能够协调校企合作关系，引导校企双方找到利益结合点，激发企业的积极性；能够全面强化职业院校与行业联系，推进专业与产业对接、课程内容与职业标准对接、教学过程与生产过程对接；能够监督职业院校办学过程，评价办学绩效，形成行业组织指导下的新型职业教育办学机制。因此，调动行业组织力量参与职业教育校企合作治理，是解决当前职业教育校企合作困境的有效方法，也是未来职业院校校企合作的发展趋势。

近年来，国家层面越来越重视行业组织在职业教育校企合作治理中的作用，相继出台了一系列文件，《国家中长期教育改革和发展规划纲要（2010—2020 年）》就明确提出要"积极发挥行业协会、专业学会、基金会等各类社会组织在教育公共治理中的作用"。2014 年 5 月，《国务院关于加快发展现代职业教育的决定》指出："各级政府要发挥行业指导职业教育的作用，加强行业指导能力建设。根据不同行业特点，分类制定行业指导政策。通过授权委托、购买服务等方式，把适宜行业组织承担的职责

---

① 张晨，沈祖芸，李丹，等．充分发挥行业职教教学指导委员会引导作用［N］．中国教育报，2010 - 12 - 4（1）．

交给行业组织,给予政策支持并强化服务监管。行业组织要履行好发布行业人才需求、推进校企合作、参与指导教育教学、开展质量评价等职责。"[1] 行业组织的参与对于校企合作治理的意义重大,从国内外职业教育校企合作治理的发展看,行业组织在职业教育校企合作治理发展中起着强有力的中介作用。以行业组织为代表的社会第三方组织,具有专业性、独立性、公信力等优势,因此,在校企合作治理中,应充分发挥行业组织的协调作用,为校企合作搭建良好的沟通桥梁,提供有效的市场需求信息,确保企业的生产设施、技术人员与职业院校的人才培养相融合。

目前,我国职业教育校企合作依然是以职业院校为中心,企业处于从属地位,学校与企业之间结成的是单一结构的合作关系。在经济新常态下,职业教育校企合作不仅仅是学校和企业单一地发生联系,参与合作的各个企业之间也需要相互了解、彼此接触,最终相互融合,这就要求职业院校通过行业组织与企业等参与主体紧密联系在一起。要在职业教育系统与外部社会的接口处,开凿沟通顺畅的渠道,密切学校和生产的结合,找到能够兼顾教育与产业利益,有效克服政府和市场不足的最佳平台。行业组织作为独立于政府、职业院校、企业的第三方,具有沟通企业与职业院校的中介组织的特点,这种中介性质使得行业组织能够比较客观公正地协调好职业院校与企业之间的复杂关系,了解企业的主流需求,代表企业的集体利益,且能看到企业的长远利益,能够站在比较高的位置研判全行业的发展动态和趋势,了解整体经济环境与行业发展状况,对行业的发展趋势能做出准确的判断。由于行业组织的参与,校企合作不再是"点对点"的合作模式,转而成为"面对点"的治理模式,可以降低单个企业在校企合作中人财物的投入度,降低企业参与校企合作的投入风险,行业组织可以整合社会资源,提高职教资源的配置效率,与社会需求保持动态均衡,提高整体教育投资效益。行业组织对于人才市场的需求信息的搜集和把

---

[1] 中华人民共和国国务院. 国务院关于加快发展现代职业教育的决定[Z]. 2014.

握，能够为校企合作提供有效的需求信息，进而为校企合作制订人才培育方案提供科学依据。行业组织能够最大限度地对企业资源进行协调，以确保企业的生产设施以及人员与职业院校的人才培养对接。行业组织的参与，能够在校企合作治理中发挥监管功能，保证企业与学校合作的顺利推进，及时有效地对校企合作的成效加以评定和考核，为校企合作提供改进意见。

然而，我国行业组织在校企合作治理中的功能发挥存在明显不足。由于行业组织自身问题、行政管理体制问题以及相关法律法规问题，约束了行业组织功能的正常发挥，导致在现代职教治理体系构建过程中行业组织存在明显的功能不清与功能缺失，在职业院校的专业设置、课程体系、人才培养、师资队伍优化等方面难以发现行业组织的身影。整体看来，行业组织在校企合作治理中的功能发挥与实际能力有着较大的差距，难以充分发挥主体功能，这是制约校企合作的一个重要因素。因此，有必要加大力度，采取切实有效的举措，进一步明确行业组织的功能，激发行业组织真正发挥自身功能。行业组织必须真正发挥自身功能，以主体身份参与职业教育全过程，切实发挥好信息功能、协调功能以及监督功能等，从而推动我国职业教育校企合作治理模式构建。

6.2.2.2 强化行业组织参与校企合作治理的功能

（1）强化信息功能。在当今知识与信息迅猛发展的时代，信息对于所有的社会主体都非常重要。全面、准确、通畅的信息沟通是现代职教治理体系发展的基础，国外职业教育长期发展实践证明，职业教育越发展，职业院校与政府、企业间的信息联系便越紧密。然而，当前我国校企合作治理过程中存在大量的信息不对称现象。例如，职业院校不了解当前企业所需求的人才数量和规格，对于新型技术设备了解不够。校企之间的信息不对称严重影响了双方的合作和交流。同时，由于专业性限制，政府部门对于职业院校各个专业发展前景也了解不多，对于不同行业的人才需求掌握不够，导致对于职业院校发展战略的指导存在一定的盲目性。行业组织拥有比较健全的信息渠道，能够为政府、企业及职业院校的信息交流搭建平台。行业组织信息功能包括信息获取、信息分析、信息提供等环节，行业组织利用所掌握的信息资源，构造可以共享的信息平台，构建多边信息网络，从而降低信息获取成本，提高信息的使用效率。具体来讲，校企合作治理中行业组织的信息功能是指行业组织利用自己的中介角色，一方面向政府提供信息，另一方面向职业院校提供信息，使得校企合作中的两个主体都可以获得充分信息，提升职业教育校企合作效率。

一方面向政府部门提供信息。我国职业教育目前还处于官办的状态，政府拥有职业院校发展所需的巨大资源，决定着职业院校未来发展走向。政府在制定相关职业教育校企合作政策时必须以掌握行业发展情况为前提，只有充分掌握行业发展信息，了解有关专业的基本情况以及发展前景，才能制定出具有针对性和实效性的政策。然而，由于政府与行业企业之间存在信息不对称现象，教育行政主管部门对于行业企业的用人需求并不十分了解，同时，市场瞬息万变，也增加了政府对行业发展信息全面掌握的难度。因此，政府在制定相关职业教育校企合作政策时难免会出现误判。职业教育校企合作宏观决策是一个错综复杂的过程，科学的宏观决策必须以准确的信息为依据。行业组织能准确掌握本行业的人才供求现状、未来发展状况等信息，可以以专家的角色参与进来，利用自身的优势，通过组织业内专家，定期开展行业技术和人才需求情况调研，全面收集行业相关信息，形成有价值的研究报告。通过调研、分析等方法从不同角度向政府提供较为权威的数据资料，并通过对数据资料的分析给出基本结论和建议。同时，向政府反映职业院校的意见与呼声，提高政府相关政策法规的针对性和有效性，为政府教育部门及时制定职业教育政策提供有力保障。

另一方面向职业院校提供信息。目前我国职业院校普遍存在盲目开设热门专业的现象，以至于这些专业的毕业生难以就业，但是，与此同时，有些行业却由于缺少技术技能型人才，出现人才荒，造成这一现象的根源之一就是校企双方的信息不对称。在现行办学体制下，只有充分发挥行业组织的信息功能，才能真正解决校企合作信息不对称的问题。国外行业组织一直将自身的信息功能发挥到最大，努力为职业教育发展服务。例如澳大利亚新南威尔士州的行业组织就定期发布行业技术需求状况，向职业学校提供最新岗位的技能要求、劳动力现状与需求量，并在本州 TAFE 学院的专业设置、教学方案的调整过程中，为相关职业院校提供大量的行业企业信息作为参考。我国行业组织也可以向职业院校传递行业宏观调控目标和政策措施，提供行业发展相关动态，将人员标准和人员结构等需求信息反馈给职业院校，使学校及时掌握行业信息。职业院校依据行业组织提供的有关资料与数据，了解行业对人才规格的要求，调整专业方向，修正教育教学模式与内容，在职业院校教学活动中注入行业发展的新成果，并把行业标准转化为人才培养目标，从而有效地指导职业学校培养适合岗位的人才，缩小人才培养与社会需求之间的差距，提高人才培养质量。

（2）强化协调功能。行业组织作为独立的第三方组织，能够在校企合作治理中的政府、学校、企业等主体之间发挥很好的协调功能，起到润滑剂作用，调节多重治理主体之间的冲突和矛盾，稳定相互之间的关系。

一方面协调职业院校和企业之间的关系。在所有教育形态中，职业教育是与经济社会发展联系最紧密的教育类型，校企合作是举办职业教育的出发点。当前我国职业院校与产业发展结合不够紧密，校企双方利益因难在同一层面上形成有效的沟通而达不到理想状态，行业组织作为治理主体参与不足是一大原因。在当前的职业教育校企合作中，一般来讲，职业院校都非常渴望得到更多的合作机会，而企业的热情不高。企业作为独立的经济个体，在市场中面临激烈的竞争，所以必须以最大限度获取经济利益为导向，处理与外部其他社会主体的关系。当与学校进行产学合作的时候，企业首先要考虑投入的成本与获取的收益之间是否成比例，也就是是否获得最大化的经济效益。如果企业认为参与职业教育校企合作影响到自己的经济效益，一般是不愿意与职业院校合作的。例如，职业院校的学生到企业中实习或实训时，企业要花费时间和人力对学生进行指导和训练，这在一定程度上会影响企业原先正常的生产活动，再加上国家相关激励政策缺位，企业参与校企合作的积极性自然难以提高。由于院校与企业利益无法达到均衡，同时，双方难以实现及时有效的沟通，因此，主动寻求与职业院校长期合作的企业越来越少。行业组织的参与能够极大地改变这一现状。由于行业组织是同行业大多数企业的利益代表，得到大多数企业的认同，行业组织能够从企业发展的长远利益出发，将企业参与职业教育校企合作的重要性和未来收益告诉企业，取得企业的认同和理解，从而最大限度地激发企业参与职业教育的使命感。现代职业教育治理体系的建立，要求把行业组织作为治理主体纳入职业教育领域，充当协调者的角色，成为企业与学校间的重要纽带，调和理顺职业院校与企业关系，加强学校与企业间的广泛交流与深度合作，实现学校与企业的零距离无缝对接。当职业院校在与企业交往过程中出现摩擦、争论、冲突时，行业组织能够以中间人的角色进行评议、公证与调和。可以说，行业组织的介入能在一定程度上缓和双方的关系，使校企之间的关系由松散到紧密，由被动到主动，由消极到积极。行业组织在学校与企业之间架起一座桥梁，消除两者间的隔阂，缩短职业院校与企业的距离，较好地实现产业结构和职业院校人才培养结构调整的同步，从而推进职业教育校企合作治理模式的构建。

另一方面协调职业院校与政府之间的关系。现代职教治理体系要求完善公共职业教育服务，认为职业院校与政府间应该是相互联系、相互沟通的关系，要求改变传统"政府—学校"模式下政府直接干预职业院校内部活动的局面。我国政府是职业教育的主要宏观管理者，指导着本地区职业教育宏观发展战略。长期以来，在政府和职业院校的关系上，都是政府单向操纵的封闭体系，社会力量基本上被排除在管理决策之外。同时，由于政府机构的庞杂性使其不可能从专业化角度指导职业院校的发展，政府对于职业院校人才的种类，规格，培养内容、方式、程序等方面难以完全掌握。因此，就需要一个相对独立的第三方机构，来代替政府部分职能指导职业院校发展，进一步缓和政府与学校的关系，这也体现了职业教育基本规律的要求。行业组织可以很好地承担起协调职业院校与政府之间关系的任务，因为它既不是政府机构，也不是企业，而是社会第三部门，具有中介性质，这种中介性决定了行业组织能够比较公平、公正地协调好双方之间的复杂关系。行业组织作为本行业的专业性组织，对于行业未来发展最清楚，最具有发言权，能够站在较高的位置把握全行业的发展前景和动态，帮助政府在职业教育校企合作治理中合理决策。同时，行业组织承担了政府有关职业教育的技术性与操作性的职能，广泛参与职业院校评估、职业教育咨询与职业资格考核等活动。因此，行业组织作为专业性的第三方缓冲机构，使得政府对于职业教育校企合作的直接指导变成间接指导，从而既能保证政府的宏观引导，又能充分发挥职业院校的活力，构建起符合现代职教治理体系规律及要求的新型政校关系。

6.2.2.3　推动行业组织参与校企合作治理的渠道

（1）参与改革人才培养模式。人才培养模式是我国职业院校办学的关键环节，也是薄弱环节。针对当前人才培养模式中的弊端，行业组织应该积极联合职业院校建立人才培养的新机制，参与职业院校人才培养模式改革的全过程。根据企业提出的用人标准，行业组织与职业院校共同设计人才培养方案，细化人才培养的目标和要求，采用工学结合的方式，不断创新人才培养模式。同时，充分发挥纽带作用，由行业组织牵头会员单位进行订单式人才培养，毕业的学生由行业组织内的会员单位共同接收，从而保证人才需求的持续性，避免因个别企业经营变动带来的不能履约问题。教学是职业院校工作的主线，教学改革是人才培养模式改革的核心。行业组织应该借助自身行业背景，深度参与职业院校教学改革，包括参与教学目标的定位、教学计划的制订、教学形式的修订、教学内容的完善与教学评估的实施等环节。同时，行业组织应该协助职业院校研究教学标准和职业标准的衔接，并将职业标准有机地融入教学进程中，实施学习与岗位相结合的教学模式，缩短学生培养与职业岗位要求之间的距离。另外，行业组织应该牵头成立专业教学指导委员会，定期召开教学指导委员会会议，论证教学培养方案。成立教学任务分析工作组，对岗位需要完成的任务进行分解，在此基础上，制订出有针对性的教学方案，安排教学任务。当前，职业院校教学投入不足，尤其是实训场所及实训设备短缺，从而制约了人才培养质量的提高。解决这个问题的根本在于改变以往传统人才培养模式，借助行业组织的力量，引导学校与行业企业合作办学，充分利用企业和职业院校两种不同的教育环境和资源，最大化地激发资源的使用效率。行业组织鼓励会员企业提供实训教学资源，职业院校利用企业的资源组织学生参加实习训练，增加学生参与生产实习和社会实践的机会。行业组织参与校企合作管理，优化资源配置，从而做到优势互补，共同发展，有力推进职业教育人才培养模式的根本性转变。另外，行业组织通过产业调研，掌握企业岗位的需求情况，分析行业发展动向及趋势，了解行业对人才的要求，获得从业岗位对人员结构、人员标准等需求信息。在此基础之上，行业组织将行业发展动态相关信息提供给学校，使得学校能够灵活及时地调整培养目标及教学目标，摸准行业未来发展走势，为行业发展有针对性地培养技术技能型人才。

（2）参与完善课程体系。课程既是实现职业院校人才培养目标的手段，也是培养过程的核心环节。职业院校要提高学生的综合职业能力，就必须从课程的角度入手，进一步完善课程体系，让学生获得将来从事实际工作所需的技术和实践经验，能更好地胜任岗位工作。当前，职业院校课程体系依然没有突破学科课程的束缚，"在课程方案开发方面，目前现状主要是由学校教师和课程理论工作者来承担。受开发人员特定角色的限制，课程内容的设计与编排远未跳出学科体系的藩篱，因而在这一传统观念束缚下编写的教材始终不能适应职业工作的需要"[①]。职业院校课程体系是一个开放系统，在形成的过程中不能闭门造车，需要学校和企业共同

---

① 姜大源. 职业教育学基本问题的思考（一）[J]. 职业技术教育，2006（1）.

参与，因此，职业院校能否和企业进行良好的合作是课程开发取得成功的关键因素。然而，由于企业极少从校企合作课程开发中直接受益，企业主动参与课程开发的意识不强。同时，校企双方在课程开发的过程中，彼此的时间、资源难以协调，这进一步影响了双方合作的积极性。由于行业组织具有中介者的天然属性，因此，引入行业组织是职业院校课程改革取得突破的必由之路。这要求行业组织快速从课程无关者的角色转变为课程参与者，摒弃以往课程开发范式中职业院校单一开发的弊端，构建多方互动联合开发职业教育课程的机制，这也是我国职业院校课程改革的重要方向。行业组织成为职业院校课程开发的重要参与者，在很大程度上决定着职业院校课程开发的效果。由行业组织主导，构建校企合作课程开发机制，行业组织协调企业专家、教师及职业院校之间的矛盾，为课程开发工作提供全方位支持，保证课程开发工作朝着有利的方向进行。行业组织还可以为课程开发提供咨询，针对岗位中需要完成的任务进行分解，确定岗位的具体工作内容。同时，行业组织可以参与课程大纲与课程标准的制定，组织专门人员编写行业通用性教材，对典型工作任务进行细化，对工作过程、工作要求、工作方法与工作内容进行分析。在实训课程方面，行业组织也有责任和义务编写和修订实训指导书，从学生的技能培养要求出发，加强实践教学的比重，规范课程实训实习环节，拟订实训大纲，结合国家职业技能鉴定的要求，确定实训内容，重视学生动手能力的培养。

（3）参与推动科技研发。科研工作和教学工作一样，都是职业院校办学系统的重要组成部分。长期以来，职业院校的科研价值并未被社会各界充分认识，甚至存在部分误解，认为职业院校不需要开展科研活动。然而，国外职业院校的长期办学实践说明，职业院校不仅需要科研，而且需要做好科研，只有做好科研，才能进一步实现职业院校价值，推动职业院校办学水平的不断进步。但是，必须指出的是，对职业院校来讲，科研活动不是研究型大学所从事的基础性研究，职业院校科研定位应以应用型研究和开发型研究为主，面向社会实践第一线，注重解决生产中具体技术问题，开展技术服务，结合所属行业开展实用性科技研究开发。当前，我国职业院校真正面向企业开展的技术开发、成果转化等科研项目相对较少，研究成果表现形式以论文为主。另外，职业院校科研活动分散化、个体化的现象比较突出，多为教师个体与企业开展的零散合作研究，长期稳定的校企科研合作机制尚未建立。借助于行业组织力量，职业院校可以探索和建立产学合作科研体制。行业组织对行业内的会员企业有着强大的号召力，行业组织可以精选一批有实力与愿望的企业，联合职业院校共建技术资源平台，为职业院校引进企业的技术和设备资源，改善优化科研条件，为教师科研活动提供必备的基础设施。同时，行业组织可以凭借在信息、技术等方面的优势，搜集各种原始科技信息，并对这些信息进行挑选、整理和加工，定期提供给职业院校。另外，借助于行业组织的服务管理功能，职业院校可以主动从生产第一线的实践中找项目，在行业组织的牵头下，校企双方共同成立项目合作攻关小组，形成以项目为纽带的战略同盟，进行横向联合与课题攻关。最后，在技术研究和开发取得阶段性成果之后，借助行业组织的力量，将成果向全行业推广，有效地促成科研成果的转化和应用，使职业院校校企合作科研真正产生实效。

（4）参与优化师资队伍。教师队伍是职业院校办学的核心主体，职业院校办学水平和综合实力的提升，关键还是要落脚到教师队伍建设上来。加强职业院校建设，必须建设一支结构合理、素质优良的师资队伍。职业院校教师对于专业技术应用和实际操作水平要求很高，必须熟悉产业技术工作的内容要求和操作流程，熟悉实践教学设备或生产设备的工作原理。对职业院校教师特别是专业课教师来说，在具备理论教学能力的同时兼具实践教学能力，能够把专业知识及操作技能融为一体，是对其职业素质的基本要求。当前，我国职业院校教师队伍结构不合理，专业课及实践教学指导教师数量不足，专业带头人和骨干教师队伍规模较小，兼职教师队伍不稳定，同时，教师专业实践能力不强，普遍缺乏企业从业经历等。因此，有必要借助行业组织力量，参与促进职业院校教师队伍的专业化水平提升。职业院校可以和行业组织共同协商，签订合作协议，明确双方的责任和义务，构建开放式职教教师培训体系，促进"双师型"教师专业化发展，努力打造一支高水平师资队伍。行业组织可以安排行业内成员企业作为职业院校的实践基地，给职业院校提供教师实践岗位，根据青年教师专业发展和职业成长的规律，安排教师集中一段时间到企业进行生产实践，接受教师到成员企业挂职、顶岗锻炼。教师能够到生产第一线与工程技术人员交流，了解生产设备、工艺流程、岗位职责的知识，提升教师的专业能力和综合素养，以便于在以后的教学工作中能够更好地指导学生。行业组织还可以帮助企业组建兼职师资储备库，聘任行业内成员企业中有丰富实践经验的技术人员担任兼职教师，柔性引入企业中具有较强实践能力的高级技术专家、能工巧匠充实兼职教师队伍，同时注重其教育教学能力和师德修养的训练，确保兼职教师队伍的整体质量和稳定性，促进教师队伍综合素质的提升。

6.2.2.4 激发行业组织参与校企合作治理的举措

行业组织是连接教育与产业的桥梁和纽带，行业组织是建设我国职业教育校企合作治理模式的重要力量。在密切教育与产业的联系，确保职业教育校企合作发展规划等方面，发挥着不可替代的作用。全面落实教育规划纲要，职业教育要围绕战略需求，充分依靠行业组织，密切校企合作，共同促进职业教育的规模、专业设置和人才培养更加适应行业企业的新要求。

首先，增强行业组织参与职业教育校企合作治理的主体责任意识。从法律上明确行业组织的职业教育校企合作治理责任。加强行业组织的组织能力建设，提升其参与职业教育校企合作治理能力。加快行业组织的去行政化改革步伐，完善法人治理机制，实行专业化管理。吸纳更多的专业性人才，制定《行业组织法》，明确行业组织的社团法人地位、性质、职能、手段以及激励措施等。

其次，政府需要着力培育和大力支持有条件的行业组织。建立行业组织参与职业教育校企合作治理全过程的工作机制。政府赋权给行业组织，把一些政府不该管，也管不了的职能交给行业组织，赋予行业组织在职业教育校企合作治理中一定权力，完善行业组织的相关组织机构建设和规章制度建设。

最后，政府购买行业组织公共服务。这既是政府转变职能、满足公众需求的有效途径，也是重建政府与市场的关系、解决市场失灵问题的重要手段。建立行业组织参与职业教育校企合作治理的政府购买服务机制，明确谁来购买、购买什么、如何购买三个问题。政府是购买主体，行业组织是提供公共服务的承购方。政府严格按照规定以透明化的公平竞争、择优选择方式确定政府购买服务的承接主体。政府购买方式包括项目招标、直接资助、委托、政策优惠等，把适宜行业组织承担的职责交给行业组织。政府公布购买的服务项目、内容、对承接方的资质要求和评价标准等，按政策要求确定某个行业组织作为承接方，签订服务合同，在合同中明确服务的范围、资金支付方式、服务期限、服务数量与质量要求、双方的权利与义务、违约责任等。

6.2.3 强化利益驱动

利益是维系校企合作良性运转的动力和纽带，利益为各治理主体参与职业教育校企合作及其相关活动的根本动力。在市场经济条件下，为激励合作各方治理主体长期有效合作，需要更多地关注利益。通过利益驱动多元治理主体参与职业教育校企合作及其相关活动，在利益博弈的过程中达到各治理主体间的利益契合，主动参与治理，实现利益最大化及治理能力最大限度地发挥，从而实现有效治理。职业教育校企合作治理实质是各治理主体通过利益博弈达到公共利益的契合，从而主动参与职业教育治理的过程。在校企合作过程中，各个治理主体都怀着自己不同的利益诉求寻求合作，寻求实现自己诉求的最佳合作路径。对企业来说，获利是其生存发展的根本任务所在，"要解决校企合作难的困境，国家应当肯定和尊重企业在校企合作中的正当商业利益诉求，对企业进行合理补偿，以构建校企合作利益共同体"[①]。校企合作是否可以长期开展，最为关键的在于企业的利益能否得到保障或实现。只有切实保障校企合作中企业主体的利益，才能从本质上激发企业参与校企合作治理的积极性。校企合作不仅要站在国家和学校的立场强调其公益性，也应当正视企业正当利益诉求，肯定和尊重企业正当的利益诉求。如果一味强调企业承担社会责任，而忽略了经济利益的话，难以保护企业的切身利益，其结果将导致企业不愿参与校企合作。

6.2.3.1 企业参与职业教育校企合作利益的因素分析

《国家中长期教育改革和发展规划纲要（2010—2020年）》明确将调动企业参与职业教育的积极性作为职业教育发展的重要任务。通常来讲，企业参与职业教育校企合作利益来源于两个方面，一个是经济成本，另一个是经济回报。经济成本是企业在参与职业教育校企合作中直接或间接所投入的经济费用，经济回报是指企业在参与职业教育校企合作中所获得的直接或间接经济收入。利益直接受到成本和回报的影响。

（1）经济成本。企业参与职业教育校企合作必定会产生相关的成本费用，可分为直接成本和间接成本两部分，主要包括交易成本、报酬津贴成本、管理成本和生产风险成本等。

交易成本。1937年，经济学家科斯首次提出交易费用的概念，指出交易的过程存在交易费用，交易费用包含寻找成本、签约成本和监督契约成本等。达成校企合作交易所花费的成本就是校企合作的交易成本，也就是校企双方在合作过程中可能发生的寻找、谈判、执行以及维护合约所发生的人力、物力和财力的消耗。查询相关信息寻求合适的合作对象要产生信息搜寻成本；初步选定合作对象后，必然要开展进一步沟通、协商等活

---

① 肖凤翔，陈玺名. 职业教育校企合作难的根源及其对策研究——基于校企基本利益冲突视角[J]. 天津大学学报（社会科学版），2016（1）.

动，会产生谈判成本；使合作按照合约约定顺利开展，通过必要手段监督合作方是否履约以及如何履约，也需要成本。

报酬津贴成本。学校、企业、学生三方就学生实习报酬签订相关协议，学生为企业提供了劳动与服务，企业按照同岗位职工工资的一定比例支付实习报酬与津贴，甚至还包括安排食宿等费用。这部分成本是企业必须支付出去的，也是无法回避的。

管理成本。由于实习生大多缺乏工作经验，企业要对实习生的工作统一安排，由企业员工担任实训师傅，成为实习管理者与技能的辅导者，对学生进行指导，这些人工费用构成管理成本。同时，师傅给实习生讲授技能，进行指导，其工作效率必然会受到影响，这种损失也要算作管理成本。

生产风险成本。实习生可能出现操作失误，造成对设备的损坏和对材料的浪费，生产出的残次品，也有可能影响企业正常生产效率，降低劳动生产率，这都造成对人力、物力、财力资源的浪费。另外，如果实习生在劳动过程中出现意外伤害，相关的经济责任也由企业承担。这些都构成生产风险成本。

(2) 经济回报。企业是典型的营利性组织，具有功利化特性。追求经济回报最大化是其参与任何活动的根本动力。校企合作中问题的根源在于包括学校在内的各方没有能够真正理解企业经济回报诉求，忽视了企业作为经济主体的特质，淡化了企业对于经济回报的追求。

企业参与职业教育校企合作的经济回报包括直接经济回报和间接经济回报。一方面是直接经济回报。进入企业的实习生能部分承担企业的生产任务，满足季节性用工需要。尤其是生产旺季的时候，企业迫切需要大量临时性的劳动力，这时候，实习生能够缓解这一问题。在人员费用相同的情况下，企业劳动生产率更高，这相当于给企业带来直接经济收益。美国教育经济协会（Institute on Education and the Economy）研究显示，"企业参与职业教育校企合作最基本动机是获得廉价的劳动力，因为雇佣实习生比雇佣员工的费用更低,甚至部分学生会免费进行实习,这对于企业具有较大的经济吸引力"①。另外,职业院校的教师能帮助企业解决技术难题,联合进行项目攻关,提升企业技术水平,从而为企业带来更多的经济收益。部分国外政府对于参与职业教育校企合作的企业进行直接财政贴补或者税收减免,这部分经济回报也是企业可以直接得到的,也可以看成直接经济回报。

另一方面是间接经济回报。间接经济回报是指企业所取得非直接经济收入的回报,例如,通过校企合作,企业能够节省人员招聘费用,企业可以有更多的选择权来挑选优秀员工,雇佣到自己心仪的人才。这些人才生产出来的产品质量更高,劳动生产率也更高,能满足企业技术创新升级的要求,提高产品附加值,进而使企业获得更多的利润。根据德国企业的统计,用熟悉企业的学生,比从劳动市场上招聘的人员,工作适应期可缩短一半,降低人员使用风险,避免了因人员使用不当造成的经济损失和风险。保持从业人员稳定,减少因员工跳槽、改行等岗位频繁变动造成的经济损失。提高企业社会声誉,企业会因其声望及其产品知名度而获得高额的市场回报。②

对于企业来讲,无论何时何地,都不会忘记对于经济回报的追求,企业作为一个营利性的经济组织,它追求的是经济回报最大化。当履行教育责任要以牺牲经济回报为代价时,尤其是付出的成本远远超过经济回报时,企业就会犹豫不决,难以全身心投入校企合作。而如果在履行教育责任同时也能给企业带来经济上的回报,或者付出的成本小于获得的回报,企业就有动力主动参与,校企合作才是可持续的。因此,有必要审视企业对于参与职业教育校企合作的利益诉求实质,并阐释其合理价值性。结合

---

① Peter Cappelli, Daniel Shapiro & Nichole Shumanis. "Employer participation in school-to-work programs" [J]. *Annals of the American Academy of Political and Social Science*,1998 (2).
② 姜大源. 德国企业在职业教育中的作用及成本效益分析 [J]. 中国职业技术教育,2004 (8).

实际找出企业参与职业教育校企合作的利益点，并通过制度化、程序化方法和手段，提高企业参与的积极性。

6.2.3.2 企业参与职业教育校企合作利益的问卷调查

（1）问卷调查的基本情况。本次调研从2017年11月开始到2018年3月结束。共调查企业350家，回收问卷338份，其中有效问卷331份，有效回收率为95%。调查的方式为现场调查，在招聘会组织方的介绍下，参与了多场江苏地区的大型招聘会，其中包括3场校园专场招聘会。在调查过程中将问卷发给企业招聘人员，在回答问卷者中，人事主管占78%，生产主管占15%，企业负责人占7%。

参与有效问卷回答的企业中有133家小型企业、122家中型企业和76家大型企业。企业的性质分别为57家国有企业、127家私营企业、38家外资企业、79家合资企业、30家其他类型企业。为了保证问卷的科学性，课题组在3家企业访谈的基础上，咨询了5位职教领域的专家，并结合部分文献调查量表，自行编制了"企业参与职业教育校企合作经济利益的调查问卷"，把初步编制的调查问卷发给10家企业的相关负责人，请他们对所编制的问卷提出修改意见。最后，对问卷进行信度分析，采用$Cranach\alpha$值检验量表的信度，测量量表的一致性。一般来说，$Cranach\alpha$在0.7以上，表示量表具有较高信度。采用SPSS19.0对问卷进行了数据分析，得到调研问卷的可靠性系数$\alpha=0.712$，标准化后的可靠性系数$\alpha=0.785$，说明该调查问卷结果的可靠性是较高的。

（2）经济成本情况。在"贵企业是否认同成本是影响参与职业教育校企合作的关键因素"的选项上，59%的企业选择"完全同意"，20%的企业选择"有点同意"，这表明大多数企业都认为成本是关键的影响因素，有必要重视经济利益当中的经济成本因素；在"贵企业是否认同参与职业教育校企合作的成本过高"的选项上，选择"完全同意与有点同意"的比例达到83%，这也就意味着大部分企业认为当前参与职业教育校企合作的成本过高，而过高的参与成本很有可能压制企业参与的动力。

在"贵企业是否认同校企合作成本应由政府、院校、企业、学生共同承担"的选项上，89%的企业选择"完全同意与有点同意"。结合访谈调查，多数企业认为，校企合作是多方受益的事情，因此，其成本应该由多方共同承担。

在"贵企业是否认同参与职业教育校企合作搜寻信息成本过高"选项上，68%的企业选择"完全同意与有点同意"；在"贵企业是否认同参与职业教育校企合作谈判成本过高"选项上，56%的企业选择"完全同意与有点同意"；在"贵企业是否认同参与职业教育校企合作维护成本过高"选项上，35%的企业选择"完全同意与有点同意"。这表明部分企业认为参与职业教育校企合作的交易成本（信息搜索成本、谈判成本、维护成本）过高。

在"贵企业是否认同支付职业院校实习生报酬与津贴过高"选项上，12%的企业选择"完全同意与有点同意"，而83%的企业选择"有点不同意；完全不同意"，也就是大多数企业并不在意实习生的支出费用。

在"贵企业是否认同为实习生配备指导教师需要投入较多费用"选向上，7%的企业选择"完全同意与有点同意"，而91%的企业选择"有点不同意；完全不同意"，也就是大多数企业并不在意为实习生配备指导教师支出费用。

在"贵企业是否认同学生实习会影响企业正常的生产经营，从而增加成本"的选项上，选择"完全同意与有点同意"的比例达到91%，只有5%的企业选择"有点不同意；完全不同意"。这表明绝大多数企业认为接受实习生可能会增加运营成本。

在"贵企业是否认同学生实习安全问题会增加成本"的选项上，选择"完全同意与有点同意"的比例达到75%，这表明大多数企业还是比较看重生产风险成本的。由于实习生进入企业，对于生产必然有一个熟悉的过程，因此，可能会造成安全生产事故，企业必须承担相应的经济责任。如果企业购买保险，会额外支出一笔费用，增加成本。

（3）经济回报情况。在选项"贵企业是否认同经济回报是影响参与职业教育校企合作的关键因素"上，选择"完全同意与有点同意"的企业比例达到85%，这说明多数企业还是比较看重参与校企合作的经济回报。想要激发企业参与校企合作的动力，必须提高企业经济回报。

在选项"贵企业是否认同参与职业教育校企合作中政府给予经费补助"中，98%的企业选择"完全同意"，2%的企业选择"有点同意"；在选项"贵企业是否认同参与职业教育校企合作中政府给予税收优惠"中，选择"完全同意与有点同意"的比例达到100%。这表明政府的经济贴补和税收优惠是企业非常看重的。

在选项"贵企业是否认同参与职业教育校企合作是为了满足季节性用工的需求"上，59%的企业选择"完全同意"，23%的企业选择"有点同意"。企业认同的比例比较高，企业通过校企合作的形式，招收大量的实习生，弥补人力资源的暂时短缺，节约了人力投入，提升了经济回报。

在选项"贵企业是否认同参与职业教育校企合作是为了解决技术难题，提升产品竞争力"上，选择"完全同意与有点同意"的企业比例达到91%。对于企业来讲，产品竞争力提升了，市场的经济回报自然得到提升。

在选项"贵企业是否认同参与职业教育校企合作是为了优先录用好学生"上，选择"完全同意与有点同意"的比例达到89%。优秀人才是企业未来发展的重要资源，优先录用好学生，抢占人力资源高地，能够增强企业未来持续发展的动力，给企业带来相应的经济回报。

在选项"贵企业是否认同参与职业教育校企合作能赢得声誉，从而获得经济回报"上，选择"完全同意与有点同意"的企业比例达到87%。这表明企业还是具有一定的长远眼光的，能够认识到校企合作的深远意义。

（4）不同类型企业比较。通过分析问卷发现，规模不同的企业，在参与职业教育校企合作中的经济动力差异较为明显，大型企业参与校企合作的积极性远远高于中小型企业，大型企业对于参与校企合作的成本与回报关注程度低于中小企业，大型企业更加看重经济之外的因素，例如社会责任、企业声誉、国家法律法规等。同时，大型企业努力通过校企合作，迫切想利用职业院校的技术优势，进行技术更新改造与新产品研发。美国的一项研究表明，"100 人规模以下的中小企业参与职业教育项目的比例最低，仅占此类企业的 24%；企业的参与程度随着企业规模的增大而增多，1000 人以上规模的大型企业集团参与程度最高，达到此类企业的 60%，规模越大的企业，参与职业教育项目的比例越高"[①]。

中小企业一般属于劳动密集型企业，位于产业链的低端，一般对技能要求相对不高，经过简单培训即可上岗，通常把学生当成廉价劳动力。大型企业一般自动化程度较高，通常采用智能化生产线，属于技术密集型企业，位于产业链的顶端，属于高技能型用工模式，对于生产工艺要求很高。同时，大型企业具有承担成本的能力，因此，对于职业教育校企合作有着较强的动力，不太看重经济因素。

总而言之，企业是市场主体，拥有生产经营自主权，企业的任何决策都是在权衡了成本和回报之后做出的理性选择，未考虑企业的经济利益诉求是导致其参与校企合作动力不足的主要原因。长期以来校企之间不能深度合作，问题出在没有重视建立校企合作中企业的利益机制，只有解决好合作中的企业利益问题，企业才有动力、才有积极性。[②]

6.2.3.3 企业参与职业教育校企合作利益的激励路径

随着职业教育体制的改革，校企合作已成为技术技能型人才培养的重要途径。只有职业院校单方面的合作诉求不可能真正促进校企合作，仅依靠企业自觉自愿参与职业教育校企合作也是远远不够的，必须要有相关的措施激发企业参与的动力，因此要给予扶持和鼓励。利益是驱动企业参与职业教育校企合作的重要因素，成本与回报是企业参与职业教育校企合作首先考虑的问题，也就是预期回报与预期成本影响了企业参与校企合作的

---

① Peter Cappelli, Daniel Shapiro & Nichole Shumanis. "Employer participation in school-to-work programs" [J]. *Annals of the American Academy of Political and Social Science*, 1998 (2).

② 吴岩. 校企合作制度化突破职教发展瓶颈 [N]. 中国教育报，2010-03-13 (4).

决策。

首先，建立政府主导的成本利益补偿机制。在激励企业参与职业教育校企合作过程中，政府的作用是无可替代的。建立政府主导的企业参与职业教育校企合作利益补偿机制，形成具有中国特色的成本回报补偿体系。树立起为企业补偿的意识，满足企业利益需求，采取行之有效的措施消除企业的后顾之忧，引导、激励、控制企业校企合作行为，使得企业参与从自发变为自主，由被动变为主动。政府的财力支持是企业充分参与职业教育校企合作的有力保障，政府应该给予类似的政策倾斜。通过给予专项财政支持弥补成本开支，或者在信贷方面给予优惠，给予宽松的贷款，调动企业的积极性，保证企业愿意参与也勇于参与合作。澳大利亚政府为了更好地调动企业参与职业教育校企合作的积极性，主动承担了在企业实习学生的保险、福利等开支，减轻了企业的经济负担，还专门划拨资金设立了多种奖项，用于奖励在职业教育校企合作过程中做出突出贡献的企业。我国政府有必要在同级财政的教育资金中建立职业教育校企合作项目，将职业教育校企合作纳入公共财政预算范围，奖励校企合作优秀企业。适当减免企业教育附加费，分担企业参与校企合作的经济成本。通过调查发现企业尤其是大型企业对提升社会知名度比较重视，政府有必要对积极开展校企合作的企业大力进行宣传，通过宣传提高企业的知名度和荣誉度，给企业带来潜在的未来的经济回报。

其次，设立职业教育校企合作发展基金。该基金可由政府投入原始启动基金，而后，对该地区所有企业按不同的营业额、规模等提取一定的职业教育校企合作基金，作为后续基金，对企业参与职业教育校企合作行为进行补贴和表彰奖励。在中央财政预算的教育经费中，要专门设立职业教育校企合作的预算，省级财政对中央财政涉及本级政府管辖范围内的重点支持政策，要给予一定比例的配套。可规定企业必须按照职工工资总额的一定比例提取职业教育经费，纳入校企合作专项基金，在财政预算中设立职业教育校企合作发展专项基金，只能用于支持企业参与职业教育校企合作。

再次，实行职业教育校企合作税收优惠政策。税收杠杆是激发企业参与校企合作的重要方式，确定对企业参与校企合作的税收优惠，综合运用税收、补助、贴息、担保等方法对于参与校企合作的企业给予减少税收的奖励。对足额提取职业教育基金的企业给予一定的税收减免，对未足额提取职业教育基金的企业则收取一定比例的罚金。企业接受学生实习发生的耗材费、企业师傅指导费、设备折旧费等，可计入生产成本，享受营业额所得税减免。应允许将企业投入生产性实训基地建设中的资本和设备，计入其生产成本，对企业捐赠的用于教学、实训等的设备免征增值税。根据消耗企业的材料费用和接收实习生数量进行财政补贴或税费减免。企业支付给实习生的实习报酬以及相关实习费用可以计入生产成本，予以税前扣除。对于投资于校企合作一些项目的资金借贷实行减息或是免息政策。对于提供稳定培训基地的企业，基地产生的收入应实施收入免税。对于提供实习实训的设备仪器的企业，允许企业用双倍余额递减法对固定资产加速折旧。另外，根据企业参与职业教育校企合作的程度来给予相应程度的税收优惠，比如企业与学校签订合作协议情况，每一年度接收学校实习生的数量，支付实习生工资标准，是否设立专门的校企合作管理机构等。

最后，建立成本效益核算机制与奖惩机制。分析企业参与职业教育校企合作的效益，对其价值和成本进行计量，对其供给和需求进行预测，对其投入收益进行分析，并制订补偿方案，明确补偿标准，确定补偿额度。同时，在明确校企合作责权利的基础上，科学制定评价标准，定期组织开展对企业参与职业教育校企合作的督导，对校企合作办学工作取得明显成效的企业给予表彰，并作为资金投入、政策优惠的直接依据。在奖励的同时，制定处罚性条款，确定处罚的主体、对象和方式，如果某个企业不遵从就对该企业施行处罚，对于逃避责任的企业给予明确的经济惩罚。

6.2.4 完善评估监控

6.2.4.1 构建职业教育校企合作评估体系

评估是科学界定职业教育校企合作质量的指南针。通过构建评估体系，不断完善评价指标，多维度对职业教育校企合作质量做出综合考评，并将质量评价信息反馈到职业教育校企合作的各个环节，倒逼职业教育校企合作提升质量。

（1）确定职业教育校企合作指标。构建职业教育校企合作评估体系首先必须确定校企合作指标的内容。指标的制定要充分考虑到国情，考虑到学校和企业需要，考虑到时代变化，构建科学实用的职业教育校企合作指标体系来保障职业教育中校企合作的规范性、系统性、统一性与可评价性。我国著名校企合作评价专家、中山职业技术学院吴建新校长等学者，借鉴国际科技合作评价的研究成果，构建基于校企合作广度、深度、持续度和有效度的四维度分析概念模型，结合我国政策对职业教育校企合作的要求，建立校企合作评价指标体系[1]，值得借鉴推广。

"（一）广度。广度指校企合作涉及的范围和领域。从职业教育政策所提出的要求看，主要体现在合作主体的广泛性、合作内容的全面性、合作受众的普遍性三个方面。首先，我国职业教育政策明确规定校企合作是职业教育的基本模式，提出'引导社会力量兴办职业教育'，进一步明确'规模以上企业要设立学生实习和教师实践岗位'。'建立健全政府主导、行业指导、企业参与的办学机制'，'要求职业院校紧密依靠行业企业办学，各地区要积极探索校企合作的新思路、新措施、新方法'。可见，政府、院校、行业、规模以上企业等社会力量都应参与职业教育，充分体现了校企合作主体的广泛性要求。其次，明确提出了校企双方合作的具体内容。联合办学、联合招生、改革传统人才培养模式、学生顶岗实习、教学

---

[1] 吴建新，易雪玲，欧阳河，等. 职业教育校企合作四维分析概念模型及指标体系构建[J]. 高教探索，2015（5）.

质量评价、学生就业，共建'双师型'教师培养培训基地、技术工艺和产品开发中心、实习实训平台、技能大师工作室等方面，涉及人才培养的全部环节，充分体现了校企合作内容的全面性要求。再者，对校企合作开展学生顶岗实习和教师实践提出了要求。中等职业学校在校学生最后一年要到企业等用人单位顶岗实习，高等职业院校学生实习实训时间不少于半年，专业教师每两年必须有两个月到企业或生产服务一线实践，充分体现了校企合作受众的普遍性，涉及每一个职教学生和专业教师。

（二）深度。校企合作深度主要指校企合作向高级阶段发展的程度，其主要标志是合作中双方资源交流的程度，决定于企业参与程度。从我国职业教育政策的要求看，校企合作深度体现在企业投入资源、合作组织形式、合作协议以及企业作用与地位等方面：第一，'引导社会力量兴办职业教育'，鼓励行业企业加大投入。第二，国家政策明确要求职业院校就实习事宜与实习单位签订协议，以明确双方的权利、义务以及学生实习期间双方的管理责任，有无签订合作协议、协议执行状况也成为校企合作向高级阶段发展的特征。第三，我国职教政策明确发挥企业重要的办学主体作用。比如设立学生实习和教师实践岗位，企业要与学校共同组织好学生的相关专业理论教学和技能实训工作，做好学生实习中的劳动保护、安全等工作，为顶岗实习的学生支付合理报酬，形成以学校为主体，企业和学校共同教育、管理和训练学生的教学模式。在合作办学上，政策鼓励行业企业举办职业院校。可以看出，在校企合作的很多方面，政策鼓励企业发挥主导作用。

（三）持续度。持续度是指校企合作持续的时间。梳理我国相关政策文件，关于持续性的描述主要表现在促进校企长期合作的建议与措施方面。首先，要求以制度规范校企合作，以促进校企合作的持续开展。比如建立学校和企业之间长期稳定的组织联系制度，企业接收职业院校学生实习的制度，半工半读制度，职业教育教师到企业实践制度，职业教育兼职教师聘用制度，职业院校学生顶岗实习的管理制度，等等。其次，明确要求找准企业与学校的利益共同点,建立校企合作持续发展机制,具体有联合办学、多元主体合作共赢的集团化办学机制,等等。

(四)有效度。有效度是衡量校企合作效果的维度,即校企合作给各参与主体带来的成果或效益。首先,反映教育目标的实现程度。……通过校企合作突出学生实践能力和职业技能的培养,明确将毕业生就业率与就业质量、'双证书'获取率与获取质量、职业素质养成等方面作为评估人才培养水平的重要指标。其次,实现企业的利益需求,即满足其对应用型人才需求和对技术创新的需求。再者,实现政府追求的公共利益,提高人才的适切性,促进就业和经济社会发展。"[①]

基于上述对校企合作四维模型的界定与分析,建立三层次的校企合作评价指标体系,运用层次分析法从校企合作广度、深度、持续度、有效度四个维度对校企合作现状进行分析与评价,基于四维分析模型设置校企合作广度、深度、持续度、有效度4个一级指标、13个二级指标、27个三级指标。如表6.1所示。

表6.1 校企合作四维评价指标体系

目标层	一级指标	二级指标	三级指标
校企合作四维评价	校企合作广度 W1	合作主体广度 S1	专业的合作企业数 X1
			企业的合作院校数 X2
			专业覆盖率 X3
		合作内容宽度 S2	合作内容的项数 X4
		合作受众参考与度 S3	在合作企业参加顶岗实习学生比例 X5
			一线挂职连续三个月以上的专业教师比例 X6

---

① 吴建新,易雪玲,欧阳河,等.职业教育校企合作四维分析概念模型及指标体系构建[J].高教探索,2015(5).

续表

目标层	一级指标	二级指标	三级指标
校企合作四维评价	校企合作深度 W2	企业投入资源 S4	企业投入资源种类 X7
			企业投入资源数量 X8
			企业投入方式 X9
		契约性合作 S5	契约性合作比例 X10
		企业主导性 S6	企业主导程度 X11
	校企合作持续度 W3	校企合作持续时间 S7	平均持续时间 X12
			最长持续时间 X13
		校企合作频度 S8	项目合作频率 X14
		校企合作的稳定性 S9	稳定合作企业比例 X15
		校企合作机制 S10	校企合作管理与服务机构 X16
			校企合作法规与制度 X17
			校企合作机制运行效果 X18
	校企合作有效度 W4	校企合作满意度 S11	学校满意度 X19
			企业满意度 X20
			政府满意度 X21
		校企合作成果 S12	具体成果数 X22
			毕业生就业率 X23
			毕业生双证书获取率 X24
		校企合作收益 S13	学校综合收益 X25
			企业综合收益 X26
			政府综合收益 X27

资料来源：吴建新，易雪玲，欧阳河等．职业教育校企合作四维分析概念模型及指标体系构建［J］．高教探索，2015（5）．

表 6.1 所列指标内涵如下：

"1. 校企合作广度 W1。校企合作广度由 3 个二级指标构成。

1）合作主体广度 S1 主要反映校企合作涉及面的宽广程度。一般来说，参与主体的数量越多，表明校企合作涉及面越广；反之，校企合作面越窄。本分析模型用专业的合作企业数 X1、企业的合作院校数 X2、专业覆盖率 X3 综合反映合作主体广度。

2）合作内容宽度 S2 主要反映校企之间合作内容的多少。前文述及校企合作育人的内容含专业建设、课程建设、师资建设、实习教学、能力评价、招生就业、研究开发 7 项内容。本分析模型就用合作内容的项数 X4 来反映合作内容宽度，合作的项数越多，说明校企合作内容越广。

3）合作受众参与度 S3 主要是指校企合作中师生的参与程度，一方面用在合作企业参加顶岗实习学生比例 X5 来表示学生参与度，另一方面用一线挂职连续三个月以上的专业教师比例 X6 来反映教师参与度。这两项比例越大，说明校企合作的受众面越宽，校企合作开展得越广泛。

2. 校企合作深度 W2。校企合作深度由 3 个二级指标构成。

1）企业投入资源 S4 反映企业投入资源的种类、数量和投入方式。先看投入资源的种类，从我国校企合作发展的历程看，企业参与合作育人，由浅入深，可以提供人力和信息、物质与资金、文化与战略等三个不同层次的资源。这三种资源的投入，企业合作成本渐次提高……据此，将校企合作分为浅层、中层、深层三个不同的层次。另外，企业投入规模越大，表明双方合作越深，合作阶段越高级；反之，双方仍处于合作的初级阶段。投入方式一般有捐赠、共管共建和投资入股 3 种方式，在这 3 种投入方式中，企业对资产权利逐渐增加，企业合作程度也进一步加深。捐赠是企业无偿转让资产的所有权和使用权，不再行使任何资产权利，这种合作属浅层合作；共建共管一般是企业仍然拥有资产使用权和经营权，但不享有分配权，属于中层合作；投资入股在共建共管的基础上，还增加了以资产份额享有分配的权力，此乃合作的高级形式。因此，本模型用企业投资种类 X7、企业投入资源数量 X8、企业投入方式 X9 来衡量企业投入资源。

2）契约性合作 S5 指建立在书面契约基础上的校企合作，该指标主要能反映校企合作的法律规范性。在契约的规范和约束下，合作双方具有确定的责任、义务和权力，相对于非契约性合作，契约性合作是一种高级形式。因此，用契约性合作比例 X10 来衡量契约性合作的普及程度。

3）企业主导性 S6 指合作时企业主导作用的强弱。用企业主导程度 X11 来表示，企业主导作用越强，说明校企合作程度越深，合作形式越高级；反之，合作处于初级阶段。本模型针对校企合作的 7 项内容，就企业主导作用发挥的程度，分为三种表现形式，即学校主导、校企共建、企业主导。企业主导的合作乃高级阶段的深层合作。

3. 校企合作持续度 W3。校企合作持续度含 4 个二级指标。

1）校企合作持续时间 S7 下设两个指标。其一，平均持续时间 X12 用所有合作单位合作时间的平均量来表示，主要反映持续时间的普遍现象。其二，最长持续时间 X13 用与学校或专业合作最稳定、最长久的企业的合作时间表示，这是一个典型数据，主要反映长期校企合作的典型时间状态。

2）校企合作频度 S8 是一个稳定性的指标，用项目合作频率 X14 反映合作期间，双方各项目相互合作的次数，次数越多，合作频度越大，合作越稳定、越深入。

3）校企合作的稳定性 S9 也是用来反映校企合作稳定程度的。接纳学生实习是最重要的校企合作项目，本模型认为企业每年都能接受合作院校一定规模的学生参加顶岗实习是稳定合作的重要指征，因此，用能每年为学生安排顶岗实习岗位的稳定合作企业比例 X15 来表示校企合作的稳定性。

4）校企合作机制 S10 是一个影响校企合作持续稳定开展的重要因素，因此，也将其纳入持续度范畴考虑。下设 3 个三级指标，从校企合作管理与服务机构 X16、法规与制度 X17、机制运行效果 X18 三个方面考察分析其完善性。校企合作机制越完善，越能促进校企合作的持续开展。

4. 校企合作有效度 W4。校企合作有效度含 3 个二级指标。

1）校企合作满意度 S11 主要反映各合作主体对校企合作的满意程度，因此，用学校满意度 X19、企业满意度 X20、政府满意度 X21 分别反映不同主体的满意度情况。

2）校企合作成果 S12 主要用校企合作期间双方合作取得的具体成果数 X22、毕业生就业率 X23、毕业生双证书获取率 X24 三个指标来衡量。

3）校企合作收益 S13 根据校企合作各主体的利益诉求不同，用学校综合收益 X25、企业综合收益 X26、政府综合收益 X27 衡量。"[①]

（2）完善职业教育校企合作评估机制。建立科学有效的评估机制是保证各方主体履行自身职责、充分发挥自身作用的必然要求，也是调动各方主体主动性、挖掘办学潜力的必要手段。我国校企合作未能形成多元治理主体参与的社会化评估机制，评价主体单一，影响了评估过程的科学性和客观性，使得评估过程未能发挥其应有的作用和价值。因此，应完善校企合作评估机制。成立评估机构，确定评估机构成员，制定校企合作质量评价框架，建立评价标准，明确有关指标，改进评价标准，改善评价方式与流程，形成以校企双方为核心、行政部门为主导、社会广泛参与的评估系统，这样才能使校企合作项目更好地开展。在这个过程中，应该发挥行业组织的作用，行业组织作为第三方机构，由行业组织与政府、企业、学校联合组成评估委员会，搜集评估信息，制定质量评估指标体系，建立行业组织牵头的多元化评估机制，按照行业标准对职业教育校企合作教学活动和人才培养质量予以评价，保证评估的信度和效度，并将评估结果向社会公布。从而便于职业教育校企合作调整教学规划、教学内容和教学方式，使职业教育校企合作的教学活动更加接近企业的要求。另外，学校和企业共建校企合作评估小组，由学校的管理人员、教师以及企业管理人员和技

---

① 吴建新，易雪玲，欧阳河，等. 职业教育校企合作四维分析概念模型及指标体系构建[J]. 高教探索，2015（5）.

术人员共同组成，对校企合作工作在细节上进行考评。对企业、学校在校企合作中的行为、作用与效果实行满意度测评，形成更系统化的质量保障和改善策略，为校企双方制定内部计划和做出决定提供可靠信息，确保校企合作工作的有序高效。

（3）建立校企合作评估反馈机制。评估不仅要注重过程，还要重视结果。反馈作为一种制度性安排，可以实现评估"回应"的制度化、常态化，避免"做秀"。评估的推进需要形成有效的反馈，对学校在合作方式上提出要求，同时也将这种要求以积极主动的方式反馈到企业，促进企业根据学校的要求改变参与校企合作的方式。评估方以评估结论为依据，树立评估反馈导向，向各个被评单位反馈并提出需要改进和完善的意见。评价结果由政府部门向社会各行业发布，并作为各单位绩效考核的重要内容之一。另外，将评估结果作为奖惩依据，督促校企合作双方持续改进。将评估考核结果与奖惩结合起来，对参与校企合作成绩突出的企业，可在项目申报、税收减免、技术改进、评比表彰等方面实行倾斜，对不积极参与的企业提出整改意见并进行跟踪，在媒体公示，以激励、引导企业积极参与合作。

6.2.4.2 构建职业教育校企合作监控机制

校企合作治理是各利益相关主体的共同治理，每个利益相关者都有参与监督的权力。应建立校企合作多元监督机制，实现各治理主体参与校企合作监督的长效机制。鼓励社会积极参与治理，确保治理过程得到社会广泛监督，让除政府部门之外的社会团体、行业企业、学术机构等社会组织有权参与其中，形成外部各利益相关主体共同参与的监督机制。为了实现校企合作治理的长期发展，应该建立各级校企合作监督机构，只有具备专业化的机构，才能进一步明确合作双方的责任意识，让合作更持久。有必要从国家和地方两个层面建立职业教育校企合作监控机制，在国家层面应该建立校企合作监控部门，其成员由教育部、人社部以及其他相关部门组成，同时，全国各省市要及时建立相应的校企合作监控机构，及时落实国家教育部门的政策法规，做好校企合作办学的监督工作。各级管理部门要结合当地教育的实际情况，积极参与到校企合作工作中去，切实做好监督工作。明确企业和职业院校各自应承担的责任和需要履行的义务，对各方的权利、义务以及违约责任落实情况进行监督。

与此同时，职业教育的行业性使得对职业教育校企合作的监管不能仅仅依靠政府，而是需要政府和行业组织的合理分工，尤其要充分发挥行业组织对于校企合作的监管功能，这既符合我国国情又符合职业教育的规律。就像教育部原副部长鲁昕指出的那样，要努力将行业部门、行业组织、行业专家作为宏观管理的依靠力量。① 校企合作中行业组织的监管功能是指行业组织作为第三方组织，运用特殊身份，借助其专业性，指导职业教育校企合作过程，评估职业教育校企合作质量，力图提升职业教育校企合作水平，保证职业教育校企合作运作效率。行业组织对职业教育校企合作办学活动进行监督和调控，保证职业教育校企合作办学的规范性与效率，并将监控结果反馈给政府部门，为其教育决策提供参考。纵观世界各国，德国政府以法律形式明确了行业组织在职业教育校企合作监控系统中的地位，德国行业协会下设的考试委员会、教育委员会等多个委员会对职业教育校企合作过程进行全方位监控。因此，我国职业教育校企合作在监控体系建设过程中，完全应该借助行业组织的力量，发挥行业协会的优势，提升监控效率，完善校企合作的目标监控、过程监控、效果监控等全方位监控体系，使得行业组织成为职业教育校企合作外部质量保障体系的主体，并且逐步建立以行业为主导，对接职业岗位标准的职业教育第三方监控体系，促进职业教育校企合作质量的提高。

6.2.5 更新政策法规

构建规范化的职业教育校企合作治理模式，形成政府、行业组织、企业、学校良性互动的长效治理机制，关键环节应当加快职业教育校企合作

---

① 孟凡华. 鲁昕强调：推动现代职业教育体系建设［J］. 职业技术教育，2011（15）.

的政策法律完善。政策法规完善是指职业教育校企合作中的多元治理主体为充分发挥各自的功能和优势，通过制定相关的制度和法律以促进校企合作的可持续发展而形成的相互联系、相互作用的关系及其功能的总称。职业教育校企合作类型复杂多样，只有建立相对完善的政策法规体系，优化校企合作政策法规，形成规范、有序的政策法规环境，才能保持其可持续发展。政策法规是校企合作组织和实施的保障，有了严格的政策法规才能加强校企合作主体的自律性，规避合作中可能遇到的问题，保证校企合作运行的效果，使职业教育校企合作治理得以有序开展。"教育治理本质上是一系列有关规范教育公共权力运行的制度。"[①] 治理重在政策法规，政策法规是治理活动开展的核心要素和重要手段，也是治理能力得以发挥的重要前提。政策法规包括以强制力和约束力为前提形成的行为准则和办事规程。政策法规以法制化和强制性的手段明确了各主体的权利、责任和利益分配，规定了各项工作开展的条件和流程。当完善的政策法规形成的时候，学校与企业才可能形成更加紧密的合作关系，想要让多元治理主体在合作中投入更多的主动性，一定要以政策法规的形式确定其相关责任与义务。因此，有必要加快推进职业教育校企合作政策法规建设，做好职业教育校企合作顶层设计工作，促进职业教育校企合作的制度化和法制化，从宏观层面为校企合作提供有效保障。同时，在政策法规制定的过程中明确职业教育校企关系的新理念，坚持"大职教观"。目前，部分企业对职业教育的理解还相当狭隘，认为职业教育是教育系统的责任，企业没有必要参与职业教育校企合作。在这种观念的影响下，企业参与职业教育的积极性和主动性都受到极大的影响。"大职教观"始终把职业教育放在社会大系统的发展变化中，将职业教育与社会经济发展紧密结合在一起，把职业教育系统与产业系统作为一个有机整体，注重职业教育校企合作整体性和开放性。因此，有必要在"大职教观"指引下完善相关政策法规体系。具

---

① 张健. 教育治理体系的现代化：标准、困境及路径［J］. 教育发展研究，2014（9）.

体来看，应该从法规和政策两个方面入手。

6.2.5.1 完善法律法规

"法治是现代治理体系的本质特征，法治是实现教育治理体系和治理能力现代化的重要标志。"① 完善各项法规建设，依法治教、依法行政、依法决策与执行是实现职业教育校企合作治理的前提和基础。发达国家校企合作治理的成功经验都离不了法律法规的强制执行，用法律法规来规范职业教育中的校合作活动，管理和控制校企双方的合作行为，是各国普遍采用的形式。职业教育校企合作治理要求治理过程从人治走向法治，这是职业教育校企合作治理现代化的题中应有之义。法治化是职业教育校企合作治理合法性的重要来源，同时也是职业教育校企合作治理现代化的本质特征。法治化要求在立法、执法与司法环节都要严格按照法律治理职业教育校企合作。同时，职业教育校企合作的多元治理主体在参与治理过程中共同遵守法律规章，彼此之间的关系以及行为处事方式也要遵循政策法规，并且按照法律要求的程序履行各自的权利和义务。

建设具有中国特色的职业教育校企合作治理模式是一项长期的系统工程，需要建立健全职业教育校企合作相关的法律法规，加快推动教育法律和制度的供给，为推进职业教育校企合作治理体系和治理能力现代化保驾护航。使职业教育校企合作治理主体树立正确的法治观念，增强法治意识，在治理过程中能够依照法律的要求开展工作，提高治理主体的依法治理水平，并将依法治理内化为其自主行为，形成依法治理的良好氛围，为职业教育校企合作治理模式的构建提供良好的外部环境。完善的法律体系是构建职业教育校企合作治理模式的前提和基础，也是实现职业教育校企合作治理能力现代化的必由之路。职业教育校企合作治理活动需要相应的法律制度作为保障，加快职业教育法律体系建设，不仅能够为职业教育校企合作治理行为奠定合法性基础，还能够为深化职业教育校企合作改革让

---

① 翁小平. 以法治思维推进教育治理现代化［N］. 中国教育报，2014-11-25（5）.

渡必要的空间，在法律范围体系内开展职业教育校企合作活动。要按照社会主义法治要求实施职业教育校企合作治理，并依法推进职业教育校企合作治理体系建设，逐渐提升职业教育校企合作治理能力，保障职业教育校企合作治理体系和治理活动的合法性。做好相关职业教育法律法规的"立"与"破"，形成良好的治理秩序，提高治理绩效，为最终达到"善治"的理想目标提供法理依据和保障。

从职业教育发达国家经验来看，职业教育法律发挥了极大的作用，可操作性强，约束性强。国外职业教育校企合作相关法律法规经过多年不断的修改完善，逐步筑成了上下衔接紧密的职业教育校企合作的法规体系。从我国目前职业教育法律法规的建设来看，法治基础薄弱已成为事实，尤其与职业教育校企合作相关的法律法规更是如此。职业教育法规是国家权力机关制定和发布的有关职业教育方面的法律的总称，尽管我国政府先后制定并出台了《中华人民共和国教育法》《中华人民共和国职业教育法》（以下简称《职业教育法》）、《中华人民共和国高等教育法》等一系列法律法规，起到了为职业教育校企合作保驾护航的作用。但从这些法律的内容和力度来看，还存在一些不足。例如，自1996年颁布以来，《职业教育法》已经运行了20多年，从未有过任何增订修改，对校企合作的相关规定笼统概括，缺少操作细则。现今，职业教育发展的内外部环境已发生翻天覆地的变化，在校企合作方面逐渐暴露出了较多的技术性问题。例如，现行《职业教育法》第6条虽然规定企业应当依法履行实施职业教育的义务，但是对企业具体承担什么职责却没有涉及，对于企业约束力明显不够。缺乏对校企合作具有指导作用的具体性和专门性的条文，导致校企合作相关事务的处理缺少相应的法律规范和处理标准。同时，法律文件之间的连续性和系统性不够强，原则性条文多，规范性、可操作性条文少，只是涉及了一些零散的校企合作内容，难以对校企合作的建设和运转予以很好的保障。

借鉴国外的成功经验，同时结合我国的实际情况，逐步构建并完善具有中国特色的职业教育校企合作法律体系是职业教育校企合作法律化的基本要求。根据职业教育治理体系和治理能力现代化的要求，完善职业教育校企合作治理主体的行为法律规范体系，结合不同治理主体自身的特点要求，制定相应的责任、权利、义务的法律法规，更好地引导治理主体的行为，促进治理主体在职业教育校企合作过程中发挥作用。根据我国职业教育发展的新形势、新情况、新问题，有必要对现有的法律法规进行补充完善，应以《职业教育法》为核心，形成由基本法、单行法、行政法规以及配套实施细则共同组成的内容具体、层级清晰的职业教育法律体系。《职业教育法》的修订工作应充分考虑经济社会发展、教育改革需要和校企合作相关参与者利益，增加校企合作的相关法律条款，明确各级政府在校企合作中的主导责任，明确行业组织的桥梁和监管作用，明确职业院校主体责任，明确企业的责任。同时，确保校企合作的法律责任得到落实，需要有与之相对应的下位法规体系相配套，应当尽快出台《职业教育校企合作法》作为《职业教育法》的下位法，详细规定政府、企业、学校、行业组织作为主体所承担的权利及义务，以及违反法律义务所应承担的后果。加快《职业培训办法》《职业教育企业资格条例》《学徒制条例》等国家层面法规条例的制定和修订工作，为地方法规条例的制定提供上位法依据和支持，制定贯彻实施细则，提出校企合作具体的、可实施的规定，对于课程设置、实训基地建设要求以及学生意外伤害等问题，进一步细化相关要求。对校企合作的形式、组织架构、组织与实施、投入和保障措施、考核与奖励、各方的法律责任等都做出明确阐述。同时，还应完善《中华人民共和国劳动法》《中华人民共和国公司法》《中华人民共和国劳动合同法》《中华人民共和国企业所得税法》《工伤保险条例》等相关法律，从承担社会责任、企业经营行为、税收缴纳等方面推动企业参与职业教育校企合作。另外，增加法律责任条款。职业教育校企合作法律责任指主体对职业教育违法行为或破坏职业教育法律关系所应承担的带有强制性的否定性法律后果。应明确相关职能部门的执法责任，加大执法效果的监督力度，做到执法必严，违法必究。应加强法律的执行力度，要求相关单位严格按照法律规定办事。建立问责制，对那些不落实合作的责任人严格追究责任，对于未按规定履行校企合作义务的责任人按法律的规定给予一定的处罚。最后，构建具有操作性和针对性的地方职业教育校企合作法规体系，地方政府应该通过地方人民代表大会尽快制定出台与我国《职业教育法》相配套的地方性法规，突出地方特色，使校企合作工作常态化、制度化、科学化。通过制定《校企合作促进条例》《校企合作实施办法》等地方性制度法规，充分发挥统筹引导作用，规定校企合作权利与义务对等。对于与上位法的规定相冲突文件予以废除，对于虽然与上位法存在不一致但可以通过修改解决的予以修改。

6.2.5.2 优化政策设计

校企合作的全面推进必须有政策支持。由于法律本身的局限性，即使制定了相关法律，实践中仍然要制定政策。对于一些暂时不具备条件上升到法律层面的条款，可以以纲要文件等政策形式推出，鼓励条件尚未成熟的地方可先进行相关政策试点，逐步推进。鼓励各地先行先试，大胆尝试、积累经验，为今后国家层面的法律法规的修订提供实践支撑。待运行一段时间，时机成熟后再转化为法律法规。校企合作的政策必须要宏观与微观相结合，才能起到规范和指导实践的作用。只有不断完善校企合作的相关政策，制定出可供校企合作依凭的政策细则，才能将校企合作的工作落到实处。具体包括明确规定校企合作的合作方式，规定学校、企业必须要成立相应的机构并安排相关人员负责管理校企合作的相关事宜，明确规定校企合作的奖惩制度，制定具体的校企合作效果审核政策等。

目前职业教育校企合作中一个最突出的问题是企业参与职业教育校企合作积极性不够，主要原因就是相关政策缺位，没有能够很好推动企业参与。因此，尤其需要重点完善企业参与职业教育的有关政策，依靠政策支持，鼓励企业积极投身职业教育，加强对企业参与职业教育活动的规范化引导。

（1）利用相关政策提升企业社会责任意识。企业要真正成为职业教育校企合作治理的主体，首先必须提升企业的社会责任意识。有必要从认识层面培养企业社会责任，增强企业参与职业教育校企合作的使命感，提高企业参与的自觉性，使企业认识到自身利益与职业教育密不可分，是一种相互促进的关系，校企合作能够为企业赢得良好的社会声誉，同时会给企业带来丰厚的社会资本，带来长期的经济绩效。因此，有必要强化社会责任意识，也就是由外部因素来驱动并推动内生力量的启动，采取措施向企业施压，引导企业把外在的责任要求内化为价值规范，使企业对待社会责任的态度发生由"漠视被动到自觉主动"的转变，促进企业社会责任观的发展，努力提升企业在校企合作中对社会责任的履行程度，在全社会形成一股履行社会责任的热潮。同时，曝光躲避校企合作社会责任的企业，形成道德约束力，对逃避职业教育校企合作责任的企业进行谴责，形成全社会道德批判的压力。

（2）细化激励企业参与校企合作的政策。只有维护校企合作中企业主体的利益，从经济上弥补企业在参与职业教育过程中的利益损失，增加职业教育与企业利益关联程度，才能从本质上激发企业的内在动力，使得企业主动成为校企合作治理主体。当前，相关激励举措缺乏可操作性，过于粗线条，仍停留在"鼓励号召"阶段，没有对企业的相应具体经济收益给出明确规定，难以使企业从中获取切实利益。同时，有关政策对不参与职业教育与培训的企业并未做出明确的处罚规定。因此，有必要完善校企合作的利益调整政策，尽力调和企业对于利益的追求和职业院校公益性之间的矛盾，构建校企利益共同体。在同级财政的教育资金中建立校企合作基金，奖励企业积极参与职业教育校企合作，出台有利于企业参与职业教育的财政资助、专项补贴等政策。根据企业参与的程度实施税收优惠，依据其接纳培训学生的数量和时间予以扣减营业税和企业所得税优惠，从而补偿企业参与校企合作的额外成本，减轻企业参与校企合作的负担，实现短期利益和长期利益的有机结合。同时，实行优惠信贷政策，由政府出面，推动金融机构为相关企业开辟信贷业务，通过财政贴息、政策性银行低息、金融机构降息等，对企业提供一定的信贷支持。另外，鼓励、引导、规范大型企业单独举办职业教育与培训，对于企业举办职业院校，一律按照公办职业院校的标准拨付生均经费，企业缴纳的教育费附加，按照其在校生规模，以一定比例返还给企业。另外，出台政策推动一批深度参与职业教育的"教育型企业"发展。确立担任职业教育人才培养主体企业的资质，赋予符合条件的企业承担职业教育人才培养的职责，明确给予企业开展专业课程建设，参与培养目标制定、教材编订以及行业准入资格制定等的权利。

除了完善基本政策之外，还需要完善与之相关的配套政策。配套政策的完善能够直接强化职业教育校企合作的价值，增强职业教育校企合作对公众的吸引力，促进职业教育校企合作的实施。具体包括企业职工培训、职业资格证书、就业准入等方面的政策。首先，推出职工培训政策。加强对企业职工培训的指导、监督与评估，将企业职工培训纳入企业社会评价标准及绩效评估标准中，形成理论与实践相结合的学习工作联结机制。其次，推出职业资格证书政策。开展职业资格培训与认证市场的清理工作，减少职业资格许可和认定种类，消除一些不必要的职业资格限制，重新编制国家职业资格目录并向社会公开，增加国家职业资格社会透明度，尽可能规范资格认证。完善国家职业资格证书管理办法，建立国家统一的职业资格证书管理控制体系，增强职业资格证书的权威性与含金量。最后，推出就业准入政策。严格就业准入标准，对于国家要求实施就业准入的职业，必须实行严格的就业准入控制。修订职业分类大典，严格制定准入类职业标准，同时加强对就业准入工种目录的管理。要加大劳动监察执法力度，依法把就业准入的情况纳入日常监督检查的范围，严格规范企业用工，从根本上调动企业关注和参与职业教育与培训的积极性。

7 结论与展望

7.1 结论

自改革开放以来,经过 40 多年的发展,我国职业教育已经实现了办学规模上的跨越式前进,毕业生数量占据了教育的半壁江山,为经济社会发展培养了大批技术技能型人才。尽管取得了一些成绩,但是,我国职业教育在校企合作中依然存在较多难以处理的深层次问题,例如,职业院校办学仍处于较为封闭的状态,缺乏开放性,在专业、课程与教学等方面与社会需求存在明显脱节现象,还不能很好地适应经济社会发展需求,缺少市场意识,没有形成适应市场经济发展需要的灵活办学机制,学校与企业、专业与岗位对接不够紧密,专业设置不适应当地经济发展,等等。这些问题已经成为职业教育校企合作中的瓶颈,严重制约着职业教育人才培养质量的提高。整体来看,造成职业教育校企合作问题的因素众多,其中关键原因之一就是职业教育校企合作治理问题。也就是说,校企合作中逐渐显露出的深层次问题即治理问题,已成为解决校企合作难题的焦点。治理的核心要义在于主体多元性、责权利均衡性和协调互动性,即实现治理主体由"一元"变为"多元",治理责权利由"命令服从"的纵向关系转向"均衡"的横向关系,治理方式由"控制"转向"协调互动",让各利益相关者的合理价值诉求与多元资源融入校企合作之中,构建多元利益主体间的共治权力模式,实现校企合作利益最大化。因此,有必要对职业教育校企合作治理进行深入分析和研究。

本书遵循现象—问题—根源—对策的思路,基于治理理论对职业教育校企合作模式进行了深入分析。首先，对相关理论进行分析，在对治理理论、公共管理治理与教育治理、校企合作内涵与由来、职业教育校企合作、职业教育利益相关者、职业教育校企合作治理的研究基础上，对我国职业教育校企合作治理的现状进行分析，指出，职业教育校企合作治理关键主体包括政府、职业院校、企业与行业组织等，按照主体多元性、责权利均衡性和协调互动性的治理标准，当前我国职业教育校企合作治理过程存在主体错位、权责利失衡、协调互动僵化等问题。通过问卷和访谈得知，导致这些问题的根源，包括组织架构松散、行业参与弱化、利益驱动不足、评估监控缺位和政策法规滞后等几个方面。

其次，依据治理理论，对德国职业教育校企合作治理模式、美国职业教育校企合作治理模式、澳大利亚职业教育校企合作治理模式进行了分析，指出，虽然德国、美国和澳大利亚发展职业教育校企合作的路径不同，文化、政治、经济背景也不同，德国形成了"双元制"模式、美国形成了"合作教育"模式、澳大利亚形成了TAFE模式等，但通过比较分析发现，成功的职业教育校企合作均是有一定的治理模式保障措施。主要原因在于各国在实施校企合作的过程中，都根据本国的特点与优势，推进具有本国特色的职业教育校企合作。同时，将治理理念贯穿于整个校企合作活动，加强职业教育校企合作的组织架构、行业参与、利益驱动、评估监控和政策法规等五个环节，构建了完善的职业教育校企合作治理模式，从而避免了主体的错位、权责利的失衡、协调互动的僵化等治理问题，进而提升了职业教育校企合作水平和效率。

再次，江苏职业教育在校企合作的长期实践中，针对我国校企合作中普遍存在的难点问题——校企合作的模式选择、校企合作机制建设以及校企合作评价等方面，积累了丰富的实践经验，探索形成了校企合作治理模式的江苏案例，为解决困扰职业教育多年的"校热企不热"问题，引导企业深度参与职业教育办学全过程提供了江苏思路。因此，本书从组织架构、行业参与、利益驱动、评估监控和政策法规等五个方面，对照治理理念的要求，对江苏构建职业教育校企合作治理模式进行深入分析，提炼了成功经验。指出，江苏通过深入优化校企合作组织架构，政府牵头推动行业组织和企业参与职业教育校企合作，多渠道开展校企合作评估监控以及不断完善校企合作政策法规，较为成功地构建了职业教育校企合作治理模式，推动了职业教育校企合作高速前进。

最后，本书对治理视域下我国职业教育校企合作模式构建的目标、原则和路径进行了探讨。对于治理模式构建目标，本书认为，职业教育校企合作治理模式构建需要将善治作为终极目标。善治从更好地服务人才培养目标出发，既是让主体归位、理顺关系、完善结构的过程，更是权力重新调整、制度再造的过程。善治是对职业教育进行成功改革的一个明确的先决条件。职业教育善治的关键是改进协调，让广大利益相关者参与职业教育，实现纵横交错的立体治理体系，通过制度安排和规范运作实现彼此权力的分权制衡，不同利益相关者之间形成运转协调、持续互动的关系框架。在治理视域下，推进职业教育校企合作现代化，就是对传统的职业教育管理进行一种根本性重构，其核心在于对校企合作治理实现民主化的重构，而其终极目标就在于将善治发展为一种常态治理。善治的本质特征就在于通过协作的方式增进共同利益的最大化，它不仅有利于实现职业教育校企合作治理的民主化，而且有利于为社会提供更好的职业教育服务，大大加快我国职业教育校企合作治理体系现代化的进程，进而提升我国职业教育的整体实力，缩短与西方发达国家职业教育发展水平之间的差距。

对于治理模式构建原则，本书大致分为以下几个方面。其一，互动性原则。经济社会发展对技术技能型人才培养的多元需求使得校企合作主体之间有越来越多的资源需要交换，有越来越多的利益需要共享，从而互动越来越密切。校企合作治理模式构建必然存在着信息的相互交换、资源的相互依赖、知识的相互共享、行动的彼此互动。其二，明晰性原则。治理视域下职业教育校企合作模式构建核心是明确划分治理主体的责权利范围，处理好利益相关者的责权利关系，明确权力边界，实现权责对等。其三，多元性原则。职业教育校企合作治理是一种复杂的具有外部公共性且关联多方利益的综合活动，在实践中不仅呈现出多维性和系统性，在内涵上还具有开放性。为了使人才培养活动顺利达成，应将所有的利益相关方都引入这一体系，围绕技术技能型人才培养共同开展全领域、多元的校企合作。其四，开放性原则。职业教育是面向人人的教育，是与经济社会联系最直接的教育。随着产业结构的调整、升级和优化，职业教育校企合作治理模式构建越来越凸显其高度开放性的特质。其五，主动性原则。治理模式构建主动性包括两个方面，一方面是增加企业主动性，使得企业能够积极主动提升参与动力；另一方面是职业院校能够积极主动提升自身参与校企合作能力，更好地融入校企合作活动中去。

我国职业教育校企合作治理模式构建路径，包括以下几个方面。其一，组织架构方面。健全与完善校企合作的组织架构。从纵向来说，从中央到地方，都应当建立相应的专门化职业教育治理机构；从横向来说，包括决策机构、执行机构、监督机构、咨询机构和研究机构，形成从上到下的校企合作治理体系。机构的成员组成多元，即在校企合作的治理模式中，应该包含来自各个利益相关者的代表，从而使得各方力量能够充分参与，各方积极性得到充分调动。其二，行业参与方面。强化行业组织参与校企合作治理的信息功能、协调功能，拓展行业组织参与校企合作的渠道，包括参与改革人才培养模式、完善课程体系、推动科技研发、优化师资队伍。激发行业组织参与校企合作治理的举措，包括增强行业组织参与职业教育校企合作的主体责任意识，政府着力培育和大力支持有条件的行业组织以及政府购买行业组织公共服务。其三，利益驱动方面。成本与回报是企业参与职业教育校企合作首先考虑的问题，也就是预期回报与预期成本影响了企业参与校企合作的决策。必须建立政府主导的成本利益补偿机制，设立职业教育校企合作发展基金，实行职业教育校企合作税收优惠政策，建立成本效益核算机制与奖惩机制。其四，评估监控方面。构建职业教育校企合作评估体系，包括确定职业教育校企合作指标、完善职业教育校企合作评估机制、建立校企合作评估反馈机制。构建职业教育校企合作监控机制，包括从国家和地方两个层面建立职业教育校企合作监控机制，充分发挥行业组织对于校企合作的监管功能。其五，政策法规方面。结合不同治理主体自身的特点要求，制定相应的责任、权利、义务的法律法规，更好地引导治理主体的行为，促进治理主体在职业教育校企合作过程中发挥作用。根据我国职业教育发展的新形势、新情况、新问题，对现有的法律法规进行补充完善，应以《中华人民共和国职业教育法》为核心，形成由基本法、单行法、行政法规共同组成的内容具体、层级清晰的职业教育法律体系。校企合作的政策必须宏观与微观相结合，才能起到规范和指导实践的作用。不断完善校企合作的相关政策，制定出可供校企合作遵照实施的政策细则，将校企合作的工作落到实处，包括明确规定校企合作的合作方式，规定学校、企业必须要成立相应的组织并安排相关人员负责管理校企合作的相关事宜，明确规定校企合作的奖惩制度，制定具体的校企合作效果审核政策等。

7.2 展望

尽管本书对治理视域下我国职业教育校企合作模式进行了分析，但是，由于时间和精力关系，相关分析并不全面深入。针对我国职业教育校企合作治理发展的现实问题和未来挑战，后续研究的重点可以在以下几个方面进行突破：首先，从宏观层面来看，宏观治理模式能够为职业教育校企合作治理提供方向指引，引领职业教育校企合作治理走向现代化。职业教育校企合作宏观治理模式包含现代职业教育校企合作体系、职业教育校企合作利益补偿机制、国家职业框架和资格认证制度等。其次，从中观层面来看，进一步完善职业教育校企合作利益相关者参与治理的模式。职业教育利益相关者是推动职业教育校企合作发展的重要力量，是实现职业教育校企合作治理能力现代化的重要因素。建立由政府、职业院校、行业组织、企业等社会主体共同参与治理模式，在多元治理主体之间形成一种制衡状态，在明晰政府、职业院校、行业组织、企业等治理主体责权利的基础上，建立职业教育校企合作多元化治理结构，促进职业教育校企合作有序运转。再次，从微观层面来看，进一步完善职业院校治理模式，激发其自主治理活力。加强院校治理建设是实现职业教育校企合作治理能力现代化的重要途径。院校治理建设的主要目标是达到职业教育校企合作执行有力、监督有效的治理效果，最大限度地激发职业院校校企合作的内生动力，促进职业教育校企合作治理目标导向、激励和约束功能的发挥。因此，职业教育校企合作治理模式的完善程度直接影响职业教育校企合作治理现代化目标的实现。在加快推进职业教育校企合作治理模式建设的进程中，必须兼顾职业教育校企合作治理的时代性和时效性，面对职业教育校企合作外部环境变化，及时进行调整。同时，职业教育校企合作治理模式建设还要充分考虑模式设计的规范性，在技术层面着力实现模式构建的科学性、合理性和可操作性。

附录　企业参与职业教育校企合作经济利益问卷

为深入了解企业参与职业教育校企合作的经济利益，更好地激发企业参与校企合作的动力，课题组进行本次问卷调查。请您根据贵单位实际情况将选项填入括号内。课题组承诺：问卷所有相关信息仅用于课题研究，绝不外泄。感谢您的支持和帮助，祝您工作愉快，谢谢！

一、基本情况

1. 您在企业中的职位　　　　　　　　　　　　　　　　　（　　）

   A. 人事主管　　　B. 生产主管　　　C. 企业负责人

2. 贵企业的性质　　　　　　　　　　　　　　　　　　　（　　）

   A. 国有企业（含国有控股）　　　B. 私营企业

   C. 合资企业　　　　　　　　　　D. 外资企业

   F. 其他企业

3. 贵企业的行业属性　　　　　　　　　　　　　　　　　（　　）

   A. 工业　　　　　　　　　　　B. 批发零售业

   C. 餐饮住宿业　　　　　　　　D. 信息传输业

   E. 建筑业　　　　　　　　　　F. 商业服务业

4. 贵企业的从业人员数量　　　　　　　　　　　　　　　（　　）

   A. 300 人以下　　　　　　　　B. 300—1000 人

   C. 1000 人以上

5. 贵企业年营业收入　　　　　　　　　　　　　　　　　（　　）

   A. 2000 万元以下　　　　　　　B. 2000—40000 万元

C. 40000 万元以上

6. 贵企业与职业院校开展校企合作频率 （   ）

　　A. 很多　　　　　B. 较多　　　　C. 一般　　　　D. 较少

　　E. 很少

二、校企合作情况

1. 贵企业是否认同成本是影响参与职业教育校企合作的关键因素

（   ）

　　A. 完全同意　　　　　　　　　B. 有点同意

　　C. 不确定　　　　　　　　　　D. 有点不同意

　　E. 完全不同意　　　　　　　　　　　　　　　　（   ）

2. 贵企业是否认同参与职业教育校企合作的成本过高 （   ）

　　A. 完全同意　　　　　　　　　B. 有点同意

　　C. 不确定　　　　　　　　　　D. 有点不同意

　　E. 完全不同意

3. 贵企业是否认同校企合作成本应由政府、院校、企业、学生共同承担 （   ）

　　A. 完全同意　　　　　　　　　B. 有点同意

　　C. 不确定　　　　　　　　　　D. 有点不同意

　　E. 完全不同意

4. 贵企业是否认同参与职业教育校企合作搜寻信息成本过高 （   ）

　　A. 完全同意　　　　　　　　　B. 有点同意

　　C. 不确定　　　　　　　　　　D. 有点不同意

　　E. 完全不同意

5. 贵企业是否认同参与职业教育校企合作谈判成本过高 （   ）

　　A. 完全同意　　　　　　　　　B. 有点同意

　　C. 不确定　　　　　　　　　　D. 有点不同意

　　E. 完全不同意

6. 贵企业是否认同参与职业教育校企合作维护成本过高 （　　）

   A. 完全同意　　　　　　　　　　　B. 有点同意

   C. 不确定　　　　　　　　　　　　D. 有点不同意

   E. 完全不同意

7. 贵企业是否认同支付职业院校实习生报酬与津贴过高 （　　）

   A. 完全同意　　　　　　　　　　　B. 有点同意

   C. 不确定　　　　　　　　　　　　D. 有点不同意

   E. 完全不同意

8. 贵企业是否认同为实习生配备指导教师需要投入较多费用 （　　）

   A. 完全同意　　　　　　　　　　　B. 有点同意

   C. 不确定　　　　　　　　　　　　D. 有点不同意

   E. 完全不同意

9. 贵企业是否认同学生实习会影响企业正常的生产经营，增加成本

   （　　）

   A. 完全同意　　　　　　　　　　　B. 有点同意

   C. 不确定　　　　　　　　　　　　D. 有点不同意

   E. 完全不同意

10. 贵企业是否认同学生实习安全问题会增加成本 （　　）

    A. 完全同意　　　　　　　　　　　B. 有点同意

    C. 不确定　　　　　　　　　　　　D. 有点不同意

    E. 完全不同意

11. 贵企业是否认同经济回报是影响参与职业教育校企合作的关键因素 （　　）

    A. 完全同意　　　　　　　　　　　B. 有点同意

    C. 不确定　　　　　　　　　　　　D. 有点不同意

    E. 完全不同意

12. 贵企业是否认同参与职业教育校企合作政府给予经费补助（　　）

A. 完全同意 B. 有点同意
C. 不确定 D. 有点不同意
E. 完全不同意

13. 贵企业是否认同参与职业教育校企合作政府给予税收优惠（　　）
A. 完全同意 B. 有点同意
C. 不确定 D. 有点不同意
E. 完全不同意

14. 贵企业是否认同参与职业教育校企合作是为了满足季节性用工的需求　　　　　　　　　　　　　　　　　　　　（　　）
A. 完全同意 B. 有点同意
C. 不确定 D. 有点不同意
E. 完全不同意

15. 贵企业是否认同参与职业教育校企合作是为了引进技术提升产品竞争力　　　　　　　　　　　　　　　　　　　（　　）
A. 完全同意 B. 有点同意
C. 不确定 D. 有点不同意
E. 完全不同意

16. 贵企业是否认同参与职业教育校企合作是为了优先录用好学生
（　　）
A. 完全同意 B. 有点同意
C. 不确定 D. 有点不同意
E. 完全不同意

17. 贵企业是否认同参与职业教育校企合作能赢得声誉，从而获得经济回报　　　　　　　　　　　　　　　　　　　（　　）
A. 完全同意 B. 有点同意
C. 不确定 D. 有点不同意
E. 完全不同意

参考文献

著作

1. 埃莉诺·奥斯特罗姆,帕克斯,惠特克. 公共服务的制度建构——都市警察服务的制度结构 [M]. 宋全喜,任睿,译. 上海:上海三联书店,2000.

2. 特里·L. 库珀. 行政伦理学——实现行政责任的途径 [M]. 张秀琴,译. 北京:中国人民大学出版社,2001.

3. H. 乔治·弗雷德里克森. 公共行政的精神 [M]. 张成福,刘霞,张璋,等译. 北京:中国人民大学出版社,2003.

4. 斯坦利·海曼. 协会管理 [M]. 尉晓欧,徐京生,于晓丹,译. 北京:中国经济出版社,1985.

5. 黄日强,邓志军,张翌鸣. 战后澳大利亚职业教育研究 [M]. 北京:开明出版社,2004.

6. 江明修主编. 志工管理 [M]. 台北:智胜文化事业有限公司. 2003.

7. 李福华. 大学治理的理论基础与组织架构 [M]. 北京:教育科学出版社,2008.

8. 李鹏主编. 公共管理学 [M]. 北京:中共中央党校出版社. 2010.

9. 林润惠,王玫瑰,廖俊杰,等. 高职院校校企合作——方法、策略与实践 [M]. 北京:清华大学出版社,2012.

10. 杨瑞龙,周业安. 企业的利益相关者理论及其应用 [M]. 北京:经济科学出版社,2000.

11. 俞可平主编. 全球化：全球治理 [M]. 北京：社会科学文献出版社，2003.

12. 俞可平主编. 治理与善治 [M]. 北京：社会科学文献出版社，2000.

13. 张家祥，钱景舫主编. 职业技术教育学 [M]. 上海：华东师范大学出版社，2001.

14. 中国教育国际交流协会编. 高职院校领导海外培训项目 2010 年论文集 [M]. 北京：商务印书馆，2011.

期刊论文

1. 蔡跃，王继平. 从《联邦职业教育法》看德国行会在职业教育中的作用 [J]. 教育理论与实践，2011（2）.

2. 曹晔. 我国职业教育校企合作三大体制机制缺陷及破解策略 [J]. 中国职业技术教育，2016（18）.

3. 曾东升. 从整体性治理视角探讨企业参与职业教育的实现途径 [J]. 职业技术教育，2012（34）.

4. 曾东升. 整体性治理视角下的校企协同合作机制研究 [J]. 教育与职业，2015（23）.

5. 查吉德. 治理现代化视角下的职业教育政策供给分析 [J]. 河北师范大学学报（教育科学版），2017（1）.

6. 陈浩琛，吕红. 澳大利亚政府促进行业企业参与职业教育政策研究 [J]. 哈尔滨职业技术学院学报，2016（1）.

7. 陈丽荣，吴岳军. 职业院校校企合作治理结构的实践研究——以无锡工艺职业技术学院为例 [J]. 南昌师范学院学报（综合），2015（6）.

8. 陈取江，顾海悦编译. 澳大利亚职业教育和培训政策的演变、制定与规划、挑战 [J]. 职业技术教育，2012（19）.

9. 陈寿根，顾国庆. 建立利益相关者共同治理的高职院校内部治理结构 [J]. 国家教育行政学院学报，2016（3）.

10. 褚宏启，贾继娥．教育治理中的多元主体及其作用互补［J］．教育发展研究，2014（19）．

11. 褚宏启．教育治理：以共治求善治［J］．教育研究，2014（10）．

12. 崔炳辉．整体性治理视域下高职院校治理体系研究［J］．江苏高教，2016（3）．

13. 崔发周．高职教育校企合作机制的分类与构建［J］．职教论坛，2016（7）．

14. 代建军．德国行业协会在职业教育和培训中的角色［J］．南方职业教育学刊，2013（2）．

15. 戴大双，顾强，杨卫华，等．基于文本分析的治理内涵研究［J］．技术经济，2012（5）．

16. 邓宏宝，吴寒飞．美国职业教育外部治理：结构、特点与启示［J］．职教论坛，2016（19）．

17. 邓佳楠，邓志军．美国行业协会参与职业教育的模式及特点［J］．东华理工大学学报（社会科学版）［J］．2014（3）．

18. 邓艳玲．美国有关职业教育校企合作的法案及启示［J］．长春教育学院学报，2015（4）．

19. 邓志军，李艳兰．论德国行业协会参与职业教育的途径和特点［J］．中国职业技术教育，2010（19）．

20. 邓志军．澳大利亚行业协会参与职业教育的主要举措［J］．职教通讯，2010（8）．

21. 方向阳，丁金珠．高等职业教育校企合作双方动机的冲突与治理［J］．现代教育管理，2010（9）．

22. 方向阳，钟克．高等职业教育校企合作从自治到民主合作型治理——以苏州工业职业技术学院为例［J］．现代教育管理，2011（10）．

23. 格里·斯托克．作为理论的治理：五个论点［J］．华夏风，译．国际社会科学杂志（中文版），1999（2）．

24. 郝志强，米靖．澳大利亚促进职业教育校企合作的管理机制探析［J］．职教通讯，2011（9）．

25. 贺修炎．构建利益相关者共同治理的高职教育校企合作模式［J］．教育理论与实践，2008（11）．

26. 胡赤弟．高等教育中的利益相关者分析［J］．教育研究，2005（3）．

27. 胡象明，唐波勇．整体性治理：公共管理的新范式［J］．华中师范大学学报（人文社会科学版），2010（1）．

28. 黄立志．澳大利亚TAFE产学合作对我国高职高专教育的启示［J］．职教通讯，2007（3）．

29. 黄尧．关于我国职业教育法制建设基本情况和若干建议［J］．中国职业技术教育，2010（4）．

30. 姜大源．德国"双元制"职业教育再解读［J］．中国职业技术教育，2013（33）．

31. 姜大源．德国企业在职业教育中的作用及成本效益分析［J］．中国职业技术教育，2004（8）．

32. 姜大源．德国职业教育的最新改革与发展动态［J］．中国职业技术教育，2010（5）．

33. 姜大源．职业教育立法的跨界思考——基于德国经验的反思［J］．教育发展研究，2009（19）．

34. 姜大源．职业教育学基本问题的思考（一）［J］．职业技术教育，2006（1）．

35. 姜美玲．教育公共治理：内涵、特征与模式［J］．全球教育展望，2009（5）．

36. 解水青，秦惠民．阻隔校企之"中间地带"刍议——高职教育校企合作的逻辑起点及其政策启示［J］．中国高教研究，2015（5）．

37. 金向阳．澳大利亚系统化职业教育运行机制分析与借鉴［J］．教育与职业，2014（14）．

38. 蓝洁．职业教育治理体系与治理能力现代化的框架［J］．中国职业技术教育，2014（20）．

39. 李福华．利益相关者理论与大学管理体制创新［J］．教育研究，2007（7）．

40. 李俊，王继平．德国企业内职业培训的多维度探析——基于成本—收益、社会合作及质量保障的视角［J］．德国研究，2014（2）．

41. 李敏．澳大利亚行业企业参与职业教育与培训的政策和机制［J］．中国职业技术教育，2009（24）．

42. 李心合．面向可持续发展的利益相关者管理［J］．当代财经，2001（1）．

43. 李忠．德国企业作为职业教育主体的法律保障及其启示——基于德国《联邦职业教育法》的文本分析［J］．职教论坛，2017（4）．

44. 刘立新．德国职业教育产教融合的经验及对我国的启示［J］．中国职业技术教育，2015（30）．

45. 刘培培，朱德全．职业教育与区域经济联动发展的多中心治理逻辑［J］．教育与职业，2015（1）．

46. 刘韬．教育治理现代化视阈下职业教育治理共同体构建［J］．职教论坛，2016（13）．

47. R. A. W. 罗茨．新治理：没有政府的管理［J］．杨雪冬，译．经济管理文摘，2005（14）．

48. 罗丹．德国企业参与职业教育的动力机制研究——基于"双元制"职业教育模式的分析［J］．职业技术教育，2012（34）．

49. 孟凡华．鲁昕强调：推动现代职业教育体系建设［J］．职业技术教育，2011（15）．

50. 南旭光，黄成节．高职校企合作协同治理的生成逻辑及实现路径［J］．教育与职业，2016（13）．

51. 南旭光，张培．高职教育校企合作交易特征及治理模式［J］．现代教育管理，2016（2）．

52. 南旭光．共生理论视阈下职业教育治理模式创新研究［J］．职业技术教育，2016（28）．

53. 裴智民．区域合作：高职院校二级校企合作理事会运行机制创新与实践——以常州机电职业技术学院为例［J］．职业教育研究，2013（12）．

54. 邵宁．社会参与美国社区学院治理及对中国应用型本科高校治理的启示［J］．职教论坛，2016（24）．

55. 沈剑光，叶盛楠，张建君．多元治理下校企合作激励机制构建研究［J］．教育研究，2017（10）．

56. 施雪华，张琴．国外治理理论对中国治理体系和治理能力现代化的启示［J］．学术研究，2014（6）．

57. 孙云志．高职院校治理考核评价指标体系的构建［J］．教育与职业，2016（23）．

58. 唐明良，张红梅，张涛．基于教育治理能力现代化的职业教育治理体系构建［J］．教育与职业，2015（34）．

59. 万兴亚，周晶．文化视域下职业教育校企合作治理的路径选择［J］．职业技术教育，2016（4）．

60. 王丽．澳大利亚职业教育发展中政府的介入及启示——治理的视角［J］．世界教育信息，2009（10）．

61. 王平．高职院校校企合作机制的研究与实践——以南京交通职业技术学院为例［J］．科技创业，2014（9）．

62. 王启龙，石伟平．政府促进职业教育校企合作：德国的经验与启示［J］．职教通讯，2014（34）．

63. 王世斌，潘海生．行业组织参与职业教育校企合作的现状、经验及其启示［J］．中国职业技术教育．2012（33）．

64. 王玄培，王梅，王莫利．德国职业教育外部质量评价及其对我国职教评价体系的启示［J］．教育与职业，2013（32）．

65. 王永林．美国、欧盟职业教育评估的取向与特征评析——以评估体制与指标为基础［J］．高等教育研究，2015（3）．

66. 王震．校企合作办学平台建设探索——以苏州工业职业技术学院为例［J］．职业技术教育，2014（32）．

67. 吴建新，易雪玲，欧阳河，等．职业教育校企合作四维分析概念模型及指标体系构建［J］．高教探索，2015（5）．

68. 吴志成，潘超．全球化视阈中的治理理论分析［J］．理论探讨，2006（1）．

69. 肖称萍．职业教育校企合作多元治理理念与策略探究——基于互联网思维的视角［J］．职教论坛，2016（25）．

70. 肖凤翔，陈玺名．职业教育校企合作难的根源及其对策研究——基于校企基本利益冲突视角［J］．天津大学学报（社会科学版），2016（1）．

71. 肖凤翔，黄晓玲．职业教育治理：主要特点、实践经验及研究重点［J］．河北师范大学学报（教育科学版），2015（3）．

72. 肖凤翔，贾旻．协商治理：现代职业教育治理体系现代化的路径探析［J］．中国职业技术教育，2016（3）．

73. 肖凤翔，雷珊珊．浅析现代职业教育校企合作的基本类型［J］．职教论坛，2012（7）．

74. 肖凤翔，于晨，肖艳婷．欧盟教育治理向度及启示——基于职业教育政策分析［J］．教育科学，2015（6）．

75. 徐桂庭．关于职业学校治理体系与治理能力建设的若干思考［J］．中国职业技术教育，2014（21）．

76. 徐鸣．整体性治理：地方政府市场监管体制改革探析——基于四个地方政府改革的案例研究［J］．学术界，2015（12）．

77. 许磊. 烹饪专业职业教育校企合作措施探索——以江苏省扬州商务高等职业学校为例 [J]. 四川烹饪高等专科学校学报，2012（5）.

78. 杨进，刘立新，李进. 治理理论视域下职业教育校企合作治理结构的构建 [J]. 中国职业技术教育，2015（36）.

79. 杨眹婧. 澳大利亚职业教育运行机制的基本特征及对我国的启示 [J]. 现代教育管理，2012（9）.

80. 云娜，齐正学. 构建行会平台，促进职业教育健康快速发展——行业协会参与职业教育激励机制探索 [J]. 广东轻工职业技术学院学报，2012（4）.

81. 张成福. 论政府治理工具及其选择 [J]. 中国人民大学书报资料中心复印报刊资料·公共行政，2003（4）.

82. 张凤娟，陈龙根，罗永彬. 美国企业参与职业教育的动机与障碍探析 [J]. 比较教育研究，2008（5）.

83. 张海峰. 治理视域中的高职教育校企合作机制研究 [J]. 教育与职业，2008（23）.

84. 张健. 教育治理体系的现代化：标准、困境及路径 [J]. 教育发展研究，2014（9）.

85. 张磊. 澳大利亚职业教育改革新举措及其启示——以维多利亚州为例 [J]. 外国教育研究，2010（7）.

86. 张培，南旭光. 校企合作网络化治理：内涵特征、动力逻辑与趋向路径 [J]. 职教论坛，2016（7）.

87. 张欣欣，赵立民，欧阳河. 我国职业教育校企合作长效机制创新路径 [J]. 职业技术教育，2015（34）.

88. 张旭刚. 高职教育治理体系现代化的四维审视：门路、道路、思路与出路 [J]. 教育与职业，2016（23）.

89. 张焱，刘进平，张锐. 高校利益相关者的边界与属性识别 [J]. 高教发展与评估，2010（2）.

90. 章凌燕．基于职教集团的校企合作体制机制建设新举措——以江苏省无锡立信中等专业学校为例［J］．无锡商业职业技术学院学报，2011（1）．

91. 赵蒙成，徐承萍．职业教育治理：现实困境与应然追求［J］．苏州大学学报（教育科学版），2016（4）．

92. 赵心宁，周亚文，官海滨．新西兰校企合作双主体办学治理结构模式与启示——以怀卡托理工学院为例［J］．青岛职业技术学院学报，2017（6）．

93. 郑琦．校企合作企业行为分析和治理机制探究［J］．职教论坛，2015（30）．

94. 朱平，彭银年，蒋庆斌，等．常州机电职业技术学院"四方三层"校企合作理事会建设［J］．职业教育教育，2012（18）．

95. 朱小军．多元合作共治：职业教育校企合作的路向选择［J］．职教论坛，2016（7）．

96. 庄西真．职业院校与企业双主体办学的治理结构：逻辑与框架［J］．中国高教研究，2016（12）．

97. 左崇良，胡刚．校企合作双主体办学的治理结构与运行机制［J］．职教论坛，2016（16）．

学位论文

1. 鲍敏．现代职业教育治理的本质属性研究［D］．天津：天津大学，2016．

2. 曹曼娇．旅游院校校企合作教育模式研究［D］．大连：辽宁师范大学，2009．

3. 陈靖．英国现代学徒制研究——基于利益相关者视角［D］．杭州：杭州师范大学，2016．

4. 陈静．高职旅游教育校企合作动力机制研究［D］．大连：辽宁师范大学，2010．

5. 樊丽文．职业教育校企合作中学生实习法律制度研究［D］．天津：天津理工大学，2014．

6. 高宏梅．基于双赢文化视角的校企合作模式研究［D］．石家庄：河北师范大学，2012．

7. 耿洁．职业教育校企合作体制机制研究［D］．天津：天津大学，2011．

8. 龚艳霞．高职院校校企合作长效机制研究——以我国首批国家骨干院校为例［D］．长沙：湖南师范大学，2014．

9. 韩静静．河南省职业院校校企合作运行机制研究［D］．开封：河南大学，2014．

10. 郝志强．职业教育校企合作的管理机制研究［D］．天津：天津大学，2012 年．

11. 黄甘叶．福建省中等职业学校校企合作长效机制研究［D］．福州：福建师范大学，2016．

12. 黄洋．职业院校校企合作项目综合评价［D］．北京：北京交通大学，2010．

13. 贾旻．行业协会参与现代职业教育治理研究［D］．天津：天津大学，2016．

14. 江奇．德国职业教育校企合作机制研究［D］．西安：陕西师范大学，2014．

15. 姜丽霞．基于利益相关者理论的高职院校办学特色研究［D］．天津：天津大学，2009．

16. 金爱茹．高职院校校企合作模式研究［D］．保定：华北电力大学，2009．

17. 金薇．职业学校校企合作的模式、问题与对策——以苏州地区为例［D］．苏州：苏州大学，2008．

18. 靳晓龙．我国职业教育校企合作现状与法律法规研究［D］．西安：西北大学，2014．

19. 康芸英．多中心治理视角下福建职业教育集团建设研究——以福建现代林业职业教育集团为例［D］．厦门：华侨大学，2016．

20. 黎丽．基于系统动力学的校企合作绩效评价研究［D］．郑州：郑州大学，2012．

21. 李海燕．高职院校校企合作职业教育办学模式的研究——以潍坊科技职业学院为例［D］．济南：山东师范大学，2008．

22. 李鹏鹏．博弈视角下的高职院校校企合作运行机制研究［D］．南昌：江西科技师范大学，2014．

23. 李英英．美国、澳大利亚、德国高等职业教育的启示［D］．武汉：华中农业大学，2011．

24. 李云飞．机械制造技术专业校企合作人才培养模式研究——以沈阳市中等职业学校为例［D］．沈阳：沈阳师范大学，2013．

25. 林方立．职业院校校企合作模式及持续评价研究［D］．天津：天津大学，2016．

26. 刘萍萍．利益相关者视角下高职院校校企合作研究——以泉州理工职业学院为例［D］．厦门：华侨大学，2017．

27. 刘思锶．论高职院校校企合作工学结合人才培养模式的完善——以福州职业技术学院为例［D］．福州：福建师范大学，2013．

28. 刘晓．利益相关者参与下的高等职业教育办学模式改革研究［D］．上海：华东师范大学，2012．

29. 彭鹏．高职酒店管理专业校企合作评价的初步探析［D］．南京：南京师范大学，2015．

30. 秦丽娟．澳大利亚职业教育校企合作保障机制研究［D］．重庆：西南大学，2013．

31. 邱明娟．利益相关者参与下我国高职教育校企合作发展的研究［D］．青岛：青岛大学，2013．

32. 邱致裕. 高职院校校企合作办学模式研究 [D]. 武汉：湖北工业大学，2012.

33. 史洪波. 现代职业教育治理主体的权责关系研究 [D]. 天津：天津大学，2016.

34. 苏俊玲. 美国职业教育校企合作实践的研究 [D]. 上海：华东师范大学，2008.

35. 孙珊珊. 基于利益相关者视角的高职院校校企合作研究——以辽宁机电职业技术学院为例 [D]. 沈阳：沈阳师范大学，2015.

36. 田蕾. 我国职业教育校企合作法律法规研究 [D]. 天津：天津大学，2011.

37. 王丹. 澳大利亚维多利亚州职业教育行业参与模型研究 [D]. 成都：四川师范大学，2016.

38. 吴蕙卿. 常州市政府推进高职院校校企合作的现状、问题和对策 [D]. 苏州：苏州大学，2014.

39. 伍佩芳. 基于系统理论下中职学校电子商务专业校企合作模式绩效评价的研究 [D]. 广州：广东技术师范大学，2016.

40. 杨红荃. 职业教育校企合作中的法律制度建设研究 [D]. 武汉：武汉大学，2013.

41. 姚树伟. 职业教育发展动力机制研究 [D]. 长春：东北师范大学，2015.

42. 殷英. 高职教育"校企合作"办学模式创新研究 [D]. 湘潭：湘潭大学，2009.

43. 尹姿云. 高职院校校企合作动力机制研究 [D]. 长沙：湖南师范大学，2013.

44. 余丽平. 基于利益相关者的高职院校治理结构研究——以宁波为例 [D]. 宁波：宁波大学，2011.

45. 张红梅. 中奥职业学校的校企合作比较研究——以奥地利 MODUL

学校为例［D］．武汉：华中师范大学，2015．

46. 张倩．中职学校校企合作运行机制研究［D］．上海：华东师范大学，2012．

47. 张艳蓓．20世纪90年代美国面向就业的职业教育改革研究［D］．长春：东北师范大学，2013．

48. 赵红杰．利益相关者视角下高职院校内部治理结构研究［D］．沈阳：沈阳师范大学，2017．

49. 赵学瑶．印度高等职业教育治理的经验与启示研究［D］．天津：天津职业技术师范大学，2015．

50. 仲吉昊．旅游高职院校校企合作问题与对策研究——以桂林旅游高等专科学校为例［D］．桂林：广西师范大学，2014．

51. 周柳．基于利益相关者视角的现代学徒制研究［D］．广州：广东技术师范大学，2016．

52. 周文涛．职业教育集团多中心治理策略探究［D］．杭州：浙江工业大学，2016．

53. 周小军．我国职业教育校企合作法律保障研究［D］．咸阳：西北农林科技大学，2014．

54. 冯梅．澳大利亚TAFE学院校企合作实践的研究［D］．重庆：西南大学，2011．

55. 江奇．德国职业教育校企合作机制研究［D］．西安：陕西师范大学，2014．

56. 殷红．德国高等职业教育发展研究及对我国高职校企合作的启示［J］．天津：天津大学，2012．

57. 周文涛．职业教育集团多中心治理策略探究［D］．杭州：浙江工业大学，2016．

英文论文

1. Ansoff, H. I. *Corporate Strategy*［M］．New York：McGraw-Hill Book

Co. 1965：104.

2. Elinor Ostrom, Larry Schroeder & Susan Wynne. *Institutional Incentives and Sustainable Development* [M]. Boulder CO：Westview Press, 1993：166.

3. Boatright, John R. "Contactors as stakeholders：reconciling stakeholder theory with the Nexusof-Contracts Film" [J]. *Journal of Banking and Finance*, 2002（26）.

4. Oliver, C. "Determinants of inter organizational relationships：integration and future directions" [J]. *Academy of Management Review*, 1990（2）.

5. Peter Cappelli, Daniel Shapiro & Nichole Shumanis. "Employer participation in school-to-work programs" [J]. *Annals of the American Academy of Political and Social Science*, 1998（2）.

6. Scharpf, F. W. "Games real actors could play：the challenge of complexity" [J]. *Journal of Theoretical Politics*, 1991（3）.

7. Eva Sorensen & J. Torfing. *Theories of Democratic Network Governance* [M]. London：Palgrave Macmillan, 2008：9, 26.

8. Stoker, G. "Governance as theory：five propositions" [J]. *International Social Science Journal*, 2002（155）.

9. UNESCO. *Global Monitoring Report* 2009 [R]. 2009：24.

10. Williams, T. "Cooperation by design：structure and cooperation in inter-organizational networks" [J]. *Journal of Business Research*, 2005（2）.

其他文献

1. 国家统计局. 第三次全国经济普查主要数据公报（第一号）[EB/OL]. http：//www.stats.gov.cn. 2014.

2. 无锡商业职业技术学院. 校企合作工作考核办法 [EB/OL]. http：//www.wxic.edu.cn.

3. 常州市政府. 常州市加强职业教育校企合作办学指导意见 [Z]. 2007.

4. 南通市教育局. 关于进一步加强职业教育校企合作办学的意见（征求意见稿）［Z］. 2010.3.

5. 中华人民共和国国务院. 国务院关于加快发展现代职业教育的决定［Z］. 2014.

6. 翁小平. 以法治思维推进教育治理现代化［N］. 中国教育报，2014-11-25（5）.

7. 吴岩. 校企合作制度化突破职教发展瓶颈［N］. 中国教育报 2010-03-13（4）.

8. 俞可平. 国家治理体系的现代化应超越局部利益［N］. 甘肃日报，2014-2-24.

9. 张晨，沈祖芸，李丹，等. 充分发挥行业职教教学指导委员会引导作用［N］. 中国教育报，2010-12-4（1）.